DICTIONNAIRE

DE MUSIQUE.

PARIS.—IMP. ADMINIST. ET COMMER. DE J. CARON NOEL. PL. DE LA BOURSE 4

DICTIONNAIRE

DE

MUSIQUE

THÉORIQUE ET HISTORIQUE

PAR

LES FRÈRES ESCUDIER

AVEC UNE PRÉFACE

DE M. F. HALÉVY

Membre de l'Institut

TOME II

PARIS
MICHEL LÉVY, FRÈRES, LIBRAIRES-ÉDITEURS.
2 bis, rue Vivienne.

1854

DICTIONNAIRE

DE MUSIQUE.

I

Iacinthies. Fêtes annuelles célébrées à Amyclès, sur le territoire lacédémonien, en l'honneur d'Apollon, dans lesquelles on faisait entendre le son des flûtes et de certains instruments à cordes.

Iambique. Nom d'un acte ou d'une partie principale d'un morceau de musique vocale, exécuté dans les luttes musicales des jeux publics.

Idée. L'idée musicale est ordinairement un trait de chant qui se présente à l'esprit du compositeur avec tous les accessoires qu'il comporte. On voit par là qu'il y a plusieurs espèces d'idées différentes selon le genre d'effets, soit simples, soit composés, qu'on se propose. On doit aussi distinguer les idées en idées principales et en idées secondaires : les premières sont propres à faire la base ou le fond d'une composition, les autres destinées au développement de l'idée principale.

Illusion. Quelques écrivains ont essayé de rendre l'opéra ridicule à cause de ses invraisemblances, en disant qu'on ne chante pas au moment de se donner la mort ou de se quereller. Il faut distinguer à ce sujet la vérité d'art et la vérité de nature. On ne trouve dans la nature ni des airs cadencés, ni des chants avec accompagnement; on n'y trouve pas non plus les vers de Virgile ou l'Apollon du Belvédère. Un travail parfait d'art est une œuvre de l'esprit humain élevant les objets les plus ordinaires à une plus haute signification, à une dignité plus sublime.

Il est certain que le plus grand effet de l'art dépend de l'illusion. Le compositeur qui veut faire agir l'illusion sur les autres, doit d'abord en sentir lui-même toute la puissance, c'est-à-dire que l'illusion doit subjuguer son esprit et son cœur par de vives images.

Imagination. L'imagination, considérée en général, est la faculté de retenir l'impression des objets, d'en arranger les images et de les combiner en mille manières. Tous les sens fournissent des secours à l'imagination; mais ceux de la vue et de l'ouïe l'enrichissent plus que tous les autres, parce que, rapprochant les distances ou franchissant les intervalles, multipliant nos rapports avec l'extérieur, embrassant presque dans le même moment le ciel et la terre, ils nous font toucher à un plus grand nombre de choses qui se gravent dans notre esprit et y déposent leurs images.

L'imagination joint la réflexion et la combinaison à la mémoire. Loin de se borner à subir l'influence de la première impression des objets ou des sons, elle s'excite à en recevoir de nouvelles; elle recueille et raisonne ses propres sensations, les rejette ou les admet dans les cadres qu'elle leur a tracés. Autour d'une idée qui la domine, elle cherche à éveiller une foule d'idées accessoires. Son coup d'œil rapide et sûr découvre à de grandes distances les rapports jusqu'alors inaperçus entre deux objets. Elle les rapproche et les unit, et leur imprime dans ses imitations le cachet de la nature.

L'imagination du musicien et du poète, reglée par le goût, fait en petit ce que le créateur a fait en grand; elle applique à ses œuvres la même économie que Dieu à l'ordonnance du monde : c'est surtout cette faculté qui paraissait aux anciens un don des dieux, *ingenium quasi ingenitum*, une inspiration divine. L'imagination qui invente avec grandeur, médite avec profondeur, féconde avec patience, dispose avec sagesse et enchaîne avec habileté, est du génie. Dans les sciences, elle donne des Newton; dans les lettres, des Homère; dans les arts, des Beethoven, des Rossini. Et qu'on ne soit point choqué de ce rapprochement : on dira peut-être qu'il y a plus de grandeur à découvrir les lois de l'univers qu'à composer la symphonie héroïque ou *Guillaume Tell;* et cependant le musicien vivra aussi longtemps que le philosophe, et restera comme lui au rang de ces organisations supérieures dont la nature se montre avare.

Que le jeune musicien ne cherche point ce que c'est que l'imagination. En a-t-il? la sent-il en lui-même? Le génie du grand compositeur soumet le monde entier à son art; il peint tous les tableaux par des sons, il fait parler le silence même, il rend les idées par des sentiments, les sentiments par des accents; et les passions qu'il exprime, il les excite au fond des cœurs. La volupté par lui prend de nouveaux charmes; la douleur qu'il fait gémir arrache des cris.

Mais pour que l'imagination produise ces grands effets, il faut qu'elle soit réglée par le goût. L'imagination crée, mais le goût choisit, et un génie trop abondant a besoin de son secours pour ne point abuser de ses richesses. Sans goût, on peut faire de grandes choses en musique; mais c'est lui qui les rend intéressantes. C'est le goût qui fait saisir au compositeur les idées du poète, c'est le goût qui met chaque chose à la place qui lui convient et fait des diverses parties d'une composition musicale un tout homogène, un ensemble harmonieux. Sans le goût, il n'y a point de chef-d'œuvre complet.

Quelques compositeurs ont possédé à un degré éminent cette alliance de l'imagination et du goût. Gluck, dans son *Iphigénie en Tauride;* Sacchini, dans *Œdipe;* Spontini, dans *la Vestale* et *Fernand Cortez;* Meyerbeer, dans *Robert le Diable;* Rossini, dans *Guillaume Tell;* Auber, dans *la Muette de Portici;* Halévy, dans *la Juive,* ont laissé des pages qui sont à l'abri des variations de la mode et des épreuves du temps. Mais il est surtout un compositeur chez qui les deux qualités dont nous parlons ont acquis le plus beau développement : c'est Rossini. Quelle puissance d'imagination ! quelle abondance de sève! mais aussi quel goût exquis ! — Dans *Lucia di Lammermoor, la Favorite, Don Sébastien*, Donizetti a prouvé aussi qu'il était un de ces compositeurs hors ligne chez qui le jugement et l'inspiration se prêtent un mutuel appui.

Indépendamment de la grande imagination qui invente, dispose, dessine et colore sous les yeux de la raison, il existe une imagination de second ordre qui est celle des détails. Cette imagination jette beaucoup d'agrément dans un ouvrage ; elle sait parfois mettre en œuvre avec beaucoup d'habileté les idées les plus vieillies et leur faire subir une heureuse métamorphose; mais seule, elle ne saurait constituer des ouvrages vraiment supérieurs.

Imitation. Si tous les sentiments ont des tons qui leur sont propres, et si le compositeur peut se servir de ces tons pour exprimer les sentiments, la musique, quoique bornée dans ses imitations, n'est pas moins un art imitatif, attendu que la nature lui présente ses modèles avec les moyens pour les reproduire.

Outre l'imitation de la nature, il y en a encore une autre qui consiste à suivre l'exemple d'autres compositeurs en les prenant pour modèles. A cet égard, on distingue l'imitation *libre* et l'imitation *servile*. L'imitateur servile peut être un homme de talent, tandis que l'imitateur libre peut suivre les inspirations et les élans du génie.

L'*imitation* est un artifice musical qui fait que plusieurs parties reproduisent le même chant à des distances et à des intervalles différents.

Imperfection. C'était, dans l'ancienne musique, la soustraction de la troisième partie de la valeur d'une note.

Improvisateur mécanique. Machine à notation pour les improvisateurs. Cette machine s'adapte au piano, et tout ce que l'on joue sur cet instrument s'imprime en même temps.

Improviser. C'est composer et exécuter impromptu un morceau de musique. Pour improviser avec succès en musique, il convient d'être profondément initié aux ressources de l'art; il faut, en outre, être maître absolu de l'instrument sur lequel on improvise, posséder une âme qui s'exalte aisément et une grande présence d'esprit, afin qu'il y ait de l'unité dans un morceau créé de cette manière.

Incomposé. Un intervalle incomposé est celui qui ne peut se résoudre en intervalles plus petits, et n'a pas d'autre élément que lui-même. Nous n'avons dans notre système qu'un seul intervalle incomposé, le demi-ton.

Incorrect. On appelle composition musicale incorrecte, celle qui pèche contre les règles de l'art.

Inde (Musique de l'). Les Hindous croient que la musique a été inventée par Brahma lui-même, ou par son pouvoir actif Fereswati, la déesse de la parole, et que leur fils Nared fut l'inventeur du *vina*, le plus ancien des instruments en usage dans l'Hindoustan. Parmi les mortels inspirés, le premier musicien, disent-ils, fut le sage Bhérat, inventeur des *natacs* ou drames mêlés de chants et de danses, et auteur d'un système qui porte son nom. Il y avait, à ce qu'il paraît, dans l'ancienne musique des Hindous, quatre principaux *matas* ou systèmes, et chaque royaume ou province avait presque un genre de mélodie particulier, des noms différents pour les modes, et une manière différente de les classer.

Indiens (De la musique chez les). Il existe une si grande analogie entre le système astronomique et musical des Indiens et celui des Égyptiens et des Chinois, qu'on peut logiquement leur attribuer une commune origine. La forme du gouvernement étant la théocratie, la connaissance de la musique, comme celle de toutes les sciences et de tous les arts, n'est réservée qu'aux prêtres; c'est pourquoi la musique est liée étroitement à la religion, et soumise à des lois fixes et invariables.

La gamme des Indiens ne procède pas, comme celle des anciens Grecs, par tétracordes, mais par octaves comme la nôtre. La plus grande partie de leurs gammes ne contient que cinq ou six sons stables, et ressemble par là à l'ancienne gamme chinoise. Ces gammes, si simples, peuvent être considérées comme les premiers essais d'un peuple qui aime le chant, mais qui n'a pas un système d'acoustique complet.

Les Indiens ne connaissent pas notre harmonie. Leurs diverses espèces de musique pratique sont les *rectahs*, *teranas*, *tuppas* et *raugnies*. Les deux premiers portent le cachet d'un chant facile et régulier. Les Hindous ont trente-six mélodies d'un genre particulier, appelées *raugs* ou *ragas*, et *raugines* ou *raginas*.

Des trois genres grecs, celui auquel elles ressemblaient le plus était le genre enharmonique. Il est extrêmement difficile de noter la musique des raugs ou rauginès, parce que notre système ne fournit point de signes qui puissent exprimer la petitesse de leurs intervalles. La mesure en est rompue et irrégulière, et les modulations fréquentes et pour ainsi dire sauvages. On dit que ces chants avaient encore plus de puissance que la musique d'Orphée.

Les instruments de musique en usage chez les Indiens sont destinés ou à la religion, ou à des divertissements. Les plus simples instruments dont les bramines font usage dans leurs temples sont le *song* et le *gautha*. Le premier est un buccin dans lequel ils soufflent de toutes leurs forces pour appeler le peuple ; le second, qui sert au même objet, est une petite clochette en bronze, ornée d'une tête et de deux ailes, que les bramines font résonner soir et matin dans les vestibules du temple, avant de commencer les sacrifices. Quelquefois on entend aussi le buccin dans les bazars et les marchés ; mais alors ce sont les fakirs qui annoncent ainsi leur arrivée.

Le *kortal* est un des plus anciens instruments des Indiens : il est présumable qu'ils en font usage dans leurs cérémonies religieuses, car beaucoup de leurs anciennes idoles sont représentées avec cet instrument. Les Indiens ont aussi connu la lyre, la flûte et le tambour. Il paraît que le violon fut aussi en usage au commencement du dix-septième siècle dans quelques parties de cette contrée.

Il y a dans l'Inde des chanteurs qui parcourent les rues, et s'arrêtent aux portes des maisons en chantant les amours et les hauts faits de leurs aïeux ; ils accompagnent souvent leurs chants du son de quelque instrument. Ils sont vêtus à peu près comme les musulmans, et ont ordinairement une besace dans laquelle ils mettent le riz, les fruits et tout ce qu'ils reçoivent de leurs auditeurs.

La musique en usage aujourd'hui dans toutes les parties de l'Inde soumises à la domination de l'Angleterre, ne diffère point de celle qu'on cultive en Europe. Calcutta, particulièrement, a été visité par des artistes distingués, chanteurs et instrumentistes. On joue dans cette ville beaucoup de quatuors, et surtout ceux de Haydn.

Indigitamenta. Quelques auteurs prétendent que ce mot désignait, chez les anciens Romains, les chansons où l'on trouvait plusieurs noms de divinités; d'autres affirment que ces chansons étaient chantées en l'honneur des demi-dieux.

Influence de la musique. L'histoire de tous les temps nous offre une foule d'exemples de la prodigieuse influence de la musique sur la civilisation, les mœurs, les passions, les maladies et l'héroïsme guerrier. Elle est un des principaux moyens employés pour adoucir le caractère de l'homme; elle s'associe à son éducation physique et gymnastique, et développe en lui les organes de la voix, en augmentant la force de ses poumons et de sa poitrine; elle s'associe également à son éducation morale et intellectuelle, en réveillant dans son cœur des sentiments de bienveillance et d'amour, et en donnant à son intelligence plus de mouvement et de vivacité.

La musique est aujourd'hui employée dans l'éducation, particulièrement en Allemagne, en Suisse, en Belgique et en France, comme un puissant moyen d'adoucir les mœurs.

L'enseignement de la musique fait partie maintenant en France de l'enseignement universitaire.

L'homme n'est pas le seul être animé qui soit sensible aux accents de la musique, beaucoup d'animaux manifestent le plaisir qu'ils éprouvent en l'écoutant.

La musique anime le cheval pendant le combat; le chasseur se sert du chant et du cor pour charmer les cerfs, de la flûte pour les rennes, et apprivoise la férocité de l'ours même au moyen du chalumeau. Le chien apprend en très-peu de jours les airs de chasse qui ont presque tous une signification particulière, et ne les confond jamais.

Inhambam (Musique des naturels d'). Dans le voyage du capitaine Oiven, on lit qu'à Inhambane, ville située aux bords de la rivière du même nom, et qui forme, sous le rapport de la salubrité, un des meilleurs établissements portugais sur cette partie des côtes orientales de l'Afrique, les naturels du pays ont une danse très-sauvage, et c'est ordinairement au son du tambour qu'ils se livrent à ce plaisir. Leur principal instrument est la *marimbah*. Il consiste en dix morceaux ou baguettes d'un bois très-dur, qui sont fixés dans un cadre. Une petite calebasse creusée sert à chaque baguette de moyen de résonnance : le tout ressemble à peu près à un harmonica. Un autre instrument, qui s'appelle *cassanga*, est encore plus répandu chez ce peuple. Il consiste dans une caisse vide, dont le dessus est garni d'un certain nombre de baguettes en fer de diverses longueurs, et que l'on frappe des doigts.

Innocentemente, Innocemment. Cet adverbe italien, placé au commencement d'un morceau de musique, indique un mouvement modéré et un caractère simple et sans ornements.

Institut. Voici son origine. L'Académie française fut fondée en 1635, par Richelieu, pour fixer et polir le langage. Elle se composait de quarante membres.

— L'Académie des inscriptions et belles-lettres, fut fondée en 1663 par Colbert ;

— L'Académie des sciences, en 1666, par Colbert encore ;

1*

— L'Académie de peinture et de sculpture en 1648;
— Celle d'architecture en 1671;

Ces diverses Académies avaient été supprimées en 1793; elles ont été réorganisées en l'an IV (25 octobre 1795), et réunies en un seul corps sous le nom d'*Institut de France*. L'Institut comprend aujourd'hui cinq académies, Académie française, Académie des inscriptions et belles-lettres, Académie des sciences, Académie des beaux-arts, qui réunit la peinture, la sculpture, l'architecture, la gravure et la musique, et enfin l'Académie des sciences morales et politiques.

Tous les ans, les cinq académies de l'Institut se rassemblent pour donner une séance solennelle qui attire l'élite de la société parisienne.

Outre cette séance, chacune des académies a sa séance publique. Dans la séance publique de l'Académie des Beaux-Arts, on exécute à grand orchestre la cantate composée par l'élève ayant obtenu le grand prix de Rome.

C'est encore dans cette imposante séance, qu'on distribue les couronnes à tous les lauréats. (Voyez le mot Académie.)

Instruments de musique. La famille des instruments de musique est nombreuse; elle se compose de trois branches principales, bien distinctes l'une de l'autre, quoique chacune d'elles ait été créée dans le même but, celui de rendre des sons musicaux, c'est-à-dire appréciables par leur fixité.

Pour les désigner particulièrement, on emploie ces différentes dénominations : instrument à vent, à cordes, de percussion.

Pour les construire, on fait usage de matières de différentes natures, animales, végétales ou minérales, telles que l'os, l'ivoire, l'écaille, la corne, la peau, etc.; le bois de sapin, d'érable, de buis, d'ébène; l'or, l'argent, le platine, le cuivre, le bronze, l'étain, l'acier, le fer, le cristal, le verre, etc.; enfin, on emploie toute espèce de matière ayant par sa nature de la sonorité, et possédant la faculté de rendre un son fixe et appréciable.

Des instruments à vent. Tous les instruments à vent se composent d'un ou plusieurs tubes agencés les uns au bout des autres. Les tubes sont, dans la majeure partie de ces instruments, percés de distance en distance de petits trous que l'exécutant ouvre ou bouche à volonté avec le bout des doigts, selon la nature du son qu'il veut produire. Dans plusieurs d'entre eux, de petites soupapes en métal, et se mouvant sur un ressort, sont placées sur les tubes à des distances voulues, et servent au même usage que les doigts, qui les font mouvoir alors pour ouvrir ou boucher les trous selon le besoin. On les nomme *clefs*. A l'une des extrémités de l'instrument, celle du haut, se trouve placée l'ouverture par laquelle on introduit l'air; cette ouverture se nomme *embouchure*.

Les instruments à vent les plus connus sont : la flûte de Pan, la petite flûte, la flûte ordinaire, le flageolet, le fifre, le galoubet, le hautbois, la clarinette, le cor anglais, le clairon, la trompette droite, la trompette recourbée, le cor de chasse ou trompe, le cor à pistons, le basson, le serpent, le trombone, l'ophicléide, etc. Adolphe Sax vient de rendre un immense service à l'art musical, en complétant la famille des instruments à vent. Ainsi on aura désormais des clarinettes, des cornets, des trompettes, etc., sopranos, contraltos, basses et contrebasses. C'est un monde nouveau pour l'instrumentation.

Des instruments à cordes. Les instruments à cordes sont presque toujours construits en bois. Les cordes avec lesquelles on les monte sont ou de boyaux, ou de métal, ou quelquefois de soie, recouvertes et entourées par un fil d'argent. Ces dernières portent le nom de *cordes filées*. Toujours elles sont retenues d'une manière fixe à une des extrémités de l'instrument, et de l'autre bout tournées sur une cheville mobile qui sert à les hausser ou à les baisser à volonté. Dans l'une des parties de leur longueur, excepté dans la lyre antique et dans toutes les harpes, elles reposent sur une petite pièce, soit de bois, soit d'autre matière, placée sur la table d'harmonie de dessus. Cette petite pièce porte le nom de *chevalet*. Presque tous les instruments à cordes sont composés de deux tables dites d'harmonie : celle du dessus est presque toujours en bois sonore, tel que celui de sapin, et celle du dessous en bois plus compacte, tel que celui de l'érable. Ces tables, placées au-dessus l'une de l'autre, et éloignées selon le besoin, sont soutenues par des tasseaux et des bordures auxquelles on donne le nom d'*éclisses*. Dans quelques-unes, au-dessous du chevalet, et dans l'intention d'opposer une résistance au poids que la tension des cordes fait supporter à la table de dessus, on place aussi comme soutien une petite colonne en bois, à laquelle on donne le nom d'*âme*. L'on pratique dans presque tous les instruments à cordes des ouvertures à la table du dessus pour donner une issue au son, qui, sans ce moyen, ne pourrait sortir de l'instrument.

Pour faire vibrer les cordes, trois moyens sont en usage : 1° l'archet; 2° les marteaux ou sautereaux, que les touches du clavier font mouvoir; 3° l'attaque des cordes opérée par le *pincé*.

Les instruments à cordes les plus connus sont, pour ceux à archet, le violon, l'alto, la viole d'amour, la basse ou violoncelle, la contre-basse; pour ceux à touches et à clavier, l'orgue, le clavecin, l'épinette, le piano, le clavicorde, la vielle; pour ceux de *pizzicato*, la lyre, la harpe, la guitare, la mandoline.

Des instruments de percussion. On entend par cette dénomination toute espèce d'instruments de musique aptes seulement à rendre un seul son, à quelques exceptions près, et chez lesquels on n'emploie d'autre moyen que celui du battement ou du frottement, comme pour le tambour et pour les cymbales.

Les instruments de percussion se font avec toutes les matières sonores, les métaux, le bois, etc.

Les instruments de percussion les plus connus sont, pour ceux à baguettes frappantes, le tympanum, le triangle, le tambour, le tambourin, la grosse caisse, le tambour chinois; pour ceux à baguettes frappantes ou roulantes, la caisse roulante ou tambour; pour ceux à battants, les sonnettes, les cloches, les pavillons chinois: pour ceux à marteaux, les timbres, les carillons; pour ceux à frottement, les cymbales, les cloches; les timbres et les timbales s'accordent et font entendre tous les sons de gamme.

INSTRUMENTS DES GRECS ANCIENS. 1° La cithare, *Kithara*, d'où dérive notre terme français *guitare*: 2° la lyre, *Lura*, autrement appelée *Xelus*, et en latin, *testudo*, parce que sa base ressemblait à l'écaille d'une tortue, animal dont la figure, dit-on, avait donné la première idée de cet instrument; 3° le *Trinôlon*, ou l'instrument triangulaire, qui seul a passé jusqu'à nous sous le nom de *harpe*.

La lyre d'Olympe et de Terpandre n'avait que trois cordes: une quatrième vint rendre le *tétracorde* complet. L'addition d'une cinquième corde produisit le *pentacorde*. Plus tard, il y eut la lyre à sept cordes, ou l'*heptacorde*. Thimothée, Milésien qui vivait sous Philippe, roi de Macédoine, vers la 108e olympiade, multiplia les cordes de la lyre jusqu'au nombre de onze.

INSTRUMENTATION. C'est l'art de distribuer dans une

partition les différents instruments qui entrent dans la composition d'un orchestre, de manière à produire toute sorte d'effets, soit par la douceur des timbres et la variété des détails, soit par la force et l'énergie des masses. Dans ce sens, le mot instrumentation est de création moderne.

Avant Haendel, Mozart et Haydn, les compositeurs se bornaient dans leurs accompagnements à soutenir les voix; d'ailleurs, le nombre des intruments était très-limité. La musique instrumentale sommeillait dans l'enfance. Haydn, le père de la musique instrumentale, et Mozart, le créateur de l'accompagnement dramatique, furent les premiers qui surent tirer parti de l'instrumentation, celui-là dans ses belles symphonies, celui-ci dans ses opéras.

Une bonne instrumentation exige bien des conditions du compositeur, qui prévoit, par la seule puissance de ses facultés intellectuelles, l'effet de son orchestre, comme si cet orchestre se faisait réellement entendre dans l'instant où l'artiste se livre à ses inspirations; il doit posséder indépendamment de ces connaissances approfondies en harmonie, la connaissance non moins indispensable de tous les instruments qui composent un orchestre, savoir leur étendue respective, leurs timbres et leurs différentes qualités de son, connaître les bonnes et les mauvaises notes de chacun, et l'effet qui peut résulter de leurs diverses combinaisons.

Le système ordinaire des instruments d'orchestre se divise en deux masses, celle des instruments à cordes et celle des instruments à vent. La première se compose de deux parties de violon, une ou deux d'alto, et deux de violoncelle et contre-basse; la seconde, de deux parties de flûte, deux de hautbois, deux de clarinettes, deux de bassons, deux ou quatre de cors, deux de trompettes et trois de trombones:

on y ajoute quelquefois une partie de timbales et d'ophycléides.

Instrumentiste. Musicien qui se livre à la culture d'un ou de plusieurs instruments.

Intendant de musique. C'est presque toujours un emploi de cour. L'intendant remplit quelquefois les fonctions de directeur de musique.

Intense. Les sons intenses sont ceux qui ont le plus de force, qui s'entendent de plus loin; ou bien ce sont ceux qui, étant rendus par des cordes fort tendues ou par des tubes puissants et sonores, vibrent par cela même plus fortement.

Intermède. C'est le nom générique de tout ce qui se trouve intercalé entre les actes d'un ouvrage dramatique, danses, couplets, etc. Les chœurs des tragiques grecs rentraient aussi dans ce genre. L'intermède était fort à la mode dans le siècle de Louis XIV. Molière dut en placer dans toutes celles de ses pièces qui furent jouées d'abord à la cour. Dans le siècle dernier, on donnait aussi le nom d'intermède aux petits opéras en un acte, tels que *la Servante maîtresse*, *le Devin de village*, etc. C'est l'Académie royale de Musique qui, tout en dérogeant jusqu'à l'opéra villageois ou comique, avait voulu sauver sa dignité en leur donnant ce titre inusité. Il n'y a plus aujourd'hui d'intermèdes dans ce sens, et *le Philtre* est qualifié d'opéra sur l'affiche, comme *la Muette* ou *Robert le Diable*.

Intervalle. Rapport de deux sons inégaux, eu égard à leur degré d'élévation, par opposition à l'unisson qui est celui de deux sons égaux. Ces rapports sont appréciables par l'oreille, de même que celui de deux points confondus ou séparés dans l'espace est appréciable par les yeux. L'intervalle est donc la distance qui existe entre un son et un autre son plus grave ou plus aigu, distance exprimée en musique par le nom que porte chacun de ces intervalles. Ainsi, l'on appelle *seconde* l'intervalle formée des deux sons les plus rapprochés, *tierce* celui qui se trouve compris entre deux sons séparés par un troisième, *quarte* celui qui renferme quatre sons, *quinte* celui qui en comprend cinq, et ainsi, à mesure que la distance s'accroît d'un son, *sixte*, *septième*, *octave*, *neuvième*, *dixième*, etc.

Les intervalles peuvent être modifiés de différentes manières, selon que les sons dont ils se composent sont eux-mêmes modifiés par un bémol, un bécarre ou un dièse. De là leur classification en *diminués*, *mineurs*, *majeurs* et *augmentés*, termes qui expriment leurs différents degrés d'extension par rapport au mode ou à la tonalité.

Intonation. Action d'entonner. L'intonation peut être juste ou fausse, trop haute ou trop basse, trop forte ou trop faible, et alors le mot intonation, accompagné d'une épithète, s'entend de la manière d'entonner.

Introduction. Morceau de musique d'un mouvement grave, composé d'un petit nombre de phrases, souvent même de quelques mesures ou de quelques accords solennels destinés à annoncer le premier *allegro* d'une symphonie, d'une ouverture, d'une sonate ou de toute autre pièce instrumentale. L'ouverture d'*Iphigénie en Aulide*, celle de *la Flûte enchantée*, commencent par une introduction. Quelques compositeurs dramatiques, donnant plus d'extension et un mouvement plus animé à l'introduction, lui ont fait tenir la place de l'ouverture, dont elle n'a pourtant ni la forme, ni les développements. *Ariodant* de Méhul, *Robert le Diable* de Meyerbeer, *Dom Sébastien* de Donizetti, s'ouvrent par une belle introduction.

Lorsque la pièce étale en commençant un grand spectacle, lorsqu'elle débute par quelque pompe triomphale, par l'arrivée d'une foule innombrable, une entrée magnifique, quelque sacrifice solennel, quelque cérémonie auguste, quelque phénomène terrible de la nature, comme un naufrage, une tempête, tous ces objets sont si beaux, que le musicien peut les montrer d'abord sans les annoncer; ils n'en frapperont pas davantage. C'est ainsi que Gluck a supprimé, dans *Iphigénie en Tauride*, l'ouverture proprement dite, pour y substituer la représentation du premier événement de la pièce. Son drame débute par le grand tableau du calme, d'une tempête qui lui succède, de la foudre qui éclate, de la mer soulevée, de la désolation d'Iphigénie. Cette manière de commencer un opéra est très-brillante.

Il y a deux sortes d'introductions : la première est purement symphonique, nous en avons déjà parlé; c'est l'ébauche d'une ouverture. L'introduction de la seconde espèce est faite, au contraire, pour captiver l'attention du spectateur au lever du rideau en lui présentant de magnifiques images, une action déjà liée et l'expression des sentiments, quand il ne s'attend qu'aux récits de l'exposition; ces récits viendront ensuite, et on leur donnera tous les développements nécessaires pour l'instruire de ce qui s'est passé et de ce que l'on va faire.

Invention. On nomme invention l'art, ou pour mieux dire, la faculté de trouver des idées. Ce terme indique suffisamment que nous la regardons entièrement comme un don de la nature. On ne peut point prescrire de règles à ce sujet, mais seulement tracer quelques observations.

On distingue l'invention dans le plan, dans la conduite, dans l'allure d'un morceau, et cette invention qui consiste seulement à imaginer des détails frais, ingénieux, et par cela même neufs et originaux. La première est plus puissante et a plus de grandeur; la seconde, qui néglige quelquefois la nouveauté dans la forme pour ne s'attacher qu'à une sorte de nouveauté dans le mouvement de la phrase, dans l'originalité du rhythme, dans la marche de l'harmonie, produit une impression moins forte et n'est quelquefois appréciée que par ceux qui ont étudié les ressources et nous dirions presque les mystères de l'art.

Pour que l'invention soit complète, il faut qu'elle réside à la fois dans la forme et dans les détails. Il ne faut pas que le désir de l'*invention* fasse tomber dans l'*excentricité*, c'est-à-dire dans des bizarreries que le goût réprouve.

Inversion. L'inversion consi te à prendre un sujet ou trait quelconque de mélodie, dans un ordre différent de celui où il est proposé. Cette opération se nomme autrement imitation inverse.

Il y a quatre sorte d'inversions : la première se nomme inversion *simple ;* elle consiste à renverser tous les intervalles d'un trait de mélodie, de manière que ceux qui sont ascendants dans le sujet soient descendants dans la réponse, et réciproquement. Cette inversion peut se faire à l'octave, à la quinte, à la seconde ou à l'unisson.

La seconde est appelée inversion *stricte ;* elle se fait comme la précédente, mais sans prendre aucune licence, et de manière que les tons répondent aux tons, et les demi-tons aux demi-tons. Pour cela, il faut commencer l'inversion à la septième, à la sixte ou à la tierce majeure en dessus, et laisser les demi-tons sans altération dans la partie répondante.

La troisième espèce d'inversion se fait en copiant toutes les notes, à commencer par la dernière, en rétrogradant jusqu'à la première inclusivement, soit sur le même degré, soit sur un degré plus haut ou plus bas, selon que l'exige la modulation. Cette inversion se nomme rétrograde.

Enfin, la quatrième espèce d'inversion est celle où l'on renverse cette troisième sorte par mouvement contraire, depuis la première jusqu'à la dernière note. On la nomme inversion *rétrograde* et *contraire*.

INVITATORIUM. Nom de l'antienne avec laquelle on répond, dans l'église romaine, au psaume *Venite exultemus*.

IO BACCHUS. Chanson en l'honneur de Bacchus, que les anciens chantaient dans les fêtes et les sacrifices. On répétait souvent dans ces chansons les mots *Io* et *Bacchus*.

IRLANDE (De la musique en). Les compositions orientales sont d'une grâce, d'une mollesse, d'un raffinement d'expression et de sentiment dont n'approche aucun autre peuple ancien ni moderne. La langue que les Arabes parlent dans ce monde à leurs maîtresses, semble être celle qu'ils parleront dans l'autre à leurs houris. C'est une espèce de musique si touchante et si fine, c'est un murmure si doux, ce sont des comparaisons si riantes et si fraiches! Je dirais presque que leur poésie est parfumée comme leur contrée.

Cette peinture fidèle et brillante de la poésie arabe par Raynal, dans son *Histoire philosophique des Indes*, définit aussi merveilleusement la musique irlandaise, qui n'a rien de ce feu barbare et sauvage inhérent aux chants et aux ballades du Nord. La ressemblance qui existe entre la langue et les airs d'Irlande et la langue et la musique d'Orient, se retrouve également dans les poésies et les images qui l'embellissent, en sorte qu'elles sont une preuve nouvelle de l'origine orientale du peuple de cette île.

Spencer appelle les chansons irlandaises un *poème parsemé de petites fleurs qui se donnent de la grâce et de la beauté les unes aux autres*. Le langage en est chaste, élégant et pur; les nuances qu'elles retracent sont d'une rare fraicheur, et on y retrouve plus d'un trait séduisant du caractère national, et surtout l'inspiration de la belle et riche nature d'Érin. L'éblouissante neige dont au printemps la végétation couvre les arbres, le murmure des cascades, le plumage des oiseaux, la gracieuse et mélancolique verdure de l'île d'émeraude, sont les éternels objets de descriptions riches et vraies.

Au milieu de tous les malheurs de cette belle et poétique contrée, la main de fer des oppresseurs n'a pu, à travers les siècles, y étouffer les plus tendres, les plus nobles sympathies du cœur; le despotisme n'y a point alourdi les ailes de la pensée. Cependant quelques portions de l'Irlande peuvent seules prétendre à être encore aujourd'hui appelées la terre de la chanson. La musique et la poésie ont suivi les destinées de la langue, et se sont comme elle repliées devant la conquête politique et religieuse de l'Angleterre, pour se retirer dans les comtés où la langue ancienne et la foi catholique ont survécu aux persécutions. La poésie énergique et plaintive, celle qui chante le courage, le patriotisme, celle qui se lamente sur les tombeaux et les ruines, l'ode et l'élégie sont restées au Munster, dans le Waterford, dans le Kerri, dans les pays de Clare et de Limerick. La chanson, celle qui décrit la fleur des champs, la fraîcheur des bocages, l'azur des lacs, la grâce et la beauté des femmes, est restée dans le Golway, le Mayo, le Connaugth. Le Connaugth est véritablement la terre de la chanson : c'est là que de génération en génération se perpétuent quelques chants dont l'air et les paroles sont antérieurs au quatorzième siècle, et quelques autres dont la tradition a perdu l'origine, mais qui par le sujet semblent appartenir à l'ère du paganisme.

Irrégulier. On appelle dans le plain-chant tons

irréguliers, ou plutôt pièces irrégulières, certains chants dont il est difficile de déterminer le ton, parce qu'ils paraissent appartenir en même temps à plusieurs tons de plain-chant. De ce nombre sont : 1° le chant du psaume *In exitu Israël* et son antienne ; 2° l'antienne *Hæc dies* des jours de Pâques.

Italie (De la musique en). Quand la musique reparut dans le moyen âge, sa nouvelle existence fut due à la religion. Exilée de Rome païenne, la musique se réfugie dans le sein de Rome chrétienne, d'où, à l'aide des Augustin, des Ambroise et des Grégoire, elle remonte au rang qu'elle est appelée à occuper dans les temples. Elle n'eut alors ni moins de puissance, ni moins de popularité que chez les Grecs, et ce fut encore le mode diatonique qu'elle employa pour exercer son empire. Ce mode, elle l'avait reçu des Grecs. Mais le genre chromatique, consacré par ce peuple éclairé et sensible aux arts, au théâtre, aux plaisirs de la vie, fut longtemps ignoré à la renaissance de la musique ; car dans les temps d'affliction et de douleur où l'Europe, et surtout l'Italie, se trouvèrent quand les barbares parurent, le sentiment qui dominait l'âme accablée n'était ni celui de la joie, ni celui du plaisir.

Cependant les invasions des barbares cessent. La musique, introduite dans les églises, est un des plus puissants auxiliaires de la religion. Des cathédrales sont fondées, des chapitres dotés, et le clergé s'efforce de faire fleurir celui de tous les arts qui lui est le plus efficacement utile. Bientôt il ne se borne point au chant grégorien et à l'orgue dont il le fait accompagner dans les *Te Deum*, les motets, les vêpres et les messes ; mais il imagine d'honorer plus solennellement encore le Seigneur en faisant représenter en musique la Passion du Christ, les adorations de la Vierge, celles des anges. De là le retour de la musique dramatique et du genre chromatique des Grecs, également dus à l'Église.

Villani, historien du quatorzième siècle, et l'Amirato, rapportent que le cardinal Riario fit représenter à Rome la *Conversion de saint Paul*, pièce dont la musique fut représentée par Francesco Baverini.

Au rapport de Quadrio, dès l'an 1480, on commença dans cette ville à représenter sur la scène des sujets profanes; mais on y jouait depuis deux siècles des sujets sacrés.

Dès cette époque, la noblesse ne brigua pas moins que le clergé l'honneur d'instituer, de fonder la musique dramatique. Albertino Muffato de Padoue dit qu'en 1300 on récitait déjà en musique sur les théâtres les faits et gestes des grands capitaines, écrits en langue vulgaire, mais versifiée. Ange Politien, cet écrivain si élégant dans une langue qui déjà n'était plus parlée en Europe que par les savants, compose, en 1475, son drame intitulé : *Orfeo*. En 1480, on représente à Rome une tragédie en musique, et neuf ans plus tard le célèbre Bergonzio Botta, de Tortone, s'immortalise par la plus éclatante des fêtes qu'il donne dans son Palais à Milan, à l'occasion du mariage de Jean Galéas Visconti, souverain de ce duché, et d'Isabelle d'Aragon, fille d'Alphonse, duc de Calabre.

En 1555, Alfonso Viola met en musique, pour la cour de Ferrare, *il Sacrificio,* drame pastoral, dont Agostino Beccari avait fait les paroles. Mais il convient d'observer que le drame lyrique n'avait encore pour musique qui lui fût propre que celle de l'église, qu'on lui appliquait tant bien que mal.

L'époque historique de la naissance de la musique dramatique fut celle de l'invention du *récitatif*, ou musique parlée, la seule qui devait donner à la tragédie lyrique son véritable langage et sa constitution spéciale et positive. Cet événement est très-important dans l'histoire de l'art dramatique et de l'art musical.

Dans le seizième siècle, trois gentilshommes florentins, aimant les arts avec enthousiasme et le théâtre avec passion, peu satisfaits des efforts tentés jusque-là pour perfectionner le drame lyrique, se proposèrent de faire composer un ouvrage par le meilleur poète et le plus habile compositeur de musique qu'on pût trouver dans ce temps. Octave Rinnuccini et Jacques Péri furent choisis pour exécuter ce travail. Le premier fit le poème de *Daphné*, auquel le second appliqua une déclamation notée qui n'avait pas tout le soutien et la mesure de la musique, mais qui en avait ce qu'on appelle la tonalité. Cette pièce fut représentée en 1597.

Tandis que Florence préludait si heureusement à l'invention du grand opéra, Rome suivait son essor; elle faisait exécuter, en forme d'oratorio, un opéra composé par un de ses citoyens, nommé Emilio del Cavalliere, et qui portait pour titre le nom singulier de *l'Anima e'l Corpo*.

Mais nous touchons à l'époque où la musique dramatique va briller d'un vif éclat.

A partir du seizième siècle, la musique italienne entra vraiment dans une voie de progrès et de régénération. Rome, Naples, Florence, Milan, Turin, Venise, toutes les villes de l'Italie, s'associèrent pour rendre un culte fervent à l'harmonie renaissante, et quelques-unes d'entre elles portèrent le drame lyrique à son plus haut degré de perfection.

L'école napolitaine mérite la première de fixer notre attention.

Jusqu'au commencement du dix-séptième siècle, la musique dramatique n'avait subi à Naples que très-peu de perfectionnements. Il fallait qu'un homme de génie vint lui frayer une route originale. Ce compositeur parut : c'était Alexandre Scarlatti. Fécond autant qu'il fut ingénieux et neuf dans ses compositions, il ne brilla pas moins dans la musique d'église que dans celle de la scène. Il a composé plus de deux cents messes pour l'une, et pour l'autre un grand nombre d'opéras, dont les plus beaux sont *Mithridate, Cyrus, Régulus* et celui de la *Princesse fidèle*.

Dans le même siècle que ce grand homme, vécurent d'autres génies célèbres : tels furent Léo Durante, Gaetano-Graco, Feo, Leonard Leo, etc.

Au dix-huitième siècle, l'école napolitaine fut également fertile en compositeurs éminents. Le premier de tous, dans l'ordre chronologique, est Nicolas Porpora, un des plus brillants élèves d'Alexandre Scarlatti. Ses principaux ouvrages sont : *Ariana e Teseo, Semiramis, Tamerlano, il Trionfo di Camillo*.

Mais de tous les compositeurs que l'école de Naples vit s'élever pendant la première moitié du dix-huitième siècle, Pergolèse est sans contredit celui qui a le plus contribué au progrès de l'art musical. Au nom de Pergolèse, les images les plus pures, les plus suaves de la mélodie se présentent en foule à la pensée.

Pendant la seconde moitié du dix-huitième siècle, on vit naître encore un grand nombre d'artistes plus ou moins distingués, tels que Jomelli, Caffaro, Farjetta, Majo, Fiorello, et surtout Piccinni, dont le génie souple et fécond a exercé tant d'influence, non-seulement sur son pays natal, mais encore sur la musique française.

A partir de Piccinni, l'école napolitaine ne cesse de marcher dans une voie de progrès : les chefs-d'œuvre abondent, les grands maîtres se succèdent. Parmi ces derniers, il faut signaler Gasparo Sacchini, Paisiello,

Cimarosa, Spontini, l'illustre auteur de *la Vestale* et de *Fernand Cortez*, Carafa, Della Maria et Fioravanti, qui a laissé à la scène française une preuve de son gracieux talent en écrivant *I Virtuosi ambulanti.*

Après Naples, Venise est une des villes de la péninsule qui prirent le plus de part au mouvement de régénération musicale. Au dix-septième siècle, la musique dramatique acquiert à Venise de grands développements. Francesco Cavalli introduit le goût de l'opéra dans cette partie de l'Italie, Stradella le seconde avec ardeur dans cette tâche importante et difficile.

L'opéra continue pendant tout le cours du dix-septième siècle à subir d'heureux perfectionnements. Benedetto Marcello débute, à Venise, par l'opéra de *Dorienda*, qui obtient un magnifique succès. Antonio Caldara, Vivaldi, Pietro Porfiri, illustrent aussi à la même époque l'école de Venise; on distingue encore le célèbre violoniste Giuseppe Tartini, si connu par sa découverte du troisième son.

Corelli, Bacranello, Angelo Via, Salieri, complètent la brillante série des compositeurs de l'école vénitienne.

Après cet aperçu sommaire des progrès de la musique à Venise, jetons un coup d'œil sur l'école de Florence. L'école de Florence, quoique beaucoup moins considérable que les précédentes par le nombre des ouvrages qu'elle a produits, est manifestement leur aînée. En effet, c'est à Arezzo, une des villes de la Toscane, qu'est né Guido, auquel l'Europe doit les premiers éléments de la musique moderne.

Comme nous l'avons déjà dit, Giacomo Péri fut le premier compositeur qui jeta quelque éclat sur l'école florentine; il introduisit le premier les airs dans l'opéra. Corsi brilla conjointement avec Péri.

Au dix-huitième siècle, l'école de Florence vit

éclore de brillants compositeurs. Signalons parmi eux Antonio Pistorini, qui, dans les intermèdes et l'opéra bouffe, fit preuve d'un talent plein de grâce et de flexibilité; Bernardo Mengozzi, qui a donné à la scène française de charmantes compositions, *la Dame voilée*, *Une faute par amour;* enfin, l'illustre Cherubini, un des plus profonds musiciens de ce siècle.

Les premiers compositeurs de l'école romaine, et le plus grand de tous, Palestrina, se vouèrent exclusivement à la musique d'église.

Pendant le seizième siècle, Rome vit fleurir Della Viola, célèbre dans la musique de théâtre, et sans contredit le premier compositeur dramatique de l'école romaine. Carissimi, Allegri, Benevoli, Nicoletti, illustrèrent par leurs travaux cette école au dix-septième siècle.

Au dix-huitième paraît Sarti, auteur de plusieurs opéras, dont la mélodie est agréable, dont les airs sont faciles et doux. A la même époque, Antonio Buroni composa également plusieurs opéras, dans lesquels il joignit à la solidité de son école l'éclat, la facilité et la grâce de celle de Naples. Citons encore Bernardo Porta, qui a fait pour la scène française les *Horaces* et *le Connétable de Bourbon*, ouvrages bien accueillis à l'Académie royale de Musique, et *le Diable à quatre,* qui obtint un très-grand succès à l'Opéra-Comique.

Complétons cette brillante galerie par les noms des compositeurs de l'Italie moderne : Paër, Mercadante, Pacini, Donizetti, Bellini, ce grand artiste qui s'est éteint, comme Léopold Robert, dans toute l'effervescence du génie; Rossini, le puissant promoteur de la révolution musicale qu'a vue s'accomplir le dix-neuvième; enfin Verdi, qui a trouvé des formes nouvelles pour le chant, donné plus de vérité aux récits et répandu dans l'orchestre un intérêt particulier.

Iulos. Chansons des moissonneurs grecs, chantées en l'honneur des Cérès.

J

Javanais (Musique des.) Les Javanais ont porté la musique à un haut degré de perfection ; on le voit évidemment par la construction de leurs instruments de musique. Ces instruments sont de trois espèces : à vent, à archet et de percussion. La fabrication des deux premières espèces est encore dans l'enfance, et c'est uniquement dans la dernière qu'il faut chercher la perfection de la musique des Javanais.

Le tambour est l'instrument national ; mais il a différents noms, suivant les divers dialectes. Outre les différentes espèces de tambours qui leur sont propres, les Javanais en ont encore emprunté aux Arabes et aux Européens. Ceux du pays se battent avec les mains, et paraissent avoir un son faible et peu harmonieux.

Le tambour le plus connu est celui qu'on appelle *gongs* ou *goung*. La matière dont il est fait est une composition de zinc, de cuivre et d'étain. Beaucoup de *goungs* ont l'énorme diamètre de quatre à cinq pieds, et au milieu un bouton qu'on frappe avec des fuseaux dont la tête est garnie de gomme élastique ou d'un tampon de laine. Le son de cet instrument est d'une force et d'un effet extraordinaires ; c'est à peu près l'instrument que nous nommons *tamtam.*

Le *kromo* ou *bonang* est un autre instrument qui consiste en plusieurs bassins dont le diamètre est égal à celui du *goung*, et dont le son est fort, mais doux en même temps.

La dernière classe des instruments à percussion s'appelle *staccatos.* Le staccato de bois se compose d'un certain nombre de bâtons de bois durs et sonores, disposés par ordre de grandeur au-dessus d'une écuelle de bois, et qu'on frappe avec un petit marteau. Une seconde espèce de staccato ne diffère de la première qu'en ce que les bâtons ou baguettes, au lieu d'être de bois, sont de métal. Le son du staccato de bois est doux, mais sans force et sans intensité, tandis que le staccato de métal a le son plus fort et plus dur.

Quant au caractère de la musique javanaise, on remarque que les instruments ont tous le mode dans lequel sont les plus vieilles mélodies écossaises, irlandaises, celles de la Chine, et quelques-unes des Indes orientales et de l'Amérique septentrionale. Il paraît donc que toute la musique véritablement indigène de Java est composée dans le genre ordinaire enharmonique.

Les mélodies ont presque toutes une mesure simple. Plusieurs des cadences rappellent la musique écossaise pour la musette ; d'autres, en mineur, offrent cette singularité, que l'intervalle entre les septième et huitième degrés est d'un ton entier, ce qui montre évidemment leur antiquité. Il est presque inutile d'ajouter que chez les Javanais, comme chez tous les insulaires indiens, l'art d'écrire les notes est inconnu : tous leurs airs, qui sont en grand nombre, se jouent de mémoire.

Jérémies. On donne ce nom aux parties ou leçons

de l'office de la semaine sainte, composées avec des fragments du prophète Jérémie. On emploie, pour chanter ces leçons, une espèce de récitation mélodique plus variée que la psalmodie, et soutenue ordinairement par un instrument grave, tel que le basson ou le violoncelle.

Les *jérémies* sont notés dans les livres du plain-chant. Quelques compositeurs ont écrit des jérémies en musique.

Jet. Les morceaux de musique d'un seul jet sont ces rares coups de génie dont toutes les idées sont si étroitement liées, qu'elles n'en forment pour ainsi dire qu'une seule, et ne pouvaient pas se présenter à l'esprit du compositeur l'une sans l'autre. Tels sont, par exemple, le chœur du premier acte dans *la Clemence de Titus* de Mozart, et la magnifique ouverture de la *Flûte enchantée*.

Jeu. Nom que l'on donne à un groupe de tuyaux d'orgues rangés sur un même registre.

Tous les tuyaux du même jeu rendent des sons qui ne diffèrent que du grave à l'aigu, tandis que les tuyaux d'un autre jeu rendent des sons d'un autre timbre.

Les jeux, outre les noms qui les distinguent les uns des autres, comme jeu de flûte, jeu de trompette, prennent encore une dénomination de la longueur en pieds de leur plus grand tuyau.

On les divise en deux classes, savoir : les *jeux à bouche*, qui forment le fond de l'orgue, et les *jeux d'anche*, ainsi nommés parce que l'embouchure de chacun de leurs tuyaux est armée d'une anche en métal.

On appelle encore jeu l'association de certains jeux disposés pour être entendus ensemble : le *grand jeu*, le *plein jeu*. On dit d'un instrumentiste en parlant de son exécution qu'il a un joli *jeu*.

Jeu céleste. Qualité de son très-agréable et d'une grande douceur que l'on obtient sur le piano, au moyen de la pédale qui fait avancer des languettes de buffle entre les cordes et les marteaux. Le jeu céleste est d'un effet encore plus flatteur, si, pour prolonger les sons, on joint à cette pédale celle qui lève les étouffoirs, et que l'on nomme vulgairement grande pédale.

Jeux chrysantiniques. C'étaient des fêtes grecques célébrées à Sardes, capitale de la Lydie, conjointement à des concours de musique.

Jeux isthmiques. Ces jeux étaient célébrés tous les trois ans, pendant la nuit, à Corinthe.

Jeux néméens. A Argos, on célébrait tous les deux ans les jeux néméens en l'honneur d'Hercule, vainqueur du lion de Némée.

Jeux olympiques. Les Grecs célébraient tous les quatre ans les jeux olympiques près de l'ancienne ville de Pisa et du fleuve Alphée, dans la vaste plaine d'*Olympie*, aussi délicieuse par sa position que par les chefs-d'œuvre de l'art qu'elle renfermait. Dans ces fêtes populaires, on décernait des prix aux concurrents de musique.

Jeux pythiques. Pour ce qui avait rapport à la musique, les jeux pythiques étaient les plus importants. Consacrés dès le commencement au chant, ils étaient le vrai siége des concours de musique, quoique les courses de chevaux, de char, l'escrime et les autres exercices gymnastiques fissent aussi partie de ces jeux.

Jongleurs. Joueurs d'instruments qui, au début de notre poésie, se joignaient aux troubadours ou poètes provençaux, et couraient avec eux la province.

L'histoire du théâtre français nous apprend qu'on nommait ainsi des espèces de bateleurs qui accompagnaient les trouvères, fameux dès le onzième siècle. Comme ils jouaient de divers instruments, ils s'associèrent avec les poètes et les chanteurs pour exécuter les ouvrages des premiers; et, ainsi de compagnie, ils s'introduisirent dans les palais des rois et des princes, et en tirèrent de magnifiques présents. Leurs jeux consistaient principalement en gesticulations, tours de passe-passe, etc., ou en quelques mauvais récits du burlesque le plus trivial. Leurs excès ridicules et extravagants les firent tomber dans une telle déconsidération, que, pour désigner alors une chose mauvaise, folle, vaine et fausse, on l'appelait *jonglerie*. Philippe-Auguste les chassa; ses successeurs souffrirent qu'ils revinssent en France. On en trouve la preuve dans le tarif fait par saint Louis, pour régler les droits de péage dus à l'entrée de Paris, sous le Petit-Châtelet. Ce tarif, dans un de ses articles, porte que les jongleurs seront quittes de tout péage en récitant un couplet de chanson, ou en faisant gambader leur singe devant le péager.

Vers 1400, les trouvères et les jongleurs se séparèrent. On ne parla plus de ceux-ci, que l'on appela ensuite *bateleurs*, à cause des tours surprenants qu'ils s'étaient adonnés à faire avec des épées ou d'autres armes.

Jouer des instruments. C'est exécuter sur ces instruments des airs de musique, surtout ceux qui leur sont propres, ou les chants notés pour eux. Le mot *jouer* étant devenu générique, s'applique maintenant à tous les instruments.

On disait autrefois : *jouer du violon*, *pincer la harpe*, *toucher l'orgue*, *donner du cor*, *sonner de la trompette*, *blouser les timbales*, *battre le tambour*, etc. Le mot *jouer* a remplacé tous ces termes, et il en résulte un double avantage : 1° de simplifier le langage et de prévenir toute fausse application : 2° de pouvoir consacrer ces mêmes termes à des actions tout à fait étrangères à l'art musical, quoiqu'elles s'opèrent par les moyens qu'il fournit. Ainsi, nous disons sonner de la trompette, donner du cor, battre du tambour, lorsqu'il s'agit d'une charge de cavalerie, d'une chasse au cerf, ou de l'appel d'un régiment.

JOURNAUX DE MUSIQUE. Les premiers journaux de musique qui parurent en France n'offraient qu'un médiocre intérêt. Le *Journal hebdomadaire*, le *Journal des Troubadours*, le *Journal d'Euterpe*, le *Chantre du Midi*, et quelques autres productions du même genre, n'ont eu chez nous qu'une durée éphémère.

Il faut le dire, la plupart de nos journalistes littérateurs se sont longtemps efforcés de nous faire passer pour des ignorants en musique. Analyses ridicules, grossières méprises, absurdités, faux raisonnements dérivant d'un système faux sur tous les points, voilà ce qu'on trouvait jadis dans certains feuilletons, quand leurs rédacteurs ne se bornaient pas au protocole dès longtemps adopté, lequel consiste à dire que la musique d'un opéra est belle, délicieuse, admirable, ou qu'elle est mauvaise, pitoyable, etc.

Pendant que la France était encore si arriérée, l'Allemagne faisait un pas immense dans la carrière du journalisme musical. Nous devons mentionner particulièrement la *Gazette musicale de Berlin*, la *Gazette musicale de Vienne*, la *Gazette musicale des états d'Autriche*, et surtout l'*excellente Gazette de Leipsig*, recueil d'un mérite très-remarquable, entrepris en 1798, et dont la rédaction a été confiée pendant vingt ans au savant écrivain Frédéric Rochlitz.

En France, quelques écrivains se sont efforcés de suivre cet illustre modèle. En 1827, M. Fétis publia la *Revue musicale*, dont il a été le directeur et le principal rédacteur jusqu'à la fin de 1833. Ce recueil a rendu de grands services à la musique. Il parait encore maintenant sous le titre de *Revue et Gazette musicale de Paris*. En 1838 a paru la *France musicale*, sous la direction des frères Escudier. Ce recueil a marqué, dès son début, une phase nouvelle dans la critique, et sa rédaction l'a classé parmi les bons journaux de cette spécialité. Le *Ménestrel* occupe aussi un rang honorable dans la presse musicale française.

La presse musicale a pris depuis quelques années une certaine extension en Italie, en Angleterre, en Belgique, en Espagne, et dans quelques autres pays de l'Europe.

Juste. Cette épithète se donne généralement aux intervalles dont les sons se trouvent exactement dans le rapport qu'ils doivent avoir, et aux voix qui entonnent toujours ces intervalles dans leur justesse.

Juste. Chanter juste, jouer juste.

K

Karabo. Petit tambour des Egyptiens et des Abyssins.

Kalamaïca. Danse favorite des Hongrois, d'un mouvement animé et en mesure à 3/4. Elle est composée de deux parties, chacune de quatre mesures avec des reprises.

Karaklansithyron. Chanson que les anciens Grecs chantaient devant la maison de leur maîtresse.

Kas. Espèce de tambour des peuples d'Angola (Afrique), qui, au rapport de quelques voyageurs, est le seul instrument de musique qu'ils possèdent.

KATAKELEUSINOS. Nom d'une des parties principales d'un morceau de musique exécuté dans les concours musicaux des jeux isthmiques.

KEHRAUS. Ancienne danse d'invention allemande, avec laquelle on termine quelquefois les bals.

KEMAN. Nom d'un violon turc à trois cordes.

KERRENA. Trompette indienne qui, selon Bonnet, a un tube de quinze pieds de longueur ; d'autres assurent qu'elle n'a que quatre pieds de longueur, et un son très-fort.

KOORANKO (Musique des habitants de). Quelques voyageurs ont assuré que la musique occupe une place importante dans les cérémonies publiques de ce pays. Ces peuples ont des chants et des danses particulières, et un grand nombre de musiciens ambulants, qui paraissent doués à un degré remarquable du talent de l'improvisation.

La musique de cette nation, ainsi que ses instruments, dont le meilleur est une espèce de guitare ou violon fait d'une calebasse avec des cordes de crins, sont encore peu perfectionnés ; mais néanmoins on trouve dans quelques-uns de leurs chants naïfs, une douceur qui n'est pas surpassée par les modulations de peuples plus civilisés. Cependant, en général, le bruit surpasse chez eux l'harmonie, et l'effet de tant de voix et d'instruments qui se réunissent souvent, est étourdissant.

KUSSIER. Instrument turc, composé de cinq cordes tendues sur une peau qui couvre une espèce d'assiette.

KYRIE. Mot grec qui signifie *seigneur* au vocatif, et par lequel commencent les messes en musique. On s'en sert souvent comme d'un substantif, ou comme si c'était le nom d'une pièce de musique. *Voilà un beau Kyrie*, un *Kyrie bien travaillé*.

L

La. Note de musique appelée simplement *a* par les Allemands et les Italiens. C'est le sixième degré de notre échelle musicale. Il porte accord parfait mineur, et s'emploie en harmonie, ou comme sixième degré de la gamme majeure d'*ut*, ou comme premier degré du relatif mineur de cette même gamme. *La* est aussi le nom de la seconde corde du violon et de la chanterelle, ou première corde de la viole, du violoncelle et de la contre-basse. C'est sur cette note, prise dans l'octave du médium de notre système sonore, que s'accordent tous les instruments sans exception, et que sont réglés les diapasons. Il ne s'ensuit pourtant pas que tous les diapasons donnent exactement le même son, quoiqu'ils soient tous accordés sur cette même note *la*. Au contraire, ils varient selon les lieux, et quelquefois selon les orchestres; mais la différence est fort légère, et excède rarement un quart de ton au plus. On dit donner le *la*, prendre le *la*, pour donner et prendre l'accord.

Lai. Petit poëme gaulois. Quoique nos vieux poètes français variassent en une infinité de formes les pièces de poésie qu'ils livraient à leurs lecteurs, ils adoptaient presque exclusivement la narration, soit qu'ils eussent à reproduire une anecdote, un bon mot, ou même à exprimer un sentiment. Ces formes, souvent bizarres, mais constantes pour chaque espèce, paraitraient indiquer que chacune de ces pièces de poésie se conformait dans l'origne à un rhythme musical, à un air consacré, l'un au rondeau, l'autre au lai, celui-ci au chant royal, etc. On sait, en effet, que les poëmes des trouvères étaient chantés par des jongleurs, et accompagnés sur des instruments, le rebec ou violon, la rote ou vielle, par des ménétriers. L'usage du chant était perdu ; les pièces de poésie, quoique ayant cessé d'être chantées ou accompagnées des instruments, auront conservé leurs formes encore longtemps, jusqu'à ce que l'imitation classique ayant prévalu, elle les ait fait tomber en désuétude. Parmi ces poésies, la plus ancienne paraît être le lai, emprunté aux bardes de l'Armorique. Marie de France, femme poète du treizième siècle, a composé, ou plutôt traduit plusieurs de ces anciens lais bretons. Les lais que nous a laissés Marie de France ne sont que des fabliaux ou contes en vers de huit syllabes. Plus tard, les poètes donnèrent au lai une forme nouvelle, qui consistait à intercaler, à des distances régulières, de petits vers entre d'autres vers d'une mesure plus longue. Quand l'ordre adopté par le premier couplet changeait, c'est-à-dire quand on faisait tourner ou virer, selon l'expression d'alors, les grand vers en petits vers et les petits en longs, la pièce devenait un *virelai*.

LAMENTABILE, LAMENTABLE. Ce mot, que l'on fait précéder quelquefois par *adagio* ou *largo*, indique, même quand il est seul, un mouvement grave et une expression triste et pour ainsi dire désespérée.

LAMENTATIONS DE JÉRÉMIE. Élégies que l'on chante dans la semaine sainte : trois le mercredi, trois le jeudi, et trois autres le vendredi. Ordinairement, en Italie surtout, on les exécute en plain-chant avec accompagnement de viole, de violoncelle et de piano, ou bien en musique figurée à une seule voix, ou avec chœur, ou à plusieurs voix. Le même nom sert à indiquer les différentes compositions.

Landler. Espèce de valses en usage dans l'Autriche et dans quelques autres contrées de l'Allemagne. Leur mélodie, dont le caractère est d'une gaieté sautillante, s'exécute dans un mouvement modéré, en mesure à 2/4.

Langoureux. Ce mot indique un mouvement un peu lent et une exécution sans vibration et sans recherche dans les agréments.

Langue musicale. Comme tous les arts libéraux, la musique peut être considérée sous un double point de vue : comme instrument de plaisir et comme moyen d'expression. Considérée sous ce dernier rapport, elle est un langage véritable qui, au moyen des sons et des silences, peint à l'oreille et traduit à l'intelligence la plupart des peines, des sentiments et des images que la parole exprime avec des mots : souvent même elle les traduit avec une profondeur et une énergie que cette dernière est incapable d'atteindre.

La langue musicale possède tous les éléments et toutes les parties des autres langues ; elle a ses mots, sa grammaire élémentaire, sa syntaxe, sa poésie et sa théorie, sa philosophie et son histoire.

L'étude des sons ou mots de la musique et des autres signes qu'elle emploie, constitue l'enseignement élémentaire de cet art. Il est assez connu ; nous n'en parlerons pas.

La *syntaxe* musicale correspond à la syntaxe des langues proprement dites : c'est l'art de réunir convenablement les signes du langage musical pour en former des phrases correctes. Elle se divise en deux parties, dont l'une enseigne à écrire la *mélodie*, et l'autre l'*harmonie*.

La *littérature* musicale correspond à la littérature

proprement dite et se divise, comme elle, en deux parties essentiellement distinctes : la littérature générale qui traite, au point de vue musical, du bon goût, des styles, des écoles, du but et de la valeur réelle des règles, du classique, du romantique et de cent autres questions musicales dont l'énumération est inutile; et la littérature particulière qui enseigne à écrire convenablement chaque genre de musique. Cette dernière partie s'appelle aussi *composition :* on y attache ordinairement les règles de la mélodie.

La *philosophie* de la musique consiste à rechercher les rapports secrets des sons avec nos sentiments et nos pensées. L'existence de ces rapports ne peut pas être contestée, puisque la musique exprime réellement des sentiments et des pensées au moyen des sons. C'est une science à peine ébauchée.

Enfin, la musique et l'harmonie ont leur histoire, où les théories et les œuvres pratiques, les théoriciens et les compositeurs, les tâtonnements de l'inexpérience, les bévues de l'erreur, les succès du talent et les progrès de la science musicale apparaissent tour à tour aux regards.

Madame Layne a publié, il y a quelques années, à Paris, un ouvrage intitulé : *Grammaire musicale, basée sur les principes de la grammaire française.* Dans son livre, l'auteur donne aux lettres le nom de sons; à l'alphabet, celui de gamme; les articles sont comme les trois clefs *fa, do, sol.* Elle appelle substantifs les notes; adjectifs superlatifs les dièses; adjectifs diminutifs les bémols; adjectifs comparatifs les bécarres. Les mesures sont les verbes : celles à quatre temps sont les verbes actifs; celles à trois temps les verbes passifs; celles à deux temps les verbes neutres, et ainsi de suite.

Dans ces dernières années, M. Sudre a inventé la langue musicale, formée au moyen des sept notes de musique, *do*, *ré*, *mi*, *fa*, *sol*, *la*, *si*, par le secours desquelles il parait que M. Sudre peut transmettre toute espèce de phrase et dans quelque langue que ce soit, c'est-à-dire qu'un Arabe comprendra un Chinois, un Russe, un anglais, etc. Ces résultats n'ont rien de surprenant, car la langue musicale a le privilége de rencontrer partout des oreilles et des cœurs sensibles à ses charmes. Unis par de semblables liens, les musiciens de toutes les nations forment une seule famille dont les goûts sont identiques.

La *Grammaire musicale* de M. Martin d'Angers est un des meilleurs ouvrages didactiques que l'on ait publiés en France dans ces dernières années.

Languette. Nom du petit morceau de bois des sautereaux d'un clavecin ou d'une épinette, où se trouve introduit un morceau de plume de corbeau. C'est aussi le nom d'un petit morceau de métal mobile qui vibre dans les anches de certains jeux d'orgue.

Lapa. Nom turc des tubes en cuivre, longs d'environ huit ou neuf pieds, se terminant comme nos trompettes et servant dans la musique.

La ré. Ces syllabes désignaient dans l'ancien solfége cette mutation d'après laquelle on se servait, en chantant, de la syllabe *ré* pour les sons *la ré*, et non de la syllabe *la*.

Largo. Ce mot, écrit à la tête d'un air, indique un mouvement plus lent que l'*adagio*, et le dernier de tous en lenteur.

Le diminutif *larghetto* annonce un mouvement moins lent que *largo* et plus lent que l'*andante*.

Le largo n'a souvent pas plus de lenteur que l'adagio; mais il a quelque chose de plus décidé dans le caractère. L'adagio semble devoir être plus onctueux, plus sensible, plus affectueux; il a autant de noblesse que le largo, mais celui-ci a plus de fierté.

Le largo convient à ce qui est religieux, l'adagio à ce qui est tendre et d'une tristesse passionnée.

LARIGOT. Jeu d'orgue, l'un des plus aigus : il sonne la quinte au-dessus de la doublette. Ce jeu, qui est compris parmi les jeux à bouche, est d'étain et a quatre octaves et demie d'étendue, ce qui forme tout le clavier.

LA SOL. Mutation des deux syllabes *la* et *sol* sur le son *ré*.

LAUDA SION SALVATOREM. Suite de versets ou prose que l'on chante dans l'Église romaine, le jour de la Fête-Dieu.

LAUDI, (LAUDES). On entend par le mot italien Laudi, les cantiques que l'on chantait en Italie au temps de Laurent de Médicis, qui en composa plusieurs, et de saint Philippe de Néri. Ce genre de poésie était très-estimé en Italie au quinzième siècle. La musique en était toujours simple; on adapta quelquefois à ces compositions poétiques les ariettes profanes les plus goûtées.

LEÇON. On désigne par ce mot tous les exercices qu'un maître prescrit à son élève, en lui enseignant un instrument de musique. Les morceaux de musique imprimés sous le titre de *leçons* ne sont autre chose qu'un moyen de rappeler à l'élève les instructions du maître.

LEÇONS DES NOCTURNES DE L'OFFICE DES MORTS. Leçons de la semaine sainte que l'on a coutume de chanter en musique figurée à voix seule, ou même à plusieurs voix avec chœurs.

LEGATO. Quand ce mot se trouve en tête ou dans le courant d'un morceau de musique, il faut en lier les notes avec soin.

S'il y a *sempre legato*, il faut conserver jusqu'à la fin le même genre d'exécution.

LÉGENDE. Ce mot, qui signifiait d'abord les versets que l'on récitait dans les leçons des matines, fut donné plus tard aux vies des saints et des martyrs, parce qu'on devait les lire dans les réfectoires et les chanter dans les chapelles des communautés. Des monastères, elles se répandirent parmi les fidèles, enthousiasmèrent leur zèle et le portèrent jusqu'au fanatisme. Tout ce que le peuple avait recueilli dans ses souvenirs ou poétisé dans son imagination trouva place dans ces histoires, qui sont la véritable mythologie du christianisme. Les traits d'héroïsme chrétien qu'on y trouve racontés avec une simple naïveté, parés du prestige de la poésie et de la musique, réchauffèrent la foi et la charité. Si l'histoire en a rejete la plupart comme monuments apocryphes, elle leur doit à toutes profond respect et vive reconnaissance.

Légèrement. Cet adverbe indique qu'on doit toucher l'instrument doucement.

Lento. Ce mot signifie *lentement*, et marque un mouvement lent comme le *largo*. Les Allemands indiquent ce mouvement par *langsaen*, et les Anglais par *slow*.

Levé. C'est le temps de la mesure où on lève la main ou le pied. C'est toujours le dernier temps de la mesure; par conséquent les temps levés sont : à deux temps, le second ; à trois, le troisième ; à quatre, le quatrième.

Liaison. Il y a liaison d'harmonie et liaison de chant. La liaison a lieu dans l'harmonie, lorsque cette harmonie procède par un tel progrès de sons fondamentaux, que quelques-uns des sons qui accompagnent celui qu'on quitte, demeurent et accompagnent celui où l'on passe. Il y a liaison dans les accords de la tonique et de la dominante, attendu que le même son sert de quinte à l'une, et d'octave à l'autre. Enfin, il y a liaison dissonante toutes les fois que la dissonance est préparée, puisque cette préparation elle-même n'est autre chose que la liaison.

La liaison dans l'exécution instrumentale ou dans le chant a lieu toutes les fois qu'on passe deux ou plusieurs notes d'un seul coup d'archet, de langue ou de gosier, et se marque par un trait recourbé dont on couvre les notes qui doivent être liées ensemble.

LICENCES. Liberté que prend le compositeur et qui semble contraire aux règles, quoiqu'elle soit dans le principe des règles; car voilà ce qui distingue les *licences* des fautes. Par exemple, c'est une règle générale de ne pas faire marcher deux quintes justes de suite entre les même parties et par un mouvement semblable. Berton a enfreint cette règle dans l'ouverture du *Délire*. C'est une licence qu'il a prise pour produire plus d'effet.

Comme les règles de l'harmonie ont subi des modifications à mesure que l'art s'est perfectionné, ce qui était licence autrefois est permis aujourd'hui. Nous nous servons avec succès de la quinte augmentée, qui aurait offensé l'oreille de nos timides devanciers.

LICHARA. Instrument unique d'une tribu de Cafres. C'est une espèce de flûte formée d'un roseau, accordée au moyen d'un petit tampon mobile placé à la partie inférieure, et ayant au bout supérieur une ouverture coupée transversalement. On ne peut rendre qu'un son sur cet instrument; il y en a un pour chaque note, et lorsque plusieurs sons se trouvent réunis, une partie joue à l'unisson, pendant que les autres font entendre différents sons de l'échelle musicale. L'intervalle compris entre les plus hautes et les plus graves de ces flûtes est d'environ douze notes.

LIÉES. On appelle notes liées celles qu'on passe d'un seul coup d'archet sur le violon, ou d'un seul coup de langue sur les instruments à vent, en un mot, toutes les notes qui sont sous une même liaison.

Ligne. Les lignes de musique sont ces traits horizontaux et parallèles qui composent la portée, et sur lesquels, ou dans les espaces qui les séparent, on place les notes selon leurs degrés. La portée du plain-chant n'est que de quatre lignes, celle de la musique a cinq lignes stables et continues, outre les lignes additionnelles qu'on ajoute au-dessus ou au-dessous de la portée, pour les notes qui passent son étendue.

Les lignes, soit dans le plain-chant, soit dans la musique, se comptent en commençant par la plus basse. La plus basse est la première, la plus haute est la quatrième dans le plain-chant, la cinquième dans la musique.

Linon asma. Chanson funèbre des Egyptiens sur *Manéros*, appelé Linos par les Grecs. On croit qu'il était le fils du premier roi des anciens Egyptiens, et qu'il mourut à la fleur de l'âge.

Lire. Lorsqu'on veut exécuter une partie que l'on n'a jamais vue, il faut d'abord s'être exercé à trois espèces de travaux intellectuels nécessaires pour lire facilement à première vue, presque sans s'en apercevoir. On doit, en déchiffrant les notes, 1° embrasser d'un coup d'œil l'alternation continuelle des sons aigus et des sons graves ; 2° les comparer et les classer selon leur valeur respective; et 3° rendre cette valeur relativement à la mesure indiquée. On appelle cette science : *déchiffrer, lire la musique.*

Litanies. On désignait autrefois par ce mot le *Kyrie eleison*, aujourd'hui encore les litanies commencent par le *Kyrie eleison*, mais comme on fait suivre les invocations en l'honneur de la Vierge, des saints, etc., on les appelle litanies de la Vierge, des saints, etc.

LITHOGRAPHIE. Depuis quelques années, la lithographie a été appliquée à la musique. Des partitions, des sonates, des fantaisies, des romances même paraissent maintenant avec de beaux frontispices en lithographie. Ce sont des paysages charmants où l'on voit de vieux châteaux gothiques, des paladins, des troubadours courant les aventures, etc. ; ce sont des allégories ingénieuses et des sujets qui se rapportent à la sonate, au nocturne que l'on publie. On doit se défier quelquefois des compositions musicales que l'on a pris soin de parer de tant d'ornements; ces accessoires valent trop souvent mieux que le principal, et l'on peut dire de beaucoup de ces productions : Tout en est beau, papier, images, caractères, hormis la musique.

LIVRE OUVERT, A LIVRE OUVERT. Chanter ou jouer à livre ouvert, c'est exécuter toute musique qu'on vous présente en jetant les yeux dessus, et par conséquent sans préparation.

LOCO. Lorsqu'après un passage marqué pour être exécuté à l'octave aiguë ou basse, on trouve ce mot latin ou italien *loco*, il signifie que l'on doit exécuter ce qui suit, au lieu même où les notes sont écrites, sans transpositions d'octaves.

LOLICHMIUM. Édifice public, situé près de la ville d'Olympie, qui était ouvert en tout temps à ceux qui voulaient prendre part au concours de musique.

LONGUE. C'était une note qui, dans la musique ancienne, valait quatre mesures; dans le *mode mineur parfait*, elle avait la valeur de trois brèves, et dans le *mode mineur imparfait*, de deux.

LOURE. Sorte de danse dont l'air était assez lent, et qui se marquait ordinairement par la mesure à six-quatre. Quand chaque temps porte trois notes, on pointe la première, et l'on fait brève celle du milieu ;

ce qui est exactement le rhythme de la *sicilienne*, qui semble avoir succédé à la *loure*.

Lourer. C'est nourrir les sons avec douceur, et marquer la première note de chaque temps plus sensiblement que la seconde, quoique de même valeur, et en liant.

Cette manière d'exécuter est encore en usage pour les pastorales et toutes les compositions qui ont le caractère rustique et montagnard.

Lucornario. Nom de l'antienne que l'on chante à vêpres, selon le rite ambrosien, avant le *Dixit*.

Luth. Instrument très-cultivé autrefois, et dont on ne joue plus depuis un siècle. La guitare et la harpe l'ont fait délaisser. Il était monté de vingt-quatre cordes sur un corps arrondi en dessous, en forme de tortue, et ressemblant à celui de la mandoline, qui en était le diminutif. Ces vingt-quatre cordes composaient treize groupes; son manche était large et renversé dans son extrémité. Huit de ces cordes, placées en dehors du manche, ne se touchaient qu'à vide.

Comme la lyre antique, le luth, en cessant de servir aux musiciens, a laissé son nom aux poëtes, qui le font figurer souvent dans leurs stances, et même dans l'épopée.

Luthier. Artiste qui fait des violons, des violes, des violoncelles, des contre-basses, des guitares. Ce nom, qui signifie facteur de luths, est resté par synecdoche à ces sortes d'artistes, parce qu'autrefois le luth était l'instrument le plus commun et le plus répandu.

Lutrin. Pupitre du chœur sur lequel on met les livres de chant dans les églises. Ce mot vient de *lectrum*, dont on a fait *lectrinum*, de là lettrin, et puis lutrin par corruption :

Sur ce rang d'ais serrés qui forment sa clôture.
Fut jadis un lutrin d'inégale structure.

Dont les flancs élargis de leur vaste contour
Ombrageaient pleinement tous les lieux d'alentour.
Derrière ce lutrin, ainsi qu'au fond d'un antre,
A peine sur son banc on discernait le chantre,
Tandis qu'à l'autre bout, le prélat radieux,
Découvert au grand jour, attirait tous les yeux.

BOILEAU. — *Le Lutrin.*

LUTTES MUSICALES. Les anciens peuples professèrent une grande estime pour la musique. Les Grecs, particulièrement, la regardaient comme un des moyens nécessaires pour former l'éducation, et adoptaient, avec empressement, tout ce qui pouvait contribuer à ses progrès; ils croyaient que les concours de musique, qui avaient lieu devant des assemblées nombreuses, étaient un des moyens les plus favorables pour arriver à ces résultats. On célébrait donc, à certaines époques, des fêtes populaires, où l'on délivrait des prix aux concurrents en musique. *Les jeux olympiques, pythiques, néméens* et *isthmiques* étaient les principales de ces fêtes. (Voir ces mots.)

Les juges appelés à porter un jugement sur le mérite des chanteurs qui se distinguaient dans le concours, leur décernaient pour prix une couronne de laurier ou de feuilles de chêne, et toute la Grèce les comblait d'honneurs et de gloire. On érigea même à quelques-uns des monuments aux frais de l'État. Plus tard, on introduisit aussi dans ces fêtes des concours pour la musique instrumentale.

Plusieurs fêtes solennelles, fondées par les anciens Romains, étaient également célébrées par des luttes musicales. Néron, surtout, constitua à Rome des concours de musique qui jetèrent un grand éclat.

LYRE. Instrument de musique, de forme triangulaire, dont la mythologie attribua l'invention à Mercure. Quelques auteurs ont accordé tour à tour l'honneur de sa découverte à Orphée, à Amphion, à

Apollon, à Polymnice. D'autres ont dit que c'était une écaille de tortue, qu'Hercule vida, perça, et monta de cordes de boyaux, au son desquels il accordait sa voix.

La lyre a beaucoup varié par le nombre de ses cordes; celle d'Olympe et de Therpandre n'en avait que trois. L'addition d'une quatrième rendit le tétracorde complet. Pollux attribue aux Scythes l'invention du pentacorde. L'heptacorde fut la lyre le plus en usage et la plus célèbre. Simonide ajouta une huitième corde, pour produire l'octave; et, plus tard, Timothée de Milet, contemporain de Philippe et d'Alexandre, multiplia les cordes jusqu'à douze. On les touchait de trois manières, ou en les pinçant avec les doigts, ou en les frappant avec le *plectrum*, espèce de baguette d'ivoire ou de bois poli, ou en pinçant les cordes de la main gauche, tandis qu'on les frappait de la droite armée du *plectrum*. Les anciens monuments représentent des lyres de différentes formes, montées depuis trois cordes jusqu'à vingt. Cette dernière ne servait, dit-on, que pour célébrer les dieux et les héros.

On a essayé de faire revivre cet instrument, en lui donnant le manche de la guitare à six cordes. Sa forme élégante et pittoresque avait d'abord tenté nos belles musiciennes; mais on est revenu à la guitare, qui est plus commode à tenir, et dont l'harmonie est plus pleine et plus agréable.

La lyre et le luth retentiront encore longtemps dans œuvres des poètes, quoique les progrès de l'art musical les aient condamnés à un éternel silence. Le violon a fait disparaître tous ces instruments imparfaits, qui n'étaient, en quelque sorte, que les essais des facteurs et des musiciens, les uns préludant à l'art de la lutherie, et les autres à celui de charmer l'oreille.

Lyre allemande. Cet instrument, dont on ne se sert plus, consiste en une caisse de forme oblongue, ressemblant à la partie inférieure d'une viole d'amour. Aux parois latérales de cette lyre, il y a dix à douze touches qui servent à raccourcir les quatre cordes attachées dans l'intérieur de l'instrument, et forment une étendue de sons diatoniques qui égalent le nombre des touches. On fait résonner les cordes au moyen d'une roue frottée de colophane, que la main droite fait tourner avec un levier, tandis que les doigts de la gauche font mouvoir les touches.

Lyre a bras. Instrument à archet, de la dimension de l'ancienne viole de ténor à sept cordes, et qui aujourd'hui n'est plus en usage.

Lyre barberina. Instrument inventé au dix-septième siècle, par un praticien florentin, nommé Donis, et dont on ne se sert plus depuis longtemps.

Lyrique. Cette épithète se donnait autrefois à la poésie faite pour être chantée et accompagnée par le chanteur de la lyre ou de la cithare, comme les odes et autres chansons. Sous ce rapport, la poésie lyrique différait essentiellement de la poésie dramatique ou théâtrale, qui était accompagnée avec des flûtes par d'autres que par le chanteur. Aujourd'hui l'épithète *lyrique* s'applique toujours aux odes, dithyrambes, chansons, couplets. Mais comme nous avons des pièces de théâtre qui se chantent, on appelle *drame lyrique* ou *opéra*, le drame expressément composé pour être mis en musique.

Lyro-guitare. Instrument inventé à Paris, au commencement de ce siècle, et qui a le manche de la guitare à six cordes. Sa forme élégante et pittoresque avait d'abord fait sa fortune ; mais ensuite on en revint à la guitare, plus commode à tenir, et dont l'harmonie est plus pleine et plus agréable.

M

Machicotage. C'est ainsi qu'on appelle, dans le plain-chant, certaines additions et compositions de notes qui remplissent, par une marche diatonique, les intervalles de tierces et autres. Le nom de cette manière de chant vient des ecclésiastiques appelés *machicots*, qui l'exécutaient autrefois après les enfants de chœur.

Madrigal. Sorte de pièce de musique travaillée et savante, qui était fort à la mode en Italie au seizième siècle. Les madrigaux se composaient pour les voix, à trois, quatre, cinq, six et même sept parties, toutes obligées, à cause des imitations et dessins dont ces pièces étaient remplies.

Le style madrigalesque tient de la fugue, sans lui ressembler entièrement. La différence la plus essentielle consiste en ce que, même dans les madrigaux à voix seule, qui sont les plus sévères de tous, on prend des licences que la fugue proprement dite ne comporte pas. On donne au chant des tournures légères et animées, et l'on suit le sentiment et l'expression des paroles, ce qui ne s'observe pas dans la fugue.

La composition des madrigaux remonte à la plus haute antiquité. Les maîtres de l'école flamande s'y sont distingués; mais les auteurs qui ont atteint la perfection de ce genre sont : Adrien Willaërt, Palestrina, Luca Marenzio, Monteverde, le prince de Venouse, enfin A. Scarlatti.

Lotti, B. Marcello, Durante, Steffani ont excellé dans le madrigal accompagné, qui comporte plus de liberté que l'autre, à cause de la basse continue qu'on y ajoutait, mais qui exige, à raison de cela, beaucoup plus d'expression.

Maestoso, Majestueux. Un morceau de musique de ce caractère demande un mouvement plus lent et une exécution semblable au grave.

Magad. Instrument grec antique, à vingt cordes. Athénée prétend qu'il en avait vingt et une.

Magasin de musique. Boutique où l'on vend des livres, des compositions manuscrites et imprimées, des instruments de musique et tous les accessoires qui y ont rapport, tels que cordes, papier réglé, etc.

Magnificat. Nom d'un morceau de chant, dont les paroles ont été tirées du premier chapitre de saint Luc, et qui, dans la traduction latine, commence ainsi : *Magnificat anima mea Dominum.*

Main harmonique. C'est le nom que donna Guido à la gamme qu'il inventa, pour montrer le rapport de ses hexacordes, de ses six lettres et de ses six syllabes avec les cinq tétracordes des Grecs. Il représente cette gamme sous la figure d'une main gauche, sur les doigts de laquelle étaient marqués tous les sons de la gamme, tant par lettres correspondantes, que par les syllabes qu'il y avait jointes, en passant, par la règle des nuances, d'un tétracorde ou d'un doigt à l'autre, selon le lieu où se trouvaient les deux demi-tons de l'octave par le bécarre ou par le bémol, c'est-à-dire selon que les tétracordes étaient conjoints ou disjoints.

Maitre de musique. Musicien gagé pour composer de la musique ou la faire exécuter. C'est le maître de musique qui bat la mesure et dirige les musiciens. Il doit savoir la composition, quoiqu'il ne compose pas toujours la musique qu'il fait exécuter.

On donne encore le nom de maître de musique au chef de la musique d'un régiment. Il fait partie de l'état-major, et a le grade de sergent-major.

Maîtrise. Logement réservé au maître de musique d'une cathédrale, et dans lequel un certain nombre de jeunes gens sont entretenus aux frais du chapitre, pour y recevoir une bonne éducation musicale, et être employés en même temps au service religieux comme enfants de chœur.

Quand on songe à l'état de décadence dans lequel les maîtrises sont progressivement tombées dans notre pays, on n'est plus surpris que le goût et l'intelligence de l'art musical se perdent peu à peu dans nos provinces. Les bienfaits du Conservatoire ne s'étendent pas au-delà de l'enceinte de Paris ; tandis que, placées sur tous les points du royaume, les maîtrises offraient le moyen de recueillir et de cultiver les grands talents et les belles voix dans les lieux mêmes où la nature se plaisait à les produire. Depuis leur suppression presque totale, la pépinière des bons musiciens n'existe plus; l'art dégénère et languit dans nos départements.

L'école de musique religieuse classique fondée en 1853 par M. Niedermeyer, quelque utile qu'elle soit, ne remplacera pas les maîtrises qui s'étendaient sur toute la surface de notre pays catholique.

Marche de Basse. (Voyez le mot Progression.)

Marche des parties harmoniques. En général, lorsque l'on compose à trois parties ou davantage, elles ne doivent pas monter ni descendre toutes à la fois, à moins qu'il n'y ait unisson ou que la pensée ne l'exige ainsi. Il suffit toutefois que l'une d'elles soit immobile pendant que les autres montent ou descendent.

Il est bien que le dessus et la basse procèdent par mouvements contraires, ou du moins par mouvements obliques.

En tous cas, les parties harmoniques doivent marcher d'une manière simple, naturelle et sans contorsion. Il est ridicule et périlleux à la fois de leur donner des intonations difficiles et hasardées.

Majeur. Les intervalles susceptibles de variations sont appelés *majeurs*, quands ils sont aussi grands qu'ils doivent l'être, d'après la juste appréciation du système général des intervalles.

L'octave, la quinte et la quarte ne varient pas sans devenir dissonances. Les autres intervalles peuvent, sans changer de nom et sans cesser d'être justes, varier de quatre manière différentes, auxquelles on donne le le nom de *genres*, dont deux sont selon la nature du mode où on les pratique, et deux sont artificiels, attendu qu'ils participent de deux modes à la fois. Ces quatre genres sont : *diminué*, *mineur*, *majeur* et *augmenté*. Les deux genres naturels sont le majeur et le mineur. Le diminué et l'augmenté forment les deux genres artificiels.

Les intervalles variables sont au nombre de quatre, savoir : la seconde, la tierce, la sixte et la septième.

Un intervalle majeur est toujours plus grand d'un demi-ton que le mineur. Un intervalle augmenté est plus grand d'un demi-ton que le majeur ; plus grand d'un ton que le mineur, et plus grand d'un ton et demi que le diminué ; de même que l'intervalle diminué est moindre d'un demi-ton que le mineur, moindre d'un ton que le majeur, et moindre d'un ton et demi que l'intervalle augmenté.

Majeur se dit aussi du mode, lorsque la tierce de la tonique est majeure, et alors seulement le mot *mode* ne fait que se sous-entendre.

On désigne encore par le mot de majeur pris substantivement, la partie d'un air, d'un duo, d'une sonate, d'une symphonie qui se trouve traitée en mode majeur.

MALGACHES (Musique chez les). Les Malgaches aiment beaucoup la musique et la danse. Celle-ci, grave chez les hommes, paraît souvent exprimer quelque action dramatique : elle est mesurée, et les pas, rarement précipités, sont diversifiés suivant le caractère de l'air, comme les contredanses françaises.

La danse des femmes, quelquefois gaie et lascive, ne consiste d'ordinaire qu'en un balancement du corps, avec de continuels mouvements des bras et des mains accompagnés d'un léger trépignement de pieds.

Leur musique a un caractère de mélancolie tenant peut-être au sujet de leurs chansons qui roulent toujours sur l'amour. Les femmes ont la voix douce et mélodieuse, chantent en parties et font des accords suivis que l'on n'entend pas sans plaisir.

MANCHE. Pièce de bois collée à l'extrémité du corps de certains instruments à cordes, tels que le violon, le violoncelle, la guitare. Le manche sert à tenir l'instrument, porte les cordes et les chevilles, et c'est en posant les doigts sur ces cordes et en les pressant contre le manche, que l'on forme les différents tons.

MANDOLINE. Instrument de musique plus petit que le luth et de la même forme. Il s'accorde comme le violon, avec cette différence, que ses cordes sont de laiton et doubles. On en joue avec un petit morceau d'écorce de cerisier ou un bout de plume taillé comme un cure-dent plat. Le timbre de la mandoline est d'une finesse mordante qui la rend très-propre à accompagner les chants d'amour.

MANDORE. Espèce de petit luth. Il se joue comme cet instrument, mais s'accorde différemment. Le mandore n'a que huit groupes de cordes à boyau ; ce qui fait en tout seize cordes.

La mandore n'est plus en usage depuis longtemps.

Marche. Morceau de musique, composé pour être exécuté par un grand nombre d'instruments, pendant la marche d'une troupe militaire ou d'un cortége nombreux, et servant à régler le pas de ceux qui le composent.

La marche est plus particulièrement du domaine de la musique militaire que de l'orchestre complet. Cependant on introduit souvent des marches dans les compositions dramatiques.

Brillante et légère dans le style martial, majestueuse et solennelle dans le style religieux, triste et gémissante pour les pompes funèbres, la marche prend divers caractères, selon que sa destination change.

La mesure de la marche est ordinairement à deux temps, et son mouvement est *allegro maestoso*. Quelques marches religieuses d'un mouvement très-lent sont à trois temps.

Dans le style militaire on distingue deux sortes de marches, savoir : la *marche* dont la mesure et le temps marquent le pas ordinaire, et la *marche double*, dont la mesure et les temps sont doublés ; son mouvement est du double plus rapide que celui de la marche.

Une belle marche, exécutée par d'excellents musiciens, annonce d'une manière brillante la troupe qui va défiler sous les armes. Ces accents belliqueux, cette harmonie éclatante s'unissent admirablement aux idées qu'inspire l'appareil militaire. On croit assister aux anciens tournois. L'imagination nous transporte aux fêtes triomphales de la Grèce et de Rome.

Mais laissons la musique guerrière pour nous occuper de la scène dramatique, où la marche paraît avec les plus grands avantages. Elle y prend une couleur différente, selon le temps et le lieu où se passe l'action scénique. Au théâtre, la marche se réunit souvent au chœur, et beaucoup de chœurs dramatiques, tels que ceux de *la Vestale : De lauriers couvrons les chemins ; Périsse la vestale impie!* sont dessinés en marches. Une des plus belles marches qu'il y ait au théâtre est la marche funèbre du troisième acte de *Dom Sébastien*, opéra de Donizetti. Il y a aussi une fort belle marche par les instruments de Sax dans la *Reine de Chypre* d'Halévy. On appelle aussi marche un mouvement symétrique et régulier des diverses parties de l'harmonie.

MARCHER. Ce terme s'emploie figurément en musique, et se dit de la succession des sons ou des accords qui se suivent dans un certain ordre.

MARCHEUSES. Ce sont, dans les ballets, les femmes qu'on appelait autrefois comparses et qui ne figurent sur la scène que pour marcher. Elles ne font autre chose que parader avec des costumes de pages ou d'icoglans.

MARTABAN. (Musique du). Les habitants du Martaban, province de l'empire Birman, paraissent aimer beaucoup notre musique, dont la leur se rapproche plus que celle d'aucun autre peuple de l'Inde. Les instruments dont ils se servent méritent d'être observés. Ils ont un luth avec deux cordes de laiton, qu'ils jouent tantôt avec un archet, tantôt avec les doigts. Ils possèdent encore un instrument qu'on peut appeler *chat*, parce qu'il représente ce quadrupède avec les jambes ployées sous lui et la queue ramenée en demi-cercle au-dessus de son dos. C'est sur cette queue que les cordes sont attachées. Ils ont aussi des espèces de flûtes, des flageolets, des tam-tams et des cloches qu'ils appellent *gongs*.

MARTEAU. Instrument qui a le manche percé comme une clef, avec lequel on tend ou on lâche les cordes des instruments à chevilles, pour les accorder. C'est aussi le nom de certaines pièces de la mécanique du piano qui attaquent les cordes.

MASQUES. Par ce nom on entendait, chez les anciens Grecs et Romains, certaines figures postiches qui représentaient, dans les théâtres, les traits des personnages figurant dans l'action dramatique. Ces masques étaient en métal, et l'on s'en servait pour donner plus d'éclat et plus de force à la voix.

MASSES. Masses, dans la musique vocale et instrumentale, se dit de plusieurs parties considérées comme ne formant qu'un seul tout. Les arpéges des violons et des violes, liés par les tenues des instruments à vent, forment de belles masses harmoniques. Un solo de hautbois plane et se dessine avec grâce sur les masses de l'orchestre.

MATRACA. Enorme crécelle, en usage en Espagne, et surtout au Mexique, pendant la semaine-sainte. Elle remplace les cloches. C'est une roue de plusieurs palmes de diamètre, dont la circonférence est armée de marteaux de bois mobile, de sorte qu'en tournant la roue, ces petits marteaux frappent quelques petits morceaux de bois plantés comme des dents dans la circonférence de la roue.

MAXIME. Nom de tout intervalle plus grand que le majeur, pour ceux qui n'admettent pas le degré de *augmenté*, et plus grand d'un demi-ton que l'augmenté, pour ceux qui admettent ce degré de plus.

MAXIME. C'est une note faite en carré long horizontal avec une queue au côté droit, laquelle valait huit mesures à deux temps, c'est-à-dire deux longues, et quelquefois trois, selon le mode. — Cette sorte de note n'est plus en usage, depuis qu'on sépare les mesures par des barres, et qu'on marque avec des liaisons les tenues ou continuités des sons.

MAZURKA. La mazurka possède un rhythme particulier qui consiste à marquer souvent le deuxième temps de la mesure; la période se termine sur le deuxième temps. Elle est plus lente que la valse.

Mèdes. (Voyez le mot Assyriens.)

Médiante. C'est la corde ou la note qui partage en deux tierces l'intervalle de quinte qui se trouve entre la tonique et la dominante. L'une de ces tierces est majeure, l'autre mineure, et c'est leur position relative qui détermine le mode. Pour simplifier cette définition, nous dirons que la *médiante* est la troisième note d'une gamme.

Médiation. Partage de chaque verset d'un psaume en deux parties, l'une psalmodiée ou chantée par un côté du chœur, et l'autre par le côté opposé.

Médium. Milieu de la voix, également distant de ses deux extrémités au grave et à l'aigu. Le haut de la voix est plus éclatant, mais il est quelquefois forcé. Le bas est grave et majestueux, mais il est plus sourd. Un beau *médium* donne les sons les mieux nourris, les plus mélodieux.

Mélodie. La mélodie est la succession de plusieurs sons différents qui, dans leurs rapports de tonalité, concourent à former un ensemble agréable et flatteur pour l'oreille, ravissant pour le cœur et l'imagination.

D'où vient-elle, cette reine de l'art lyrique, avec son cortége d'émotions, son sourire fleuri, ses arabesques de tous les temps que l'œil embrasse et admire? à quelle source de poésie l'enchanteresse a-t-elle puisé ses charmes? La mélodie est fille du mystère; c'est une brise échappée à un monde inconnu; elle porte avec elle la fraîcheur de l'aurore, le feu du soleil et la sérénité de la nuit. Tous les arts ont leur poésie, mais aussi tous les arts ont leur langage et leur modèle : langage matériel, modèles vivants ou morts; la parole d'un côté, la nature de l'autre. Pétrarque, l'Arioste, le Tasse, Chiabrera, Gœthe, Byron, Châteaubriand, Hugo et Lamartine, tous enfants de de la renommée, ont fleuri leurs vers des plus belles images, ont revêtu la pensée humaine des plus riches vêtements; mais au service de leurs inspirations, ils avaient ou ils ont encore des mots, un langage, un vocabulaire tout entier; Michel-Ange, Léonard de Vinci, Raphaël, le Corrége, Rubens, Léopold Robert, Ingres, Vernet, tous illustres parmi les plus illustres, vous n'avez fait que copier la nature, et votre gloire est d'avoir été aussi vrais que la nature elle-même; vous aviez des couleurs, vous aviez des pinceaux! Encore une fois, la mélodie n'a ni vocabulaire, ni pinceaux, ni modèles; elle est tendre et amoureuse, comme le poëte le plus tendre et le plus amoureux; elle est rêveuse, emportée, déchirante comme les songes qui bercent la tête, ou les tempêtes qui agitent le cœur; elle a des larmes pour la douleur, des sourires pour l'amour; elle est légère, coquette, douce, capricieuse, folâtre, insouciante, enthousiaste, ardente; elle est dans le passé; elle est dans le présent; elle vivra aussi longtemps que vivront les étoiles, aussi longtemps que les roses garderont leurs couleurs, les arbres leur verdure, le printemps son soleil. Elle reviendra d'où elle est venue, et ceux qui assisteront à sa fin, seuls connaîtront son origine.

La mélodie se divise en trois catégories; la mélodie fugitive, la mélodie religieuse et la mélodie dramatique, c'est-à-dire appliquée au drame lyrique. Il y a la mélodie légère, la mélodie gracieuse, la mélodie passionnée, et, au milieu de tout cela, nous avons la mélodie banale qui veut tout exprimer, qui n'exprime rien et qui revient de droit aux musiciens sans valeur poétique. Des mélodies fugitives, Schubert en est un modèle merveilleux. Lisez, relisez ces petits poèmes où l'âme pure et calme a répandu son parfum; là, point de futilités, point de notes à contresens, point d'exagération, toujours la vérité; là, c'est le cœur qui chante, c'est du cœur que part l'inspiration. Schubert se fait un petit cadre et il le remplit toujours des plus délicieuses peintures; ne lui demandez pas des développements, de la grandeur, de l'espace : son haleine est courte et ne peut pas affronter un long voyage; laissez-lui sa douce rêverie, son amour mélancolique. Il vous dira le songe d'un enfant, la prière d'une chaste fille, la promenade à deux, sous le ciel étoilé, la douleur d'une mère, et nul mieux que lui ne rendra tous les sentiments de l'enfant joyeux, de la jeune fille regardant le ciel, des amoureux isolés, de la mère en pleurs. Schubert ne dépasse jamais le but, et il l'atteint toujours; ses tableaux sont des miniatures, mais des miniatures qui, quelquefois par leurs beautés, s'élèvent aux proportions des grands tableaux; celui-là possède la vraie mélodie, que ne donnent ni la science, ni l'étude, et qui ne reçoit ses règles que du génie et du goût.

A l'Italie la mélodie religieuse et la mélodie dramatique. La mélodie religieuse vous la trouvez dans les vieilles basiliques, au milieu de la foi des croyants, s'élevant comme une glorification céleste au-dessus de la tête du Christ. Dans la mélodie religieuse, point de luxe, point de formes sensualistes, point de coquetterie, point de fantaisie. La mélodie religieuse respire le recueillement, la méditation, un amour sacré, celui de Dieu, une aspiration brûlante vers l'infini : allez dans la ville éternelle; écoutez le *Miserere* d'Allegri, les psaumes de Marcello, les prières sublimes de Pergolèse, les cantiques, les louanges, les hymnes au Seigneur de Palestrina, les chants inspirés de Mozart et de Cherubini; les caprices du monde sceptique n'ont pas souillé de leurs ailes vagabondes le génie de ces compositeurs dévoués à la musique la plus imposante, la plus grandiose, la plus noble, la musique qui puise son inspiration dans la croyance du bonheur éternel, dans le respect et l'amour de la divinité. Là est la foi chrétienne, là est la vérité.

La mélodie dramatique est un mélange de toutes les passions terrestres; ses effets sont plus variés, ses formes plus saisissables, et plus accessibles à l'intelligence humaine. La mélodie dramatique, soumise dès sa naissance à une marche progressive, a commencé pour ainsi dire à Scarlatti, car jusque là la musique dramatique n'existait pas ou à peu près. Le compositeur, mettant de côté la routine et se frayant une route nouvelle à travers l'ignorance, fonda pour ainsi dire en Italie une école nouvelle; tour à tour vinrent rayonner Antonio Cavalli, Stradella, le comte Angelo, Antonio Lotti, Giacomo Peri, Corsi, Porpora, Dominico Sarri, Leonardo di Vinci, Pergolèse, Egilio Duli, Fiorillo, Piccinni, Sacchini, Paisiello, Cimarosa, Fioravanti, Spontini, Carafa, Rossini, Bellini, Donizetti et Verdi. Nous en passons certainement; mais il y a eu une abondance telle de compositeurs à Naples, à Florence, à Venise et dans presque toutes les villes italiennes, que c'est la plus curieuse histoire de l'art contemporain.

C'est dans la musique de théâtre que le génie peut ouvrir ses ailes. Exprimer des sensations, des sentiments, des passions; charmer par la suavité, émouvoir par l'expression, voilà en deux mots le drame lyrique. On peut avoir le génie de la composition sans être un musicien dramatique. Que de ressources a le compositeur pour déployer son génie, quand il a du génie! Le mouvement, le geste, l'action doublent l'effet de la musique. Il a fallu deux siècles pour élever l'art lyrique au point où il est arrivé de nos jours; certes, aucun art n'a subi plus de transformations que l'art musical appliqué au théâtre ; le progrès s'est opéré peu à peu, lentement ; chaque compositeur a eu son genre. Qu'elle est belle, simple, intéressante, toute cette école italienne, inspirée par une mélodie élégante, vive, caressante et toujours pleine de séductions. Elle a toujours marché vers le progrès : Bellini, Donizetti, Rossini, Rossini surtout, l'ont élevée à un degré de splendeur inouï ; et lorsqu'on croyait que le feu s'était éteint dans cette braisière musicale, Verdi apparait ; Verdi, l'homme de la scène, l'homme qui donne la vie aux personnages, qui anime les situations ; Verdi qui fait de la mélodie l'application la plus noble, et dont le génie s'applique surtout à exprimer la vérité du drame : c'est toute une transformation.

L'harmonie et le rhythme constituent la partie scientifique de l'art musical ; la mélodie en est la partie animée, vivante et poétique. L'harmonie et le rhythme ont été soumis à des calculs positifs, à des principes fixes, à des règles immuables. La mélodie ne peut recevoir de règles que du génie et du goût. Ici le caprice, la fantaisie, la spontanéité de l'inspiration jouent un rôle immense. Ici se déploie toute l'originalité du compositeur.

La mélodie est à la musique ce que l'expression et le coloris sont à la peinture ; elle l'anime et la vivifie, la pare et l'embellit. Elle assure son empire sur les sens et sur l'imagination. Elle communique, en un mot, aux productions de l'art cette étincelle de vie, cette flamme divine, ce don d'immortalité, qui leur font traverser les générations et les siècles, sans qu'elles perdent rien de leur jeunesse, de leur fraicheur et de leur éclat.

Pour qu'un tableau excite un grand intérêt ou une vive admiration, il ne suffit pas qu'il soit remarquable par la pureté des lignes, la perfection du dessin et une disposition savante des effets, de l'ombre et de la lumière, il faut, de plus, qu'il se distingue par l'expression des physionomies, par le sentiment de l'idéal ou des beautés de la nature, et qu'on voie circuler partout le mouvement et la vie.

Ce que nous disons des arts du dessin s'applique parfaitement à la musique ; de même qu'on reconnaît aux qualités que nous venons d'énumérer les peintres éminents, de même on reconnaît à l'abondance, à la richesse, à l'originalité des mélodies, les musiciens vraiment supérieurs.

Malgré l'insuffisance des documents qui nous sont parvenus sur la musique des anciens, on ne saurait douter qu'ils n'aient connu la puissance dela mélolie. A cet égard, la fable, malgré ses exagérations et ses mensonges ingénieux, peut servir de supplément à l'histoire. Qu'est-ce qu'Orphée adoucissant les monstres et attirant les forêts par ses accents divins, si ce n'est une personnification de cette douce mélodie qui avait tant de charme pour les Grecs? Et les sirènes, ces séduisantes femmes qui, au milieu des mers, fascinaient les voyageurs par la magie de leurs chants, et les attiraient sur les écueils les plus dangereux de l'Afrique, ne rappellent-elles pas le souvenir des femmes d'Athènes, de ces courtisanes enchanteresses qui, par leurs voluptueuses chansons, amollissaient les cœurs, troublaient la raison des sages et des philosophes, et charmèrent souvent les loisirs de Socrate et de Périclès? Oui, on trouve dans les mythes et les fictions de l'antiquité le plus éclatant hommage qui ait été rendu à la mélodie.

Après avoir brillé d'un vif éclat chez les anciens, elle disparut tout à coup dans les premiers siècles du christianisme. Les essaims de Barbares qui se précipitèrent alors sur l'Europe en bannirent la douce mélodie. Et qui donc aurait entendu sa voix au milieu de ces hommes de fer, dans ce choc d'armures?...

Quand la paix eut succédé au bruit des armes, la mélodie renaissante ne trouva d'abord d'asile que dans les temples chrétiens. Mais austère comme la religion nouvelle, dédaignant tout ce qui peut émouvoir l'imagination et les sens, elle s'exhala en froides psalmodies, en plain-chant monotone; elle n'eut rien en un mot de cette coquetterie, de cette grâce, de ce charme entraînant qu'elle avait possédé chez les Grecs. Pendant la longue période du moyen-âge, les chants tour à tour naïfs, passionnés, mélancoliques des ménestrels, des troubadours, des bardes, des minnesingers, offrent seuls quelques réminiscences de l'antique mélodie.

Tandis que l'art végétait en Europe dans un état d'immobilité et de langueur, l'Italie s'ouvrit la première une route nouvelle sur les ailes de la mélodie; un essaim de compositeurs éminents s'élança tout à coup dans des sphères inconnues; et, pendant trois siècles, le génie italien prit un essor qu'aucun peuple n'a atteint depuis, si on en excepte l'Allemagne.

La mélodie est restée longtemps chez nous dans un état de faiblesse et d'infériorité qui a fait dire à quelques étrangers, prévenus ou irréfléchis, que nous étions le peuple le plus anti-musical de l'Europe : malgré les efforts de Lulli, notre grand Opéra n'était encore, au dix-septième siècle, qu'une machine lourde et compliquée; et au dix-huitième, toute la science de Rameau ne put donner un peu d'animation et de vie à l'Académie royale de musique. C'est qu'il manquait à ce grand harmoniste ce qui séduit, ce qui charme dans toute composition musicale, une abondante et riche mélodie.

Sous ce rapport, Gluck et Piccinni, et de nos jours Rossini, ont tracé au génie national une route nouvelle, et plusieurs compositeurs français sont entrés avec succès dans cette voie. Méhul, Grétry, Hérold, Monsigny, Dalayrac, Boiëldieu, Auber, Halévy, Ad. Adam, A. Thomas, Reber, Clapisson, Grisar, ont produit des œuvres qui unissent aux séductions de la mélodie les calculs de la science, et auxquelles cette heureuse réunion assure une longue popularité. C'est grâce à cette alliance de l'harmonie et de la mélodie, que quelques-unes des compositions de Grétry ont résisté depuis un demi-siècle à toutes les variations du goût, à tous les caprices de la mode, et qu'elles sont toujours admirées comme à l'époque de leur apparition.

Mélodiste. On désigne ainsi le compositeur dont les œuvres se distinguent par des mélodies heureuses. Mais le musicien qui est tout simplement mélodiste ne possède qu'une des parties essentielles de l'art, et ses œuvres n'obtiendront jamais un véritable succès, s'il ne joint l'harmonie à la mélodie, la science des accords à l'inspiration.

Mélodium (orgues). C'est dans l'acception la plus large et la plus vraie du mot, l'instrument de la mélodie. Moduler les sons divers, leur donner avec grâce toutes les inflexions de l'âme et de la voix, surprendre l'imagination par des accords vibrants dont le jeu imite, par une création admirable, les instruments les plus mélodieux, tel est le but que s'est proposé l'ingénieux inventeur de cet instrument, M. Alexandre, en offrant au monde musical cette œuvre de savant mécanisme et d'ingénieuse nouveauté. L'orgue mélodium, dont l'extérieur frappe la vue au premier coup-d'œil par sa ressemblance avec l'orgue harmonium, diffère essentiellement de celui-ci par son mécanisme intérieur et sa sonorité plus grave, plus vibrante et plus mélodieuse. Plus doux, plus touchants, les accords de l'orgue mélodium, par leurs effets amples et variés d'harmonie, parlent mieux à l'âme en la transportant. Quelques jours d'étude suffisent pour apprendre à jouer de cet instrument, dont le clavier est semblable à celui du piano, il est composé de cinq octaves; mais, en employant les registres (pistons) qui transposent en se correspondant, on obtient une étendue de sept octaves chromatiques. Cet orgue a ordinairement quatre jeux. Les nos 1 et 4 sont ceux du diapason ordinaire et équivalent à tous les tuyaux d'orgues de huit pieds; le no 2 est celui de l'octave grave, et équivaut aux deux tons des quatre pieds; les O ne servent qu'à augmenter et à diminuer la force des jeux 3 et 4. La moitié des registres de gauche influe sur les notes graves, depuis l'*ut* de la basse jusqu'au *mi* de la troisième octave, et l'autre moitié, depuis le *fa* suivant jusqu'au dernier *ut* de dessus. Par cette ingénieuse symétrie, on peut exécuter le chant avec de certains jeux et reproduire l'accompagnement avec d'autres. Le registre G signifie grand jeu et les fait parler tous à la fois; si l'on veut un jeu dans toute l'étendue du clavier, il suffit de tirer les numéros correspondants. Le registre E veut dire expression. L'orgue à deux jeux diffère de l'orgue à quatre, en ce qu'il a deux registres de moins. L'orgue à un seul jeu ne possède que le registre aux fortes expressions. L'orgue mélodium n'exige pas de musique spéciale et rend avec un certain charme celle du piano, dont le chant et l'accompagnement gagnent beaucoup à être exécutés sur cet instrument.

A travers une foule de recherches et de perfectionnements, M. Alexandre a été conduit à inventer un instrument qui ne porte pas encore de nom, mais qui a, par quelques points, assez d'analogie avec le mélodium, pour que nous en disions ici quelques mots.

Cet instrument qui renferme un piano, a trois claviers superposés l'un à l'autre, qui donnent à l'artiste le moyen de lutter avec tous les effets de l'orchestre. Le clavier du piano règne sur les deux autres. La flûte, la clarinette, le hautbois, le violon, le violoncelle, marient leurs sons à ceux du piano de la façon la plus agréable, la plus puissante et la plus variée. Tout y est, l'orgue, la voix humaine, les instruments à vent, les instruments à cordes. M. Alexandre a fabriqué le premier instrument de ce genre pour le célèbre pianiste Franz Liszt.

MÉLOMANIE. Manie de la musique.—Le mélomane n'est pas toujours un musicien habile; il n'a le plus souvent que des prétentions à l'habileté et au savoir. Toujours à son poste dans les concerts, aux premières représentations des opéras nouveaux, il excite, encourage, blâme, critique tour à tour des yeux, du geste, de la voix. Il se pose en aristarque, en juge souverain, infaillible, et ses décisions ont cassé plus d'une fois les arrêts de la critique et du public. — personne ne possède comme lui ce sens exquis, ce tact parfait, ce sentiment du beau qui sait distinguer le véritable talent de la médiocrité. A l'en croire, il est le conseiller intime de tous nos grands artistes; Rossini lui doit ses plus délicieuses mélodies; Meyerbeer, ses plus belles inspirations; Auber, ses rhythmes les plus coquets; Halévy, ses chants les plus passionnés; Donizetti, ses cantilènes les plus suaves.

Nous avons seulement parlé jusqu'ici du mélomane qui se pose en connaisseur. C'est, comme vous voyez, un personnage très-original, et même quelque peu assommant pour ceux qui l'écoutent. Mais c'est ma foi bien pis encore, quand le mélomane aspire au titre de chanteur, de virtuose, de compositeur. Si vous êtes avec lui dans un salon, et que vous le voyiez aller au piano, ou sur le point de fredonner un de ses airs, de roucouler une de ses romances, alors sauvez-vous vite, pour peu que vous ayez les oreilles sensibles et les organes délicats ; ou plutôt restez, si vous êtes curieux d'assister au tohubohu le plus étrange, le plus divertissant…

Toutefois, la critique que nous faisons ne s'adresse point indistinctement à tous les mélomanes ; il en est quelques-uns qui, malgré leurs singularités et leurs ridicules, sont des hommes de goût et de talent. Mais, à part ces rares et honorables exceptions, la musique n'est le plus souvent chez le mélomane qu'une passion malheureuse.

Mélopée. C'était, chez les anciens, l'art ou les règles de la composition du chant, dont la pratique et l'effet s'appellent mélodie. — *Mélopée* signifiait donc la composition des chants, et *mélodies* les chants composés.

Ménestrels. Poëtes et musiciens qui florissaient en France dès le huitième siècle.—Le maître de chapelle du roi Pépin, père de Charlemagne, était un ménestrel.—Chanteurs et virtuoses à la fois, les ménestrels obtinrent pendant longtemps de grands succès. A la suite des preux chevaliers dans les batailles, les tournois, les carrousels, ils célébraient leurs exploits, et se rendaient les interprètes des sentiments exaltés, patriotiques qui faisaient alors battre les cœurs. — Ils jouaient aussi un rôle dans les cours d'amour, les combats poétiques et tous les jeux brillants du moyen âge. — Admis dans les salons de l'aristocratie, ils faisaient l'admiration et les délices des sentimentales châtelaines.

Cette vogue des ménestrels dura tant que leur nombre n'excéda pas certaines limites ; mais à mesure qu'ils se multiplièrent, ils perdirent peu à peu de leur crédit et de leur empire sur les imaginations. Il faut dire que plusieurs d'entre eux s'attirèrent le mépris public par des excès et des désordres qui provoquèrent souvent la rigueur des lois.

Déchus de leur ancien prestige, exclus des châteaux et des palais, les ménestrels formèrent une corporation dont les membres, disséminés sur les divers points de la France, se mirent à utiliser leurs talents le plus fructueusement possible. Réunis en groupes de quinze ou vingt, ils parcouraient les bourgs les villages, chantant et jouant de la viole et de la lyre; puis, quand le soir était venu, ils partageaient en bons camarades leur recette de la journée.

Les ménestrels survécurent aux troubadours. Mais à mesure que la musique fit des progrès en France, ils perdirent peu à peu toute considération. Connus encore aujourd'hui sous le nom de *ménétriers*, ils sont relégués au dernier rang de la hiérarchie musicale, et leur archet ne sert plus qu'à défrayer les fêtes rustiques.

Menuet. Air de danse d'un mouvement modéré et à trois temps. — Le menuet est d'origine française; il se dansait à deux, et avait autant de grâce que de noblesse. Le menuet d'*Exaudet* a été longtemps célèbre.

On nomme aussi *menuet* un morceau ordinairement le troisième d'une symphonie ou d'un quatuor; il est aussi à trois temps, mais d'un mouvement très-rapide.

Les menuets de Mozart, de Haydn, de Beethoven, sont presque tous des chefs-d'œuvre. Celui que Mozart a placé dans le premier finale de *don Juan* est d'un goût exquis.

Merline. Orgue à cylindre, qui sert à siffler les merles et les bouvreuils. Il est plus fort que celui qu'on emploie pour le serin, parce que la voix des bouvreuils et des merles est plus grave.

Messe. Composition musicale, en plusieurs morceaux détachés, que l'on chante dans les églises catholiques pendant le saint sacrifice de la Messe.

Les paroles de la Messe sont fort belles et favorables au langage varié de la musique ; elles fournissent des contrastes dont un compositeur habile sait tirer parti. Le *Kyrie* est une prière affectueuse, le *Gloria* s'ouvre par un chant éclatant, le *Credo*, majestueux d'abord, passe de l'expression d'un sentiment tendre à celle d'une profonde tristesse. Les effets bruyants du *Resurrexit* contrastent avec l'abattement de la douleur ; la trompette du Jugement fait entendre ensuite ses accents terribles et solennels, et le discours musical a pour péroraison un finale brillant et rapide dans l'*Et Vitam*, ordinairement traité en fugue ; le *Sanctus* et l'*Agnus Dei*, sont deux prières ; l'un a le caractère imposant, l'autre est d'une expression suave et tendre.

Parmi nos compositeurs modernes, les messes de Lesueur et de Cherubini sont justement admirées.

MESURE. (Voyez TEMPS.)

MÉTHODE. Spécialement appliqué à la musique, ce mot désigne une série de règles et de préceptes qui enseignent à tirer tout le parti possible des aptitudes naturelles.

Dans la musique vocale, on dit qu'un chanteur a une belle, une excellente méthode, pour indiquer que des études fortes, habilement dirigées et fondées sur une science profonde, ont développé, assoupli son organe, et l'ont rendu propre à l'exécution des plus grandes difficultés. L'on pourrait citer beaucoup d'artistes, qui, sans posséder des facultés supérieures, sont arrivés à de beaux résultats, grâce à une méthode parfaite. Ce n'est pas à dire pourtant que la méthode puisse suppléer à d'heureuses dispositions, mais elle double l'effet et la puissance des belles voix, et corrige, transforme, modifie les voix défectueuses.

Dans l'enseignement de la musique, on appelle aussi *méthode* les préceptes qui servent de base à l'éducation musicale, et qui ont pour objet de faire parcourir progressivement à l'élève toutes les difficultés de l'art. Tout le monde sait quels merveilleux résultats a produits la méthode de M. Wilhem. MM. Jue et Pastou ont marché avec éclat dans la même carrière. Les ouvrages élémentaires de M. Panseron, de M. de Garaudé, ont aussi exercé une heureuse influence sur les progrès de l'enseignement musical.

Dans l'exécution instrumentale, les méthodes sont nombreuses et variées. L'on peut dire que chaque artiste éminent a la sienne. Parmi nos pianistes, Bertini, Henri Herz, Kalkbrenner, Zimmerman, ont adopté chacun une méthode particulière, d'après laquelle ils ont formé de nombreux disciples. Il en est de même dans notre école de violon, illustrée par les méthodes de Viotti, Baillot et Habeneck.

MINIME. On employait autrefois ce mot pour indiquer une note valant deux noires ou la moitié d'une ronde. On appelle intervalle *minime* celui qui est moindre que l'intervalle *mineur* ou *diminué* pour ceux qui sont susceptibles d'admettre ce degré.

MINNESINGER (c'est-à-dire *chantre d'amour*). Nom usité en Allemagne pendant le moyen-âge pour désigner cette sorte de poëtes nommés en France *troubadours* ou *trouvères*. Les *minnesingers* étaient, pour la plupart, des chevaliers, ou tout au moins des hommes nobles, et vivaient à la cour des princes. L'empereur Frédéric II, l'archiduc d'Autriche Léopold IV, le roi de Bohême Wenceslas, etc., se rendirent célèbres par la protection qu'ils accordèrent aux minnesingers. Parmi les plus anciens de ces poëtes, on cite Henri de Veldek, qui florissait vers 1180. Les plus distingués vécurent à la fin du douzième siècle et au commencement du treizième. A la fin de ce dernier on admirait Conrad de Wurtzbourg et Jean Hadloub.

Mode. Ce mot veut dire *manière d'être* et désigne la manière d'être du ton.

Un ton donné peut exister de deux manières, qui sont toutes deux caractérisées par la premiere tierce de sa gamme. Ainsi l'on dit qu'il est du *mode majeur* si la première tierce de sa gamme est *majeure*, et qu'il est du *mode mineur* si la première tierce de sa gamme est mineure.

Changement de mode. — C'est un artifice harmonique très usité, et, quoique fort simple, souvent du meilleur effet.

On peut, à son gré, employer successivement les deux modes du ton dans lequel on est, c'est-à-dire rendre à son gré majeurs ou mineurs les deux accords du ton dans lequel on se trouve.

L'expression de l'accord parfait est très-différente dans les deux modes : le mode mineur lui donne une teinte marquée de mélancolie et de tristesse.

L'accord de dominante est composé des mèmes notes dans les deux modes; mais son expression est également différente, parce qu'il prend la teinte du mode et de l'accord parfait.

Modification des accords. Voyez Accords (Modification des).

Modulation. Moduler, c'est changer de ton.

La modulation est peut-ètre la partie la plus importante de l'harmonie et la source la plus féconde de ses richesses et de ses beautés.

Pour moduler, on prend l'accord de dominante du ton où l'on veut aller, et on le résout dans l'accord parfait de ce ton. Cette règle est la seule qui existe : ce qu'on peut y ajouter n'en est que le développement et l'application.

Les altérations accidentelles introduisent dans un ton donné des attractions qui lui sont étrangères et qui fournissent un moyen facile de moduler dans les tons auxquels elles appartiennent. (Voyez ALTÉRATION.)

En pratique, on prend l'une pour l'autre, deux notes séparées par l'intervalle *enharmonique* d'un comma, telles que *ut* dièse et *ré* bémol, *si* naturel et *ut* bémol, etc. Toutefois, leurs tendances sont complètement différentes et mettent en rapport les tons les plus éloignés. Ainsi, *ut* dièse a une tendance ascendante vers *ré*, et peut être considéré comme la sensible du ton de *ré; ré* bémol, au contraire, bien que synonyme pratique de *ut* dièse, a une tendance descendante vers *ut* naturel, et peut être considéré comme le quatrième degré du ton de *la* bémol. L'identité pratique de ces notes et de celles qui leur sont analogues réunie à la divergence de leurs attractions tonales, est, pour les compositeurs habiles, un des plus riches et des plus puissants moyens d'effets que l'harmonie puisse fournir.

MODULER. C'est parcourir les cordes d'un ton ou de plusieurs, l'un après l'autre, en les employant mélodiquement ou harmoniquement, ainsi qu'il arrive dans les préludes, ou d'une manière plus régulière, comme dans les morceaux de différents caractères.

Moduler, c'est, dans la véritable acception du mot, faire usage d'une modulation ou de plusieurs successivement.

MOLDAVIE (Musique de la). La musique de ce peuple est peu importante. Elle consiste en quelques mélodies d'une extension très-bornée et d'un caractère mélancolique: Il y a parmi le peuple de ce pays quelques troupes de Bohémiens qui font usage du violon, du fifre, de la flûte, de la clarinette et d'une espèce de guitare. Les classes riches ont adopté l'usage général du piano.

MONOCORDE. Instrument à une seule corde, que

l'on peut diviser à volonté au moyen de petits chevalets mobiles.

Monologue. C'est une scène chantée par un seul acteur qui, s'étant identifié avec le personnage qu'il représente, en exprime les divers sentiments avec vérité. Cette scène se compose ordinairement d'un récitatif instrumenté avec soin, suivi presque toujours d'une cavatine ou d'un air de plusieurs mouvements.

Montre. Jeu d'orgue dont les tuyaux paraissent à la façade de l'instrument. La montre appartient à l'espèce des jeux de flûte.

Mordant. Agrément très-souvent employé, qui consiste en deux ou plusieurs petites notes, placées immédiatement avant une note quelconque. Le mordant s'exécute de plusieurs manières, et l'on se sert de différents signes pour l'indiquer.

Motet. Morceau de musique dont le chant, adapté à des paroles tirées de l'Écriture et des Psaumes, était autrefois destiné à être exécuté par deux, trois, quatre, cinq, six voix seules ou accompagnées uniquement de l'orgue. On imagina seulement, dans le dernier siècle, d'accompagner ces morceaux de chant avec d'autres instruments.

Après les messes et les oratorios, les motets sont la partie la plus importante de la musique religieuse : ils en ont même toujours été et en seront toujours la partie la plus usuelle et la plus cultivée.

Presque tous les compositeurs célèbres ont composé des motets. On distingue, entre tous, ceux de Scarlatti, Léo, Durante, Pergolèse, Haydn, Mozart, Lesueur, Chérubini, etc.

Motif. Idée primitive et principale par laquelle commence ordinairement un morceau de musique. On emploie le mot *thème* dans la même acception.

Mouvement. On désigne ainsi le degré de vitesse ou de lenteur dans lequel on exécute un morceau de musique. Les différents degrés de mouvement se divisent en cinq espèces principales 1° *largo* ou *lento ;* 2° *adagio ;* 3° *andante ;* 4° *allegro ;* 5° *presto.* Tous les autres mouvements, comme par exemple le *grave*, le *larghetto*, l'*andantino*, l'*allegretto*, ne sont que les modifications des cinq espèces que nous venons d'indiquer.

Mouvement harmonique. On entend par ce mot la marche de deux ou d'un plus grand nombre de sons dans leur progression d'un son à un autre son. Il y a trois espèces de mouvements, savoir : *le mouvement direct*, quand les parties montent et descendent en même temps; *le mouvement contraire*, lorsqu'une partie monte pendant que l'autre descend ; enfin, le *mouvement oblique*, quand une partie étant immobile, l'autre monte ou descend.

Muances. Changement du nom des notes dans l'ancienne solmisation, lorsque le chant sortait des bornes de l'*hexacorde.*

Mue de la voix. La nature opère un changement dans la voix à l'époque où les individus des deux sexes passent de l'enfance à la puberté. L'époque de ce changement n'est point fixe, ni chez les uns, ni chez les autres. Ce qui est constant toutefois, c'est que la voix des hommes, après la mue, change tout à fait de nature et prend un caractère opposé à celui qu'elle avait, tandis que la voix des femmes n'éprouve point une mutation pareille. Le seul changement qui s'opère en elles consiste à donner à cette voix plus de force et d'étendue, sans qu'elle change ordinairement de nature.

Musette. Instrument de musique à vent et à anche, composé d'une peau de mouton de la forme d'une vessie, de chalumeaux, d'un bourdon, de plusieurs anches et d'un soufflet. Cet instrument a été fort en usage en France, vers le milieu du XVIIIe siècle.

On appelle aussi musette un air convenable à l'instrument de ce nom, dont la mesure est ordinairement à 6/8, le caractère naïf et doux, le mouvement un peu lent, et soutenu par une basse en pédale.

Musicien. Ce nom se donne également à celui qui compose la musique et à celui qui l'exécute.

Musique. Musique dérive du mot *musa*, muse; l'art enseigné par la muse par excellence, celle qui présida à la civilisation dans l'enfance des sociétés.

Le son est, si l'on peut s'exprimer ainsi, la matière musicale. Les diverses combinaisons d'agencement qui peuvent concourir à établir l'ordre dans lequel on veut faire succéder un son à un autre son, soit dans leurs rapports du grave à l'aigu, ou de l'aigu au grave, ou du grave au medium, ainsi que la durée de temps que l'on veut assigner à chacun d'eux en particulier, constituent la partie spéculative de l'art.

La musique se compose de trois parties bien distinctes.

1° De la *mélodie*, ou succession de plusieurs sons différents qui, dans leurs rapports de tonalité, concourent à former un ensemble agréable et flatteur pour l'oreille;

2° Du *rhythme*, ou de l'ordre choisi dans lequel on établit la succession des sons, leurs durées et leur placement aux temps forts et aux temps faibles des mesures;

3° De l'*harmonie*, ou audition simultanée de plusieurs sons différents qui, d'accord entre eux, viennent former un harmonieux ensemble.

La musique est, de tous les beaux-arts, celui sur lequel on a le plus disserté sans s'entendre. C'est aussi celui qui a donné lieu au plus grand nombre de théories et de systèmes. L'incertitude que ces diverses opinions et ces jugements contradictoires ont etée dans les esprits est, sans contredit, une des principales causes des obstacles qui ont longtemps arrêté les progrès de l'art musical.

La musique a plus besoin d'être sentie que raisonnée. Pour nous émouvoir, elle s'empare toujours de nos sens, avant de parler à notre esprit. Elle est, par son essence, purement idéale. Le vague qu'elle semble porter en elle est une volupté pour l'auditeur, et les sentiments de piété, d'amour, de fierté, de joie, de fureur ou de gloire qu'elle sait si bien exprimer, ont déjà pénétré notre âme bien avant que notre raison en vienne sanctionner les effets. Les fables mêmes dont s'enveloppe la mémoire des premiers musiciens, attestent les prodiges enfantés par cet art, avant que les hommes eussent appris à transmettre leurs expériences et leurs idées autrement que par la tradition. Orphée passa pour le fils d'un dieu, bien avant qu'Homère eût obtenu des autels; et sans doute plus d'un berger amoureux avait chanté les plaisirs et les charmes de sa maîtresse, quand Dibutade imagina de fixer sur la pierre l'ombre incertaine des traits de son amant. Si, dès l'enfance du genre humain, la sculpture sortit grossière des mains de l'idolâtrie, ce fut par suite du besoin qu'éprouvait l'homme d'adresser aux images des dieux des hymnes composés en leur honneur; et les lambris du premier temple qu'éleva l'architecture retentirent des mêmes concerts que la Divinité agréait depuis longtemps sous la voûte religieuse des forêts. Il est donc hors de doute que si l'on peut contester à la musique un rang de prédominance parmi les beaux-arts, on ne saurait du moins lui refuser celui de l'antériorité. Emané de la reconnaissance des hommes, ce bel art prit naissance avec le monde : il fallait une langue universelle pour exprimer un sentiment universel; Dieu créa la musique.

S'il est bien reconnu que la musique, par son magique pouvoir, agit sur nos sens avant de parler à notre intelligence, l'on doit aisément concevoir qu'il a été plus difficile de fixer ses règles que celles des autres arts. Cependant il est des parties qui ont pu être analysées; la succession des accords ou la science de l'harmonie, et la puissance du rhythme ont été soumises à des calculs positifs et à des règles immuables.

Quant à la mélodie, elle ne peut recevoir de règles que du génie et du goût. Le génie ne peut s'acquérir; le goût peut se former par l'expérience et la comparaison.

La musique étant considérée comme un langage particulier, a eu besoin d'un alphabet particulier qui pût lui servir à transmettre ses pensées, et lui offrir le moyen de représenter et de peindre à nos yeux la variété des sons dont elle sait faire choix pour charmer nos oreilles. Dans le langage parlé, plusieurs signes différents, tels que les lettres, les points, les virgules, les accents, servent à représenter toutes les variétés de l'organe de la parole; dans le langage musical, plusieurs signes différents, tels que les *portées*, les *notes*, les *clefs*, les *dièses*, les *bémols*, les *bécarres*, les *pauses*, les *soupirs*, servent à représenter toutes les variétés de l'organe chantant.

Longtemps la voix humaine a sans doute été seule en possession de faire entendre des sons musicaux; mais le génie inventif de l'homme, activé par ce besoin de tout connaître qui le porte incessamment à tenter de pénétrer les mystères de la création, lui a dévoilé les premières lois de l'acoustique, et d'efforts en efforts, de siècle en siècle, il est parvenu par imitation à créer des voix factices auxquelles il a donné le nom d'instruments de musique.

Les différents natures des voix humaines dépendent surtout de celles des sexes. Chez les hommes particulièrement, ces différences dépendent de celles de l'âge.

L'importance de ce dernier sujet nous forçant à le traiter d'une manière spéciale et approfondie, nous renvoyons le lecteur à l'article Voix.

Musique a coups de canon. L'emploi du canon canonnant en musique, date de 1788. Ce fut un Italien qui, le premier, tenta cette innovation. C'est le célèbre Sarti qui réclame l'honneur des concerts pyrotechniques. Appelé en 1784 à Saint-Pétersbourg, en qualité de maître de chapelle, il y organisa un orchestre formidable pour donner à son bénéfice personnel, un grand concert spirituel. Mais ce fut surtout en 1788, à l'occasion de la fête célébrée pour la prise d'Okrakow, qu'il dépassa tout ce qu'on avait entendu dans la capitale du Nord. Il composa un grand *Te Deum* qui fut exécuté dans le château impérial par une nombreuse réunion de chanteurs et d'instrumentistes, auxquels se joignit un orchestre de cors russes. Pour augmenter l'effet de cette musique grandiose, Sarti fit placer dans la cour du château des canons de différents calibres, dont les coups tirés en mesure à des intervalles donnés, formaient la basse de certains morceaux.

Cette musique étrange, comme on peut se l'imaginer, fit du bruit et trouva de l'écho en Allemagne, où Charles Stamitz, célèbre par son talent sur l'alto et la viole d'amour, exécuta à Nuremberg une grande musique vocale et instrumentale de sa composition, dont la pompe était relevée par l'accompagnement obligé de coups de canons.

En 1836, au camp de Plaisance de Krasnoje-Selo, en Russie, il y eut une grande solennité musicale dont cent vingt coups de canon formèrent l'introduction. Puis, pendant les morceaux de chants exécutés par les masses chorales, des coups de canon tirés régulièrement, battaient la mesure.

Musique avant le déluge. A l'article *Origine de la*

musique, nous dirons que cet art, comme celui de la parole, ou du langage parlé, venait du créateur de toutes choses. Si nous ne connaissons point de maîtres humains qui enseignassent la musique dans les premiers siècles du monde, c'est que Dieu lui-même voulut bien enseigner lui-même ce langage à ses créatures bien aimées. D'après Moïse, il créa l'homme pour l'aimer et le servir : il lui apprit à célébrer sa toute puissance et les merveilles de la création par des chants primitifs, mais pleins de vie, d'expression, d'enthousiasme. Plus tard, il permit que Jubal inventât des instruments de musique et enseignât cet art sublime au peuple de son choix. Bientôt Jabel, Tubalcain, la jeune Noéma firent cercle autour du fils de Lamech, et l'art musical devint une science, chez les Hébreux, qui fit probablement des progrès, considérables pendant les seize cents années et au-delà qui s'écoulèrent entre la création et la grande catastrophe du déluge.

Le *kinnor*, mentionné dans le cinquième chapitre de la Genèse, est sans doute la lyre ou la harpe ; et le *hagub,* l'ancien orgue, n'était pas autre chose que ce qu'on appelle aujourd'hui *flûte de Pan*, puisqu'il était composé de roseaux d'inégales longueurs attachés ensemble. On sait que cet instrument champêtre a donné l'idée de l'orgue moderne, dont chaque *registre* présente assez bien à l'œil la forme de cette flûte à tant de tuyaux. Il y avait donc, dans ces temps reculés, des instruments à vent et à cordes, et certainement ceux à percussion existaient aussi. Quant à la musique vocale, il est hors de doute qu'elle était en usage alors, puisqu'il est dit que dans le temps de Seth, vers l'époque de la naissance d'Énos, les hommes commencèrent à célébrer le nom du Seigneur. Nous croyons même, comme nous l'avons dit plus haut, que cet acte de reconnaissance avait été accompli dès les premières années de l'ère Judaïque. En offrant ses sacrifices à l'Éternel, Abel, comme son père et sa mère, dut chanter les louanges de celui qui bénissait ses troupeaux. La chronique d'Alexandrie dit que « les fils de Seth invoquèrent le Seigneur avec l'hymne des anges. » D'après Calmet, le sens de ces paroles est qu'ils commencèrent à réciter l'hymne du Seigneur : *Saint, saint, saint ;* et, comme le dit le P. Martini, *hymne* signifiant la réunion de la poésie et de la musique, il est clairement prouvé qu'il est ici question de ce dernier art.

Mutation (Jeux de). On appelle ainsi les registres de l'orgue dont les tuyaux ne sont point accordés au diapason des jeux de fonds, et qui sonnent ou la tierce, ou la quarte, ou la quinte de ceux-ci, et quelquefois plusieurs de ces intervalles à la fois. Le cornet, la cymbale, la fourniture, sont des jeux de mutation.

N

Nabla ou Nebel. Ancien instrument des Hébreux, que Luther a traduit par *psaltérion*. On croit généralement que c'était la lyre des anciens.

Nafiri. Nom d'une trompette indienne.

Nagaret. Espèce de timbales en usage dans l'Abyssinie. On les frappe avec un bâton courbé, long de trois pieds, et on les attache sur des mulets de selle.

Nasard. Jeu d'orgue qui tire son nom de sa qualité de son nasillard. Il sonne la quinte du *prestant ;* c'est pourquoi on lui donne quelquefois le nom de quinte. Le *nasard* est de l'espèce des jeux d'orgue qu'on appelle jeux de mutation.

NATUREL. Voy. les mots *accident*, *chant*, *intervalle*.

NATUREL. La beauté de l'art consiste dans l'imitation de la nature. Cependant, comme l'art ne rejette pas le beau idéal et ne repousse pas les inspirations de la fantaisie, il arrive que l'artiste, en imitant la nature, l'embellit, et l'élève pour ainsi dire à l'idéal.

NECHILOTH. Nom générique des instruments à vent en hébreu, comme le mot neginoth est le nom générique des instruments à cordes.

NEL. Espèce de flûte traversière faite de roseau, en usage chez les Turcs.

NÉRONÉENNES. Fêtes romaines instituées par Néron, dans lesquelles avaient lieu des luttes musicales.

NEUME. C'est un terme employé dans le plain-chant. Le neume était une figure mélodique que l'on plaçait sur une voyelle et le plus souvent sur la dernière voyelle du mot *Alleluia*. C'est un chant sans paroles, autorisé par le catholicisme d'après un passage de saint Augustin, qui dit que « ne pouvant « trouver des paroles dignes de Dieu, l'on fait bien « de lui adresser des chants confus de jubilation. »

Le neume s'entend aussi d'une pause, d'un comma, d'un signe final.

C'est aussi un terme de l'une des six anciennes écritures musicales qui ont précédé la notation de *Gui d'Arezzo*. Les *neumes* étaient de petits signes placés au-dessus des paroles, dont chacun exprimait une formule de chant.

NEUVIÈME. Intervalle dissonant de neuf degrés, ou l'octave de la seconde; il est de trois espèces : 1° la *neuvième mineure*, comme *mi*, clef de basse, troisième espace, et *fa*, clef de violon, premier espace; 2° la *neuvième majeure*, comme *do*, clef de basse, et *ré*, au-dessus de la portée; 3° la *neuvième augmentée*, comme *fa*, clef de basse, quatrième ligne, et *sol*, clef de violon, seconde ligne.

Nexus. Nom antique de la mélodie, consistant en une succession alternée de sons qui procédaient ou par degrés ou par sauts. Lorsqu'ils montaient, ils se nommaient *nexus rectus;* lorsqu'ils descendaient, on les nommait *nexus anacamptus*, et lorsqu'ils montaient et descendaient *nexus circumstans*.

Nicolo. Nom que l'on donnait anciennement à une sorte de hautbois, qui était le contralto de cet instrument et qui a cessé d'être en usage.

Noble. Le style musical est noble lorsqu'il s'élève au-dessus de l'expression commune et que les formes vulgaires et insignifiantes en sont exclues. — Dans l'exécution, la noblesse consiste à éviter l'emploi des agréments inutiles, à marquer sans affectation l'accent oratoire, à exposer avec aisance et dignité toutes les périodes d'un morceau de musique.

La noblesse doit être exprimée naturellement, sans vulgarité, mais aussi sans emphase ni affectation, autrement on tombe dans le style *maniéré*, qui consiste à exécuter un chant simple de sa nature en le chargeant d'ornements affectés, et par conséquent de mauvais goût.

Nocturne. Morceau de musique destiné à être exécuté de nuit en sérénade ou dans les salons. Le nocturne vocal s'écrit à deux, trois et quatre voix; on le dispose quelquefois de manière à ce qu'il puisse être chanté sans accompagnement. — Le nocturne étant fait pour ajouter aux charmes d'une belle nuit ou des réunions intimes, son caractère s'éloigne autant de la gaieté vive et bruyante que de la tristesse et du mouvement impétueux des grandes passions. Une mélodie gracieuse et suave, tendre e mystérieuse, des phrases simples, une harmonie peu travaillée, mais pleine, onctueuse, telles sont les qualités que l'on doit rencontrer dans le nocturne, et s'il est exécuté par de bons chanteurs, son effet sera délicieux.

Le nocturne est encore une pièce instrumentale écrite pour harpe et cor, hautbois et piano, flûte et piano. Ces nocturnes ne sont, à proprement parler, que des fantaisies dialoguées.

Nocturne. Partie de l'office des matines qui se divise en trois nocturnes, ainsi appelés parce que les premiers chrétiens les chantaient pendant la nuit en trois temps différents.

Noels. Airs destinés à certains cantiques chantés aux fêtes de Noël. Les airs des noëls doivent avoir un caractère champêtre et pastoral, en harmonie avec la simplicité des paroles et avec celle des bergers, qu'on suppose les avoir chantés en allant rendre hommage à l'enfant Jésus dans la crèche.

Nœud. On appelle nœuds les points déterminés par lesquels une corde sonore, mise en vibration, est divisée en partie aliquotes vibrantes, qui rendent des sons différents de ceux produits par la corde entière.

Noire. Note de musique qui vaut deux croches ou la moitié d'une blanche. Dans l'ancienne musique, on se servait de plusieurs sortes de noires : *noire à queue, noire carrée, noire en losange*. Ces deux dernières espèces sont demeurées dans le plain-chant ; mais dans la musique moderne, on ne se sert plus que de la noire à queue.

Nome. Espèce d'air des anciens Grecs, dont on ne pouvait changer en rien la mélodie. Les *nomes* contenaient les principales lois de la vie civile, ou des louanges en l'honneur de quelque divinité imaginaire.

Non troppo, Pas trop. Expression italienne qui se joint aux indications de mouvement de vitesse ou de lenteur, ou aux modifications de force et de douceur. Ainsi *non troppo allegro* signifie *pas trop vite ; non troppo adagio*, pas trop lent, etc.

None. Partie de l'office divin, une des heures canoniales.

Note sensible. Est celle qui est une tierce majeure au-dessus de la dominante, ou un demi-ton au-dessous de la tonique. On l'appelle note sensible parce qu'elle fait sentir le ton et la tonique sur laquelle, après l'accord dominant, la note sensible, prenant le chemin le plus court, est obligée de monter.

Notes accidentées. C'est-à-dire accompagnées d'un des signes que l'on nomme accidents.

Notes a double queue. Ces notes se trouvent habituellement dans les parties de violons, de violes, de guitares. On les exécute sur la corde à vide. La double queue indique qu'à la corde à vide on doit unir son unisson correspondant, et l'effet désiré s'obtient en pressant avec le doigt la corde voisine.

Noter. C'est écrire de la musique avec les caractères destinés à cet usage et appelés notes. Il faut distinguer *noter* de *copier*. Le musicien note ce qu'il compose ou ce qu'il a retenu de mémoire : celui qui écrit la musique déjà notée, et d'après un exemplaire qu'il a sous les yeux, est tout simplement un copiste.

Notes. Signes ou caractères dont on se sert pour écrire la musique. Les Grecs se servaient des lettres de leur alphabet pour noter la musique. Les Latins les imitèrent dans cette pratique. Ce ne fut que dans le onzième siècle qu'un bénédictin d'Arezzo, nommé Guido, substitua à ces lettres des points posés sur différentes lignes parallèles, à chacune desquelles une lettre servait de clef; dans la suite, on grossit ces points; on s'avisa d'en poser aussi dans les espaces compris entre les lignes, et l'on multiplia, selon le besoin, ces lignes et ces espaces.

Les notes n'eurent, pendant un certain temps, d'autre usage que de marquer les degrés et les différences de l'intonation; elles étaient toutes, quant à la durée, d'égale valeur, et ne recevaient à cet égard d'autres différences que celles des syllabes longues et brèves sur lesquelles on les chantait.

Cet état de choses dura jusqu'en 1338, époque où Jean de Murris, docteur et chanoine de Paris, donna différentes figures aux notes pour marquer les rapports de durée qu'elles devaient avoir entre elles. Il inventa aussi certains signes de mesure, appelés modes ou prolations, pour déterminer, dans le cours d'un chant, si le rapport des longues ou brèves serait double ou triple. Plusieurs de ces figures ne subsistent plus, on leur en a substitué d'autres en différents temps, jusqu'à ce que la division en mesures de valeur égale soit venue donner une marche fixe et régulière au chant noté.

On ne donne le nom de notes qu'aux caractères qui représentent les sept notes *do, ré, mi, fa, sol, la, si.*

Notes de passage. Les notes de passage sont ainsi appelées, parce qu'en remplissant les intervalles qui se trouvent entre des notes qui procèdent par degrés disjoints, elles servent de liaison pour passer plus aisément de l'une à l'autre ; elles donnent les moyens de varier la mélodie par des suites de notes, de roulades composées alternativement des notes de l'accord et de celles qui les séparent. De là vient que cette roulade ou tout autre trait de chant est désigné par le nom de passage.

Notes surabondantes. Quelques auteurs donnent ce nom aux triolets et aux sextolets, et dans quelques cas aux notes marquées 5 pour 4, 7 pour 4, 9 pour 8, etc.

Noteurs. Autrefois on appelait ainsi les musiciens

qui étaient employés dans les chapelles à écrire la musique qu'on distribuait aux exécutants. Ce nom n'est plus en usage; on l'a remplacé par celui de copiste.

Numerus sectionalis. Ces mots latins signifient le nombre des mesures qui appartiennent à chaque membre parfait du rhythme de la mélodie.

Nunnie. Chez les Grecs on appelait nunnie la chanson particulière aux nourrices.

O

O. Cette lettre est dans la musique ancienne le signe de ce qu'on appelait temps parfait (*tempus perfectum*), ou du temps composé de trois *semi-brèves* (rondes.)

Le signe *o* désigne la corde à vide sur le violon; mais, dans ce cas, il est employé comme zéro.

Quelques auteurs, en parlant de la position de la main, se servent de la lettre *o* pour indiquer le pouce.

Dans l'art de lire l'harmonie représentée par des chiffres, on marque par ce signe *o* la note qui ne doit pas être accompagnée; mais, dans ce cas encore, il est employé comme *zéro,* pour indiquer *néant*, c'est-à-dire pas d'accord.

Obligée. On appelle partie obligée celle qu'on ne saurait retrancher sans gâter l'harmonie ou le chant; elle se distingue des parties de remplissage, en ce que celles-ci ne sont ajoutées que pour donner plus de perfection à l'harmonie.

Ochetus. C'était autrefois une espèce de chant tronqué ou interrompu par des pauses, dont le mot correspondant en français pourrait être *hoquet*, d'où il dérive.

Octacorde. Division par octaves réunies, c'est-à-dire division où le dernier son de la première octave constitue le premier son de l'octave suivante.

Octave. La première des consonnances dans l'ordre de leur génération. L'octave est la plus parfaite des consonnances. Elle est, après l'unisson, celui de tous les accords dont le rapport est le plus simple. — Il y a trois espèces d'octaves comme d'unissons : 1° l'*octave juste* ; 2° l'*octave augmentée* ; 3° l'*octave diminuée*. (Voyez *Quinte*.)

Octave est aussi le nom de la petite flûte, attendu qu'elle sonne l'octave de la flûte ordinaire.

Octave (règle de l'), c'est le nom que l'on donne à la règle qui enseigne la manière de chiffrer la gamme, et qui dicte, par conséquent, les accords que peuvent ou que doivent recevoir les notes qui la composent.

Octaves (règle des deux). On ne doit pas faire succéder deux octaves de suite dans l'harmonie, surtout par mouvement direct, quand les parties harmoniques ne sont point à l'unisson ou à l'octave par la volonté expresse du compositeur. Ces deux octaves seraient d'un effet trop nul et trop plat.

Octoecus. Nom d'un livre d'église chez les Grecs, qui renferme tout ce que l'on chante pendant les offices, selon les huit tons du chant.

Octocordum pythagorale, ou Lyre pythagorique. Les anciens Grecs comprenaient sous ce nom un système d'instrument très-ancien et très-borné, inventé par Pythagore.

Ode. Mot grec qui signifie chant ou chanson. Il y a l'ode-symphonie, qui est un poëme musical mêlé de chant, de récitatif noté et parlé, et dans lequel l'orchestre joue un rôle très-important. Le *Désert*, de

Félicien David, est un modèle d'ode-symphonie. (Voyez *Chanson*.)

ODÉON. Édifice public à Athènes et dans d'autres villes de la Grèce, où les musiciens essayaient leurs morceaux avant de les exécuter en public.

ODÉOFONE. Instrument inventé à Londres par un Viennois nommé Vanderburg. C'était une modification assez bien imaginée du clavi-cylindre de Cladni. Le son se tirait de petits morceaux de métal, au moyen d'un clavier ou d'un cylindre.

OFFERTOIRE. C'est cette partie de la messe qui se trouve entre le *Credo* et le *Sanctus*, pendant laquelle le chœur garde le silence. L'orgue remplit cet intervalle ; ou bien on exécute une pièce composée exprès pour y être placée, et cette pièce, pour ce motif, prend le nom d'offertoire.

OFFICE DIVIN. On désigne par ce mot tout ce qui a rapport aux rites religieux, au chant, etc. Il y a l'office ambrosien, grégorien, mosarabique. Ce dernier a été introduit au commencement du seizième siècle par François Ximenès, archevêque de Tolède.

OLOPHYRMOS. Chanson funèbre des anciens Grecs.

ŒUVRE. Par ce mot on désigne les compositions musicales d'un auteur.

Œuvre est du genre féminin, quand il s'agit d'une seule composition d'un auteur. Il est du genre masculin, quand il s'applique à tous les ouvrages produits par un artiste. Ainsi l'on dit l'œuvre entier de Beethoven, de Mozart, de Rossini, etc., etc.

OMBRE, NUANCE DE LA VOIX. C'est ainsi qu'on appelle en italien les différentes gradations des *fortés* et des *pianos*, dont on doit alternativement faire usage dans les cantilènes pour leur donner un peu de relief, comme les ombres et les demi-teintes servent en peinture à faire ressortir les couleurs.

OMNES. Mot latin qui signifie *tutti*, et que l'on

trouve quelquefois au lieu de celui-ci dans l'ancienne musique sacrée.

ONDULATION. Ce mot signifie à peu près la même chose que *tremolo*, avec cette différence que le mouvement en est plus grave, et que l'on émet les sons et la voix avec plus de latitude.

ONZIÈME. Réplique ou octave de la quarte. Cette intervalle s'appelle onzième, parce qu'il faut passer onze sons diatoniques pour aller de l'un de ces termes à l'autre.

OPÉRA. C'est, dans le sens le plus étendu, un drame musical. Il se distingue de la comédie et des autres ouvrages dramatiques, en ce qu'il ne peut se passer du concours de la musique, qui, dans la comédie et le drame, n'est qu'accidentelle et soumise aux exigences passagères du sujet. Dans l'opéra, au contraire, la musique est la partie essentielle, non toutefois de manière à dominer la poésie, mais seulement pour les mettre toutes deux en relation intime et les faire marcher d'accord.

Les principales qualités d'un poëme d'opéra sont : une esquisse exacte et facile des caractères, un grand fonds de situations lyriques habilement variées, et surtout un choix d'expressions musicales appropriées au caractère des différents personnages. Nous ne parlons pas du laisser-aller de la pensée, de l'élégance du rhythme : ce sont là des qualités que doit posséder toute poésie lyrique.

La musique de l'opéra doit s'élever à la hauteur de la poésie, et même à celle du drame ; c'est ce qui lui impose la nécessité d'être plus caractéristique et plus sévère que toute autre espèce de musique. Soumise à la nature du poëme, la musique doit revêtir son caractère dominant. Par exemple, la *Flûte enchantée*, de Mozart, se distingue par un style solennel et sévère, auquel ne portent pas atteinte quelques airs simples et naïfs.

Outre les qualités générales que tout poëme dramatique doit posséder, l'opéra en exige quelques autres qui lui sont spéciales : les plus importantes sont une *action* et une division favorables aux développements de la partie musicale. Nous empruntons à un travail de M. Halévy, destiné à l'Académie des beaux-arts, quelques réflexions excellentes sur ce double sujet.

« Il ne faut pas que, dans un drame destiné à la musique, l'*action* soit trop compliquée. Il faut que le *sujet* soit simple, et plus passionné qu'accidenté. S'il y a beaucoup d'*action* dans un opéra ; s'il est chargé d'événements ; si les situations se succèdent rapidement et sans laisser, pour ainsi dire, respirer le spectateur, la musique ne trouve plus sa place ; elle est étouffée entre les incidents ; et quelque vifs et concis que puissent être les morceaux de musique, ils ralentissent ou du moins semblent ralentir l'*action*. La musique est le développement d'une situation donnée et un repos dans l'*action*. Il faut donc que l'auditeur ne soit pas trop pressé, par l'*action* elle-même, d'arriver aux scènes suivantes ; il faut donc que l'intérêt de la situation elle-même lui permette d'écouter sans impatience ce développement musical. C'est au compositeur, de son côté, à apprécier la situation, et à ne pas lui donner plus de musique qu'elle n'en comporte.

« Le public français est sévère à cet égard ; un public italien donne plus de place à la musique et plus de latitude au compositeur.

« Il y a dans un drame de quelque importance des situations capitales après lequelles l'action doit s'arsrêter, se reposer, pour ainsi dire, pour continuer ensuite avec dlus de force et avec le surcroît d'intérêt que la situation nouvelle a dû apporter au drame. Ces points de suspension qui ménagent l'attention de l'auditoire et excitent sa curiosité, introduisent dans l'action dramatique des divisions naturelles.

« Chacune de ces divisions a reçu le nom d'*acte*. C'est au point de vue du drame lyrique seulement que nous envisageons l'*acte*.

« Après les conditions essentielles du drame lui-même, c'est-à-dire l'intérêt des situations et leur aptitude à inspirer le musicien, la condition la plus désirable pour le compositeur, c'est la variété. Non seulement chaque *acte* devra lui fournir une couleur bien tranchée, et tout à fait différente de celle de l'*acte* qui a précédé ou de celui qui doit suivre, mais il faut encore que dans l'*acte* considéré isolément, l'auteur sauve au musicien le danger de l'uniformité. Ainsi donc, dans un opéra, chaque *acte*, quoique ne formant qu'une partie d'un tout, doit offrir un ensemble satisfaisant, aussi complet que possible, et une distribution intelligente et bien entendue des effets dont peuvent disposer et le musicien et le théâtre sur lequel son œuvre devra se produire.

« Un bon *acte* d'opéra renfermera donc au moins une situation importante, qui sera comme le pivot de l'*acte*, et sur laquelle le musicien devra concentrer tous ses efforts et toute la puissance de son art. Les autres scènes devront, sans être sacrifiées, concourir à faire ressortir l'éclat de ce point lumineux ; ainsi, le beau trio de *Guillaume Tell* est habilement amené et ménagé. Il est inutile d'ajouter que la scène capitale dont nous parlons devra arriver à la fin ou vers la fin de l'*acte*. L'auditoire, encore sous le coup de l'impression qu'il aura éprouvée, sera, dès le début de l'*acte* suivant, plus accessible aux émotions nouvelles, et s'associera avec plus de chaleur et de sympathie au développement du drame et aux inspirations du musicien.

« Après ces considérations générales, nous entrerons dans quelques détails sur la contexture purement musicale d'un *acte* d'opéra.

« L'auteur et le compositeur doivent s'y étudier à varier les combinaisons offertes par les voix différentes des personnages qui prennent part à l'action. Il faut éviter, autant que possible, qu'un air succède à un air, un duo à un duo ; il faut donc faire entendre alternativement les voix isolées, combinées, et les masses chorales.

« Le morceau de musique qui commence un *acte* reçoit le nom d'*introduction ;* il doit avoir un certain développement, une certaine importance musicale. Ceci s'applique surtout au morceau qui commence le premier *acte* et succède à l'ouverture. Il doit être traité avec soin. Ordinairement, une introduction se compose de plusieurs scènes variées et se termine par un ensemble vocal.

« Comme nous l'avons dit plus haut, l'auteur aussi bien que le compositeur, doivent, en établissant le plan général de l'ouvrage, se préoccuper beaucoup de la fin de chaque *acte*. Il faut, autant que possible, laisser l'auditoire sous l'impression d'une vive émotion. Chaque fois que le rideau se baisse, il importe qu'aucun des *actes* ne se termine froidement. Dans un opéra en cinq *actes*, il faudra donc cinq fois agir puissamment sur le public et par des moyens variés : c'est une tâche difficile.

« Quand un *acte* se termine par un morceau de musique développé, composé de plusieurs scènes et auquel prennent part les personnages et le chœur, ce morceau reçoit le nom de *final*.

« Les opéras de *Quinault*, créateur du drame lyrique en France, étaient divisés en cinq *actes*. Ils sont habilement coupés. Secondé par l'instinct de Lulli, Quinault avait deviné que dans un ouvrage de longue haleine, le compositeur, comme nous l'avons dit, a surtout besoin de variété. En effet, la diversité du spectacle, le changement fréquent du lieu où la scène se passe, les caractères différents des personnages introduits dans le drame, tout cela est nécessaire au musicien ; ce sont des éléments dont il profite aussi bien que le spectateur lui-même, et l'opposition qui en résulte, en même temps qu'elle plaît à l'auditeur, vient en aide au compositeur et fertilise son imagination, en lui fournissant des inspirations nouvelles.

« On se tromperait beaucoup, cependant, si l'on croyait qu'alors la tâche du compositeur fut ce qu'elle est aujourd'hui, dans la production d'un opéra en *cinq actes*. Outre que l'action était plus simple, et, par conséquent, comptait moins de situations musicales, les situations elles-mêmes étaient moins développées par le poëte; puis la musique ne nécessitait pas le développement que l'art moderne exige. Si l'on abuse quelquefois aujourd'hui de ce développement, que les progrès de la science, l'art du chant, la déclamation lyrique ont rendu en quelque sorte nécessaire, il est juste de dire qu'alors les situations, aussi bien que les mélodies, n'étaient, pour ainsi dire, qu'indiquées ; les compositeurs n'avaient pas encore trouvé ces belles phrases musicales, complètes pour l'oreille comme pour l'esprit et l'intelligence, qu'on admire dans Mozart, dans Cimarosa, dans Rossini. Il en résulte qu'un seul *acte* d'un opéra moderne renferme beaucoup plus de musique que les cinq *actes* d'un opéra tout entier de Lulli.

« Rameau, et après lui, Gluck, donnèrent une plus haute importance à la phrase musicale. Les *actes*, par conséquent, prirent plus d'importance, et les opéras eurent plus de durée.

« Depuis Gluck jusqu'à nos jours, on a joué à l'Opéra des tragédies lyriques en trois, en quatre et en cinq *actes*. On y représente aussi de petits ouvrages en un ou deux *actes*, que l'on désigne quelquefois sous le nom d'opéra de *genre*, et que l'on représente avant les ballets.

« On joue sur le théâtre de l'Opéra-Comique des opéras en un, deux ou trois *actes*, et quelquefois, exceptionnellement, en quatre et même en cinq *actes*. Les Italiens écrivent généralement leurs opéras, aussi bien sérieux que bouffes, en deux *actes*, assez développés pour contenir un grand nombre de morceaux; il y a cependant des exceptions, et l'on compte aussi parmi les beaux ouvrages dont nous a dotés l'Italie, des opéras en trois et quatre *actes*.

« On représente ordinairement en Italie, entre les deux *actes* d'un opéra, un ballet tout à fait étranger à l'action de ces opéras. En France, le ballet fait partie de l'opéra et de l'action. C'est au poëte et au compositeur à s'entendre pour que chaque *acte* ait des éléments suffisants de curiosité, en donnant une place importante à la danse dans un *acte*, quelquefois dans deux, et en réservant pour les autres parties de l'ouvrage tout l'intérêt des situations, toute la puissance de la musique. »

On distingue le grand opéra de l'opéra comique par la nature du sujet. Quoiqu'en général le premier se rapproche de la tragédie, et le second de la comédie, cependant jamais un grand opéra ne sera aussi grave, aussi simple qu'une tragédie; et jamais un opéra comique ne comportera une action aussi compliquée que celle d'une comédie. La musique parle plus au sentiment qu'à la raison. Le comique pur qui a son origine dans la réflexion, ne peut, sans un mélange lyrique, remplir un opéra. Mais le burlesque, le grotesque même, lui conviennent parfaitement. Il y a en outre un style intermédiaire qu'il n'est pas facile de limiter. La *Vestale*, de Spontini, doit être classée parmi les grands opéras; *il Matrimonio segretto*, parmi les opéras comiques ou bouffes, et l'*Enlèvement du sérail*, de Mozart, parmi les opéras du genre intermédiaire, ou *semi-seria*.

Les arts, comme les institutions sociales, sont assujettis à des transformations périodiques. Tout ce qui est de ce monde naît, s'accroît, arrive, point brillant, à son zénith, puis pâlit et décroît sur une pente rapide. La musique est, de tous les arts, celui qui paraît affecté des mutations les plus fréquentes. Comme le Protée de la Fable, elle marche de métamorphoses en métamorphoses. Tous les vingt-cinq ou trente ans, des révolutions, sinon radicales, du moins très-prononcées, s'introduisent dans cette merveilleuse expression de ce que l'âme humaine renferme en ses profondeurs de sentiments les plus intimes. Presque aussitôt usées qu'adoptées, les formes mélodiques, comme la fleur qui se fane dès qu'elle est épanouie, vieillissent et veulent être remplacées. Et qu'on ne croie pas que nous venions faire ici une satire du plus fugitif et cependant du plus pénétrant de tous les arts. C'est justement parce que ses formes sont inépuisables, qu'elles apparaissent et passent comme des fantaisies ailées. De même que la vie radicale, toujours une, toujours absolue, rayonne dans le multiple infini des êtres qui naissent en son sein créateur, la musique toujours immuable dans ses lois, la musique, véritable géométrie phonétique, si on la considère dans ses règles, livre incessamment aux caprices du changeant et du variable ses combinaisons harmoniques et les tournures inépuisables de ses mélodies passagères. Rameau succède à Lulli; Gluck,

Sacchini, Piccinni s'assoient bientôt à sa place; puis voici venir Rossini qui les détrône et égale Mozart même.

Touchons-nous là le terme de toutes ces péripéties? Gardons-nous de le croire. Une révolution nouvelle, une révolution qui n'a pas encore, il est vrai, gagné la France, promène depuis quelque temps son drapeau novateur sur toute l'Italie. Prenant Verdi pour solennel et vigoureux interprète, la musique dramatique, la musique précisée par la scène, motivée par la situation, a chassé complétement la mélodie indéterminée, les chants vagues, et qui ne tirent leur effet que de leur valeur abstraite et intrinsèque.

La marche que, dans cette rénovation, la musique a suivie en France, nous semble bizarre. Partisans arriérés d'un vain luxe musical, nous voulons maintenir aujourd'hui la culture de la plante exotique que nous avons longtemps repoussée; nous prétendons, du moins quant à l'opéra italien, renvoyer en terre étrangère celle que nous devons presque regarder comme indigène; nous disons *presque,* car avant que Gluck, dans la tragédie lyrique, et Grétry, dans l'opéra comique, eussent popularisé la musique dramatique en France, Pergolèse en avait donné le modèle dans la *Serva Padrona.*

Mais l'Italie, cette terre où tout chante, où des voix passionnées sortent de tous les points de l'espace et vibrent dans tous les échos, l'Italie ne put rester longtemps emprisonnée dans les liens précis et traditionnels d'un système musical immuable. Semblable à son napolitain Vésuve, à son gigantesque volcan de Sicile, la spontanéité mélodique y fit éruption, et elle put s'écrier, comme notre poëte :

Et la lave de mon génie
Déborde en torrents d'harmonie
Et me consume en s'échappant.

De là ce luxe immodéré de fioritures dictées par la fantaisie du chanteur, accueillies par l'enthousiasme du public, entretenues par quelques talents hors ligne, cet amas de traits, de roulades, de points d'orgue, abus de richesse sous lequel le dessin mélodique disparaît, semblable à ces monuments dont les lignes brisées par une ornementation sans goût et sans retenue, ne laissent plus apercevoir que formes insaisissables et confuses. Cette espèce d'enivrement de la musique, de la musique sans rapport avec la parole qu'elle devait exprimer, prise à part, pour elle-même, et séparée de la situation qu'elle avait à rendre, quelquefois même en contradiction avec la scène à laquelle elle devait s'adapter, excepté dans les chefs-d'œuvre devenus classiques des Paisillo, des Cimarosa, des Mozart, etc.; cet enivrement, disons-nous, ne pouvait manquer d'amener une réaction salutaire. Le grand maître Rossini parut; mais, avec la finesse de tact qui le distingue, il comprit que les réactions ne se font pas tout à coup et sans transitions préalables. Ménageant donc le goût du public, et voulant garantir ses œuvres des écarts de quelques interprètes parfois ignorants et malhabiles, lui-même se mit à jeter à pleine main les fleurs, les perles, les diamans sur le canevas si ingénieusement tissu de sa brillante musique, et, tout en le ramenant par moments à la vérité de la scène, trouva le secret de changer en moyen d'expression ce qui jusque-là l'avait presque étouffée; je veux parler de ces vocalises sans fin, de ces fioritures entassées, de ces agilités vocales, avant lui prodiguées au hasard. C'est ainsi qu'après avoir préparé sa révolution, aujourd'hui accomplie par delà les monts et que la routine repousse en France, lui-même en donna le signal dans l'immortel chef-d'œuvre de *Guillaume Tell*. De là à *Norma* il n'y avait plus qu'un pas; et une fois l'art rentré dans la voie de la vérité dramatique, devait nécessairement arriver le maître ayant mission de l'y maintenir, sans s'accorder la moindre excursion au dehors, même peu lointaine, sans se permettre une note dont la valeur ne soit en rapport avec le mot qui la soutient.

Opéra comique. C'est un drame d'un genre mixte, qui tient à la comédie par l'intrigue et les personnages, et à l'opéra par le chant dont il est mêlé. — L'origine de ce spectacle remonte aux premiers théâtres de la foire, dont l'apparition date de 1617. Honoré, maître chandelier de Paris, après avoir fourni pendant plusieurs années des lumières de sa fabrique au théâtre, voulut en entreprendre un à son tour ; et, en 1624, il obtint le privilége d'un nouvel Opéra-Comique. Il ne joua jamais lui-même, mais il eut dans sa troupe des acteurs remarquables. En 1627, il céda son privilége à Ponton, qui porta l'Opéra-Comique à sa perfection, grâce au bonheur qu'il eut de trouver de bons auteurs, des acteurs excellents et des musiciens d'une rare habileté.

L'Opéra-Comique fut supprimé en 1745 ; mais en 1752, le privilége en fut rendu à Jean Monnet. Le plan qu'il avait formé a été fidèlement suivi par les directeurs qui lui ont succédé. Ils ont fait subir des améliorations considérables à certaines parties de détails que Monnet ne pouvait pas voir seul, et ont ramené à ce genre de spectacle les femmes, effarouchées par le style quelquefois graveleux des anciens opéras comiques. C'est sur ces objets principalement que s'est portée la sollicitude des directeurs.

Leur ardeur à prévenir les désirs du public leur a attiré pendant plusieurs années un si grand concours de monde, que les autres spectacles de Paris se trouvaient à peu près déserts. La Comédie-Italienne surtout, qui se voyait sans spectateurs, obtint enfin, en

1762, que l'Opéra-Comique fût réuni à son théâtre. — Depuis cette époque, l'Opéra-Comique n'a cessé de marcher dans une voie de prospérité. Il s'est enrichi tour à tour d'une foule de chanteurs éminents, tels que Martin, Elleviou, Ponchard, Chollet, Roger, Couderc, Mocker, Bussine, Masset, Puget, Bataille, Mmes Dugazon, Cinti-Damoreau, Rossi, Ugalde, Miollan, Lefèvre, Mlles Lavoye, Darcier, et a vu éclore quelques compositeurs d'un grand talent et dont plusieurs sont la gloire de l'école française. Il suffit de citer Monsigny, Dalayrac, Grétry, Cherubini, Méhul, Berton, Boieldieu, Hérold, Auber, Halévy, Ad. Adam, A. Thomas, L. Clapisson, Grisard, F. Bazin, V. Massé, Reber, etc.

Opérette. Mot qui, dit-on, a été forgé par Mozart, pour désigner les compositions en miniature, dans lesquelles on ne trouve que des chansons ou des couplets de vaudeville. Mozart disait qu'un musicien bien constitué pouvait composer deux ou trois ouvrages de cette force entre son déjeuner et son dîner.

Ophicléide. Instrument en cuivre qui, depuis 1820, fait partie des musiques de l'armée française. Adopté d'abord dans les régiments de la garde royale, il fut admis ensuite dans ceux de l'infanterie de ligne et de cavalerie. Il en devint la contre-basse et remplaça les anciens serpents d'église. C'est, à proprement parler, un serpent à clefs, comme l'indique la racine grecque de son nom. Les clefs sont au nombre de neuf. — L'ophicléide est d'origine hanovrienne, comme les autres instruments à vent et en cuivre, auxquels l'industrie des fabricants allemands est parvenue, depuis le milieu du siècle dernier, à ajouter des clefs.

Oratorio. C'est une espèce de drame dont le sujet est religieux et qui est destiné à être exécuté par des chanteurs, avec accompagnement d'orchestre. Les anciens compositeurs n'avaient qu'un seul objet auquel ils pussent consacrer les inspirations de leur génie : la religion. Aussi cette époque est-elle féconde en productions de musique sacrée de tout genre ; et, depuis Palestrina jusqu'à Haendel, Haydn et Mozart, on trouve tout ce qui a été composé de plus beau et de plus parfait. On ne se bornait pas alors à mettre en musique les paroles de la messe : outre les cantiques, les hymnes, les psaumes, on avait imaginé ces espèces de drames religieux appelés *oratorios*, dont le sujet était tiré de l'Histoire Sainte, et qu'on exécutait dans les églises. Voici ce qui donna lieu à l'invention de ces sortes de pièces : saint Philippe de Néri, qui fonda, en 1540, la congrégation de l'Oratoire à Rome, voyait avec douleur les fidèles déserter l'église pour courir aux spectacles. Connaissant le goût des Romains pour la musique, il eut l'idée de faire composer par un bon poëte des intermèdes, dont le sujet était puisé dans l'Écriture sainte, et les ayant fait mettre en musique, il les fit exécuter dans l'église. La foule y courut ; le succès fut prodigieux ; et ce genre de drame s'appela *oratorio*, du nom de l'église de l'Oratoire, où il fut joué pour la première fois.

Les oratorios n'étaient d'abord qu'une simple allégorie, une cantate à plusieurs personnages, qu'on n'exécutait, soit à l'église, soit au théâtre, que comme une pièce de concert. Dans la suite ils prirent plus de développement et acquirent toutes les proportions d'un vrai drame, sauf le clinquant des costumes et la pompe théâtrale. — Quant à la musique, qui participe à la fois du genre libre et du genre sévère, elle se compose de récitatifs simples et obligés, de solos, duos, trios, morceaux d'ensemble et chœurs.

Les plus célèbres compositeurs qui ont illustré le genre de l'oratorio, sont Emilio del Cavaliere, Alexandre Scarlatti, Leo, Iomelli, Cimarosa, Haendel, Bach,

Haydn, Beethoven et Mendelsohn. On cite, parmi les oratorios les plus remarquables, le *sacrifice d'Abraham*, de Scarlatti, celui de Cimarosa, *sainte Hélène au calvaire*, de Leo, *le Messie*, de Haendel, la *Passion selon saint Mathieu*, de Bach, conception musicale de la plus haute portée, la *Création*, de Haydn, le *Christ au jardin des Olives*, de Beethoven, le *Paulus* et l'*Elias*, de Mendelssohn.

Orchestre. L'orchestre dans les théâtre modernes est un retranchement plus ou moins grand qui règne autour de qu'on appelle la *rampe* de la scène; c'est la place des symphonistes. Cette enceinte est construite d'un bois sonore, de sapin ordinairement, afin de faire vibrer le son des instruments. C'est absolument la table d'harmonie d'un clavecin, car cette espèce de grand coffre sans couvercle est établi sur un vide avec des arcs-boutants.

L'orchestre français ne date véritablement que du siècle de Louis XIV; ce fut Lulli qui l'organisa. On doit à Lulli l'introduction des timbales et des trompettes dans l'orchestre, et plus tard à Gluck celle de la clarinette, dont on usait si sobrement qu'elle ne se faisait guère entendre que dans les ballets. — Que les temps sont changés! quelle admirable instrumentation nous avons de nos jours! elle compte au moins 80 instruments; elle a réuni dans nos orchestres, comme par enchantement, tous les bruits, tous les sons, toutes les voix de la nature, dont la musique n'est qu'une imitation. — Le violon possède d'immenses ressources : il simule la voix humaine; c'est lui qui, avec la viole, le violoncelle et la contre-basse, règne exclusivement dans un orchestre. La viole repose, par la gravité de ses sons, des brillants éclats du violon; le violoncelle, quand il chante, exprime la prière et le recueillement des marches religieuses; la flûte, pleine de tendresse, rend les amoureux désirs; le hautbois est pastoral, propre à la danse des villageois et des nymphes; la clarinette accompagne ordinairement les danses gracieuses et les ballets enjoués, le cor chevaleresque et romantique, appelle à la chasse Henri IV ou *Robin des Bois ;* l'ophicléide gémit; le trombone, aux poumons de cuivre, annonce de grandes catastrophes.

Par ce nombre d'instruments si variés, nos orchestres aujourd'hui sont un monde, où les passions, les sentiments déploient toutes leurs expressions, et où la nature fait ouïr toutes les voix.

Orchestrino. Nom donné par M. Poulleau, en 1808, à un piano à archet de son invention, lequel imitait le violon, la *viole d'amour* et le violoncelle.

Orchestrion. Nom de deux instruments à claviers qui ont été inventés vers la fin du dix-huitième siècle. Le premier est un orgue portatif composé de quatre claviers, chacun de soixante-trois touches, et d'un clavier de pédales de trente-neuf touches. Le second est un piano uni à quelques registres d'orgue.

Oreille. Ce mot s'emploie figurément en musique. Avoir de l'oreille c'est avoir l'ouïe sensible, fine et juste, en sorte que tant pour l'intonation que pour la mesure, on soit choqué du moindre défaut, et qu'aussi l'on soit frappé des beautés de l'art quand on les entend. On a l'oreille fausse, lorsqu'on chante constamment faux, lorsqu'on ne distingue pas les intonations fausses des intonations justes, ou lorsqu'on n'est point sensible à la précision de la mesure, qu'on la bat inégale ou à contre-temps.

Organino. Petit orgue que l'on peut transporter d'un lieu dans un autre, et dont les plus grands ont deux pieds de haut et un seul soufflet. On appelle encore de ce nom un petit orgue à cylindre avec une manivelle, qui, armé de dents, remplace le mouvement des doigts.

Organiste. Celui ou celle qui joue de l'orgue. Un grand organiste n'a pas seulement le talent d'exécuter avec perfection toute la musique qui est propre à cet instrument, mais celui bien plus rare d'improviser tout ce qu'il joue.

Rameau, D'Aquin, Couperin, Balbatre, Séjean, Mozart, Keller, Bach, Haendel, sont des noms fameux dans les fastes de l'orgue.

Autrefois on comptait en France un assez grand nombre de bons organistes; ils deviennent de jour en jour plus rares, parce qu'on néglige de faire des études que demande ce grand art.

Organo lyricon. Instrument inventé à Paris en 1810. Sa forme était celle d'un secrétaire à cylindre; il contenait un piano ordinaire, autour duquel se groupaient quelques instruments à vent.

Orgue. Instrument à vent, le plus parfait de tous pour diriger et soutenir le chant religieux, et celui dont les sons se marient le mieux avec les voix. Dans un espace restreint, sous les doigts d'un seul homme, on peut avec l'orgue obtenir la puissance, la diversité, la justesse, que ne pourraient produire trente ou quarante instruments réunis. Ses accents sont graves et *dévotieux*, comme dit Montaigne. Il embrasse toute l'échelle des sons, et peut s'unir à tous les genres de voix; il a des jeux variés, tour à tour doux ou éclatants, suaves ou terribles. Ses trompettes sonores semblent annoncer le jugement de Dieu: ses flûtes lointaines paraissent l'écho des concerts des anges. L'orgue est l'orchestre que demande le plain-chant.

La musique instrumentale fut peu goûtée dans les premiers siècles du christianisme; les fidèles se bornaient alors à former des chœurs de voix. C'est seulement sous le pape Vitalien Ier que l'orgue fut connu en Italie: il fut introduit en France sous le règne de Pépin, père de Charlemagne; mais cet instrument resta longtemps imparfait. Bédos de Celles, dans le siècle dernier, et, de nos jours, MM. Cavaillé-Coll, l'ont enrichi d'améliorations importantes.

L'orgue est un instrument à vent et à clavier; il a plusieurs jeux ou registres, et un très-grand nombre de tuyaux : il a un, deux, trois, et même quatre claviers composés de quatre octaves et demie; il y a, de plus, un clavier de pédales qui contient une ou deux octaves. Le jeu principal, que nous nommons vulgairement bourdon, est en huit pieds, en seize pieds, et même en trente-deux pieds. L'orgue a encore des soufflets, des ventilles.

Pendant le moyen-age on soutenait le chant religieux avec l'orgue seul; plus tard on y ajouta d'autres instruments. Sous Louis XIV, un chanoine de Sens ou d'Auxerre inventa le serpent, et cet instrument rauque, âpre, inégal, variable dans ses intonations, vint s'établir dans nos chœurs, y rendre le chant lourd et traînant, et y faire régner la plus fatigante monotonie. Quel spectacle, en effet, que celui d'un homme qui, les joues gonflées, le visage déformé, roulant ses yeux dans leur orbite, étouffe entre ses bras la figure d'un animal immonde, et semble lui arracher de lugubres hurlements! L'ophicléide a, dans beaucoup d'endroits, détrôné le serpent. Cet instrument n'est pas plus agréable à entendre; enfin, plusieurs paroisses adoptent maintenant la contre-basse. Tous ces instruments présentent le même inconvénient qui doit en faire abandonner l'emploi, c'est de résonner à l'unisson des voix graves, par conséquent de ne pas convenir à la voix du peuple. L'orgue est resté seul en possession de la faveur des masses dans nos temples catholiques, seul il a le privilége d'exciter la ferveur, le recueillement, l'enthousiasme religieux.

L'emploi naturel de l'orgue, c'est l'accompagnement des voix; en Allemagne, en Italie, en Belgique, il remplit toujours cette fonction, et le chœur y est partout inséparable de l'instrument. Dans les vastes basiliques de l'Italie, on a des orgues que l'on roule, et qui suivent le chœur dans les diverses chapelles où il se transporte pour chanter l'office. Dans ces églises tout s'exécute avec accompagnement : non-seulement les hymnes sacrées, mais encore le chant de l'officiant, les réponses du peuple, la préface, etc.

Il faut le dire, les pays dont nous parlons sont bien supérieurs à la France sous le rapport de l'exécution de la musique sacrée. Chez nous, à part quelques grandes villes qui font une honorable exception, quelques voix isolées chantent le *kyrie*, l'orgue répond par une fantaisie de la façon de l'artiste, Dieu sait quelle fantaisie !.... Le prêtre entonne l'hymne de saint Ambroise, *Te Deum*, *laudamus* ; l'organiste continue par une réminiscence de quelque air à la mode. Voilà le rôle que joue souvent l'orgue en France. Cependant le tableau n'est pas partout le même, nous l'avons dit, il y a des exceptions ; des organistes au style grave, austère, ont conservé les belles traditions de l'art religieux.

Les orgues sont extrêmement multipliées en France depuis quelques années. On en a construit ou réparé plus de quatre cents, de 1834 à 1844, tandis que dans les dix années précédentes il ne s'en était pas établi cinquante. De simples bourgades, des villages même en ont enrichi leur église, et le nombre s'en accroîtrait bien plus encore, si l'on n'était arrêté par une difficulté qui paraît insoluble, celle de se procurer un artiste pour toucher l'instrument. La charité des fidèles peut, par un effort une fois fait, réunir la somme nécessaire pour l'acquisition de l'orgue ; mais on ne peut chaque année s'imposer les sacrifices indispensables pour entretenir un organiste. C'est là une difficulté sérieuse, et dont la solution devrait être cherchée avec ardeur par les évêques, les membres du clergé, et tous les hommes qui s'intéressent à l'avenir de la musique religieuse. — On trouve à Paris beaucoup d'organistes habiles et instruits, qui ont fait de bonnes et sérieuses études au Conservatoire, sous la direction de M. Benoist; on devrait tâcher de les attirer dans les provinces, où ils pourraient à leur tour fonder un enseignement utile.

Orgue a cylindre. C'est celui qui va par le moyen d'un cylindre, sur lequel on a noté un certain nombre de morceaux de musique avec des pointes. Ces pointes font mouvoir les touches d'un clavier qui leur est approprié. C'est au moyen d'une manivelle tournante que le cylindre se meut et présente successivement, ou simultanément, ses pointes aux touches qui répondent aux tuyaux. Les *orgues d'Allemagne*, les *orgues de Barbarie*, dont les chanteurs des rues s'accompagnent, les serinettes, les merlines, sont des *orgues à cylindre*.

Orgue expressif. L'effet de ces orgues est de la plus grande beauté. M. Erard a mis le comble à la perfection de l'orgue, en réunissant, dans un instrument qu'il avait construit sous la Restauration, pour la chapelle du roi, le genre de l'expression de la pédale sur les deux claviers du grand orgue à l'expression par la pression des doigts sur un troisième clavier. Dans cet état, l'orgue est vraiment l'instrument le plus beau, le plus majestueux, le plus puissant qui existe.

Orgue hydraulique. Celui dont les soufflets ou les cylindres sont mis en jeu par le moyen de l'eau. Comme l'humidité est extrêmement nuisible aux orgues, ce moyen n'est plus employé. Au reste, on manque de renseignements certains sur cet instrument dont parlent seulement quelques anciens auteurs.

Orgue pneumatique. C'est l'orgue ordinaire, celui où le son est produit par le vent.

Orgia. Fêtes en l'honneur de Bacchus. Le chant, accompagné de la lyre et de la flûte, y figurait comme une des parties essentielles de la fête.

Originalité. L'originalité dans les arts, et dans la musique en particulier, c'est la nouveauté dans les idées et dans la façon de les exprimer, de les agencer, de les combiner; c'est, en un mot, la force créatrice et l'individualité du génie. (Voyez *Imagination*, *Génie musical*).

Origine de la musique. La musique est une langue universelle, qui fut donnée à l'homme par le Créateur, dès le commencement du monde, pour exprimer des idées et des sensations qu'aucune autre langue ne peut traduire. On ne peut douter qu'Adam et Ève, qui avaient tant d'actions de grâces à rendre à Dieu, aient chanté ses louanges dans le Paradis terrestre. Noé et sa famille, à la sortie de l'Arche, firent de même; et plus tard, Moïse et les Hébreux, après le passage de la mer Rouge. Avant qu'on eût bâti des temples à la divinité, la nature entière, et son Roi en tête, unissaient ici bas leurs concerts à ceux des anges. (Voyez le mot *Musique*).

Orphéon. Instrument de musique monté avec des cordes de boyau, que l'on fait parler au moyen d'un clavier et d'une roue qui porte un archet; il a la forme d'un très-petit piano.

Orphéon. C'est le nom donné à une institution municipale de la ville de Paris, dont le but est d'enseigner la musique vocale aux enfants des deux sexes qui fréquentent les écoles communales, et aux ouvriers adultes. L'orphéon a été fondé en 1820, et la direction en fut confiée à *Wilhem*, qui avait conçu l'idée première de cet enseignement, et en avait apprécié l'utilité. Il avait été secondé par son ami, l'illustre chansonnier *Béranger*, dont le patronage et l'appui constant lui fut d'un grand secours. Wilhem composa pour l'orphéon une méthode en *tableaux* qui est encore employée. C'est un enseignement simultané, et les *tableaux* sont combinés de telle sorte, que des élèves de force inégale peuvent chanter ensemble. *Wilhem* est mort en 1842. La direction de l'*orphéon* passa, après sa mort, entre les mains de M. Hubert, élève lui-même de l'orphéon. M. Gounod est aujourd'hui directeur de l'orphéon, et M. Hubert est resté attaché à l'enseignement comme inspecteur général.

Il y a tous les ans une séance publique de l'orphéon ; on réunit tous les élèves, enfants ou adultes, dans une des grandes salles de Paris ; ils exécutent des chœurs sans accompagnement. Les dernières commotions politiques ont nécessairement nui aux progrès de l'orphéon, mais la sollicitude de la ville de Paris ne l'a pas abandonné, et les études vont reprendre une activité nouvelle.

Orphéoréon. Instrument de la famille des luths, armé de huit cordes de métal. Il n'est plus en usage.

Ouverture. Composition instrumentale qui sert de début aux opéras et aux ballets.

L'ouverture doit se conformer au drame d'une manière générale, et peut se lier quelquefois aux premières scènes qui la suivent immédiatement. L'ouverture fera connaître d'abord le caractère de l'opéra qu'elle précède, et donnera ensuite des pressentiments sur la nature des événements, le caractère des passions qui doivent occuper la scène, et quelquefois même sur les personnages, le lieu et le temps où se passe l'action. Ainsi, l'ouverture d'*Iphigénie en Aulide* nous dispose à une action vive, intéressante et d'une grande noblesse ; celle de *Guillaume Tell* peint le calme de la vie champêtre troublé par une fanfare de trompettes qui appelle les paysans à la conquête de la liberté ;

celle de la *Pie voleuse* commence par une marche militaire, qui annonce le retour du soldat dans ses foyers.

Un allégro de symphonie, brillant et passionné, succédant à une introduction d'un mouvement grave, telle est la coupe généralement adoptée pour les ouvertures. Gluck en a donné le premier modèle dans son merveilleux chef-d'œuvre, et les compositeurs de toutes les nations l'ont suivi.

Ceux qui réduisent l'ouverture à une espèce d'introduction, s'éloignent de l'idée qu'on doit concevoir d'un morceau de ce genre. Le compositeur doit y déployer toute sa science : facture savante, dessin pur et vigoureux, harmonie pleine, variée et riche d'effets, telles doivent être les qualités principales d'une ouverture.

Oxiphonos. C'est ainsi qu'on appelait chez les anciens Grecs celui qui possédait une voix aiguë.

P

P. Par abréviation, signifie *piano*, c'est-à-dire *doux*.

PP. Signifie *pianissimo*, c'est-à-dire *très-doux*.

Palalaika. Guitare montée de deux cordes, très-répandue parmi la basse classe du peuple en Russie.

Pandore. Instrument de musique à cordes, de la famille du luth, mais dont le chevalet était oblique, ce qui rendait les cordes inégales dans leur longueur. Le dos de cet instrument était plat comme celui de la guitare. La pandore a été délaissée depuis longtemps, comme le luth et le théorbe.

Pan-Harmonicon. Cet instrument, au moyen d'un double soufflet et d'un cylindre mis en mouvement par un poids, imite assez naturellement une musique d'instruments à vent et de percussion.

Pantalon. Instrument de musique de l'espèce du tympanon, mais beaucoup plus grand, puisqu'il a près de quatre pieds de large. Le pantalon est garni d'un grand nombre de cordes d'acier que l'on touche avec deux petites baguettes de bois.

Le mot *pantalon* est aussi employé pour désigner une figure de contredanse. (Voyez Quadrille.)

Pantomimes. Comédiens, ainsi nommés parce qu'ils *imitaient* et exprimaient *tout* ce qu'ils voulaient dire avec les gestes qu'enseignait l'art de la *Saltation*, sans employer le secours de la parole. L'art des pantomimes naquit à Rome, sous l'empire d'Auguste. Les deux premiers instituteurs du nouvel art furent Pylade et Bathyle, dont le nom devint fort célèbre parmi les Romains. Le premier réussit mieux dans les sujets tragiques, et l'autre dans les comiques.

Cassiodore appelle les pantomimes des hommes dont les mains disertes, avaient, pour ainsi dire, une langue au bout de chaque doigt, des hommes qui parlaient en gardant le silence et qui savaient faire un récit entier sans ouvrir la bouche.

Papier réglé. On appelle ainsi le papier préparé avec les portées toutes tracées pour y noter la musique.

Parfait. Ce mot, dans la musique, a plusieurs sens. Joint au mot accord, il désigne l'accord formé par la tonique, le troisième degré et le cinquième degré d'une gamme, dans les deux modes ; par exemple, *ut, mi, sol* ou *la, ut, mi*. Joint au mot cadence, il exprime celle qui porte la note sensible, et de la dominante tombe sur la finale. Joint au mot consonnance, il désigne un intervalle juste et déterminé, qui ne peut être altéré sans cesser d'être consonnant. Joint au mot mode, il marquait, dans l'ancienne musique, la mesure à trois temps.

PARODIE, PARODIER. C'est ajuster à un air de chant de nouvelles paroles, dont le sens n'a souvent pas le moindre rapport avec celles qu'il y avait d'abord. Il suffit que le parodiste se conforme au caractère des morceaux de musique, et s'applique surtout à calquer son dessin sur celui du musicien, pour qu'il y ait une parfaite concordance entre les images. Le mot *parodie* en musique n'a aucun rapport avec la *parodie* qu'on représente au théâtre, et qui est l'imitation grotesque, bouffonne et critique d'un drame sérieux.

PAROLIER. Ce mot, de l'invention de notre spirituel Castil-Blaze, exprime parfaitement un auteur de paroles, de livret, un librettiste enfin, c'est-à-dire celui qui compose le poëme d'un ouvrage lyrique : opéra, opéra comique, oratorio, ode-symphonie, etc.

Il serait à désirer que des littérateurs-musiciens voulussent bien s'ingénier à composer des néologismes, dans le but d'enrichir notre dictionnaire de la langue musicale, qui est si pauvre et si baroque.

PARTIE. La musique étant une langue où plusieurs discours peuvent se faire entendre à la fois, non-seulement sans se nuire, mais en se servant naturellement, s'ils ont été disposés d'après les règles de l'art, il s'en suit que chacun de ses discours est comme la portion d'un grand tout qui se forme de leur réunion. De là vient le nom de *partie* donné à chacune des portions de ce tout, et qui est elle-même un tout plus ou moins complet, selon l'importance de la partie et selon la manière dont elle est conçue. On dit : morceau à deux parties, à trois parties, etc. La *partie* est donc, à la lettre, ce que chaque artiste chante ou joue sur son instrument dans l'exécution d'un morceau de musique. Le copiste extrait chaque *partie* de la *partition*, qui est la réunion de toutes les *parties*. (Voyez Partition.)

Partition. C'est, chez les facteurs d'orgues et de pianos, une règle pour accorder l'instrument, en commençant par une corde ou tuyau de chaque touche, dans l'étendue d'une onzième prise vers le milieu du clavier, et sur cette onzième ou *partition* l'on accorde, après, tout le monde.

Partition. Collection de toutes les parties d'une pièce de musique, où l'on voit, par la réunion des portées correspondantes, l'harmonie qu'elles forment entre elles. On écrit pour cela toutes les parties, portée à portée, l'une au-dessous de l'autre, avec leurs clefs, de manière que chaque mesure d'une portée soit placée perpendiculairement au-dessus ou au-dessous de la mesure correspondante des autres parties, et enfermée dans les mêmes barres prolongées de l'une à l'autre, afin qu'on puisse voir d'un coup d'œil tout ce qui doit s'entendre à la fois.

Quelque ordre que l'on donne aux parties dans une partition, celle de la basse doit être au-dessous de tout, et celle du chant vocal immédiatement au-dessus de celle de la basse et de celle de violoncelle, s'il y en a une pour l'instrument. Plusieurs compositeurs placent les parties de violon en tête d'une partition. Les Italiens y mettent quelquefois les cors et les trompettes.

La diversité des clefs est un moyen excellent pour donner de la clarté à une partition. Les clefs d'*ut* signalent le basson et la viole ; les clefs de *sol*, sans *dièses* ni *bémols*, indiquent sur-le-champ les parties des cors et des trompettes. Les voix se trouvent classées selon leur diapason, et l'œil peut les distinguer assez facilement, grâce à la physionomie particulière de chaque clef.

La partition réunit en faisceau les forces vocales et instrumentales. Tout est classé avec ordre, et chaque partie suit parallèlement celles qui concertent avec elle. Le chef d'orchestre embrasse tout d'un coup d'œil, il s'attache particulièrement aux voix et aux instruments qui récitent. Sans ce précieux secours, on ne peut exécuter la musique de théâtre, les symphonies, les messes, les cantates, les oratorios.

Pas de deux. Danse exécutée par deux danseurs. C'est le duo de la danse. Le pas russe est un pas de deux.

Pas de trois. Danse exécutée par trois danseurs. C'est le trio de la danse.

Pas seul. Danse exécutée par un seul danseur.

Passacaille. Espèce de chaconne dont le chant était plus tendre et le mouvement plus lent que celui des chaconnes ordinaires. Cet air de danse, que l'on retrouve encore dans les opéras de Gluck, n'est plus en usage. Ce mot vient de l'espagnol *Pasa Calle*.

Passage. Ornement que l'on ajoute à un trait de chant. On appelle encore ainsi chaque portion d'un morceau qui présente un sens. Les notes de passage, comme les appogiatures, sont des notes qui se trouvent dans les parties harmoniques sans appartenir à l'harmonie. Ce qui les distingue, c'est que les premières se trouvent aux temps faibles de la mesure ou aux parties faibles des temps, au lieu que les secondes se trouvent aux temps forts de la mesure ou aux parties fortes des temps.

Les notes de passage servent à lier entre elles les notes harmoniques et à orner la mélodie. Leur emploi et leur nombre dépendent du bon goût du compositeur.

Passage d'un ton dans un autre. (Voyez le mot Modulation.)

Passe-Pied. Air d'une danse du même nom dont la mesure était à trois temps. Cet air n'est plus en usage.

Pastiche. On appelle ainsi une composition musicale dans laquelle le musicien fait entrer plusieurs phrases ou morceaux d'autres compositions, ou dans laquelle il a imité, soit à dessein, soit sans le vouloir, le style d'un ou de plusieurs maîtres. Il se prend presque toujours en mauvaise part.

Pastorale. Opéra champêtre, dont les personnages sont des bergers, et dont la musique doit être en harmonie avec la simplicité de goût et de mœurs qu'on leur suppose. La pastorale ne sera pas indigne de nos premiers théâtres lyriques, si l'on sait l'écrire avec une élégante simplicité. Composer une pastorale dans le style des airs champêtres que l'on admire dans *Don Juan*, n'est pas chose facile.

Une pastorale est aussi un morceau de musique instrumentale, dont le chant imite celui des bergers, en a la douceur, la tendresse, et nous rappelle les effets de leurs instruments rustiques. Le troisième concerto de piano de Steibelt est terminé par une pastorale dont le sujet est une danse villageoise interrompue par un orage.

Pathétique. Genre de musique dramatique et théâtrale qui tend à peindre les grandes passions, et particulièrement la douleur et la tristesse.

Pause. Intervalle de temps qui, dans l'exécution, doit se passer en silence pour la partie où la pause est marquée. La pause est le silence d'une ronde, mais elle indique aussi le silence d'une mesure entière quelle que soit la valeur de cette mesure. La pause se marque par un trait très-court, mais fortement marqué, appliqué sous la troisième ou quatrième ligne de la portée, et dont l'épaisseur prend la moitié de l'espace compris entre cette ligne et celle qui est immédiatement au-dessous.

Pavane. Air d'une danse ancienne, qui depuis longtemps n'est plus en usage. Le nom de *pavane* lui fut donné parce que les danseurs faisaient, en se servant de leur cape et de leur épée, une espèce de roue, à de la manière des paons.

Pavillon. C'est la partie évasée, en forme d'entonnoir, qui termine certains instruments à vent, tels que le cor, la trompette, le trombone, le hautbois, la clarinette.

Pavillon chinois. Instrument de musique à percussion. C'est dans sa forme une espèce de chapeau de laiton terminé en pointe et garni de plusieurs rangs de clochettes. Le pavillon chinois est fixé sur une tige de fer au moyen d'une coulisse. Celui qui veut en jouer le tient d'une main par cette tige, et lui donne avec l'autre un mouvement de rotation sur lui-même; ou bien il le secoue fortement en cadence, de manière que toutes les clochettes frappent ensemble sur le temps fort de la mesure.

Le pavillon chinois, comme son nom l'indique, nous vient de la Chine. On l'emploie avec succès dans la musique militaire.

Pédale. On appelle ainsi chaque touche du clavier des pieds que l'orgue contient. On nomme aussi pédales les jeux qui répondent à ce clavier. *Pédale* se dit également des petits leviers qui font mouvoir la mécanique de la harpe et de ceux qui servent à modifier le son du piano. Ces divers leviers ont été nommés *pédales*, parce que ce sont les pieds qui les font agir.

Pédale. C'est un son prolongé à la basse, sur lequel on fait passer des accords qui lui sont étrangers, mais qui de temps en temps doivent contenir la note prolongée, sans quoi l'effet de la pédale serait désagréable. La pédale se fait sur la tonique et sur la dominante. Elle doit commencer par un accord consonnant appartenant au son qui fait la pédale.

Pension. Revenu annuel donné à quelqu'un. Pour récompenser les compositeurs, les auteurs, les chanteurs et les instrumentistes de leurs succès ou de leurs services, les gouvernements leur accordent des pensions. Les compositeurs célèbres étaient pensionnés autrefois par le roi sur sa cassette particulière. Plus tard il fut établi que les compositeurs et les auteurs dramatiques qui auraient donné à l'Opéra trois ouvrages, faisant chacun spectacle complet et représentés quarante fois, obtiendraient une pension annuelle de 1,000 fr. En 1830, les pensions des compositeurs et des auteurs furent supprimées ainsi que celles des choristes, des danseurs et des artistes de l'orchestre de l'opéra. Le droit à une pension existait après vingt-cinq ans de service pour les artistes jouant des instruments à cordes, et après vingt ans pour ceux qui jouaient des instruments à vent.

Lorsque les acteurs de l'Opéra-Comique cessèrent d'exploiter le théâtre en société, des pensions furent données à ceux qui avaient été sociétaires. Les professeurs du Conservatoire impérial de musique ont une pension après trente ans de service. 3,000 fr. de pension sont faits pendant cinq années aux jeunes compositeurs auxquels l'Académie des Beaux-Arts a décerné le grand prix de composition.

Au Conservatoire musical de Paris il y a deux sortes de pensionnaires : les pensionnaires du sexe féminin, qui, sans être logés dans l'école, reçoivent une pension du gouvernement; et les pensionnaires du sexe masculin qui sont complétement entretenus dans le sein même de l'établissement pendant tout le temps de leurs études aux frais de l'Etat.

Pensionnaire. On appelle pensionnaire le compositeur, l'auteur, le chanteur, l'instrumentiste ou l'élève qui reçoit une pension d'un prince, d'un Etat, etc., etc. (Voyez le mot Pension.)

Percussion. Choc de la dissonance frappant sur le premier temps de la mesure. On distingue dans l'emploi de la dissonance au temps fort, trois circonstances remarquables, savoir : la préparation, la percussion et la résolution. On nomme instruments de percussion ceux dont on joue en les frappant, comme le tambour, les timbales, la grosse caisse, etc.

Perdendo si, En se perdant. Quand ce mot est écrit sous un passage de musique, on doit l'exécuter en faisant succéder le pianissimo au piano avec une gradation insensible, et laisser éteindre le son peu à peu, de manière à n'être plus entendu ; car c'est là le véritable sens du mot : *Perdendo si*.

Perfidia, Perfidie. Signifie en musique une obstination à faire toujours la même chose et à suivre le même dessein. *Contrapunto perfidiato*, *fuga perfidiata*, sont des contrepoints et des fugues où l'on s'obstine à suivre le même dessein. Cela s'appelle aussi *pertinacia*, opiniâtreté.

Périélèse. Terme de plain-chant. C'est l'interposition d'une ou de plusieurs notes dans l'intonation de certaines pièces de chant, pour en assurer la finale et avertir le chœur que c'est à lui de reprendre et poursuivre ce qui suit.

Période. Phrase musicale composée de plusieurs membres dont la réunion forme un sens complet. La *période carrée* est proprement celle qui est composée de quatre membres. Mais on ne laisse pas d'appeler période carrée toute période nombreuse et formée avec de bons éléments bien ajustés ensemble.

Perses. (Voyez le mot Assyriens).

Péroraison. Ce mot, emprunté à la rhétorique, signifie la conclusion d'un discours d'éloquence; on l'emploie dans le même sens à l'égard du discours musical. Les péroraisons de Mozart sont d'un effet ravissant. Celles de la *Flûte enchantée,* de l'ouverture des *Noces de Figaro*, du premier finale de *Don Juan,* doivent être rangées parmi les productions les plus sublimes en ce genre. Le mot *péroraison* est quelque fois synonime de *strette*, et dans ce sens il s'applique à l'allegro final des morceaux les plus importants de l'opéra, tels que le finale, l'introduction, le sextuor, etc.

Phéniciens (musique des). La musique des Phéniciens, d'après Fabre d'Olivet, qui est notre guide dans ce travail historique, se divisa en autant de branches et forma autant de systèmes particuliers qu'il y eut de sectes. Ces diverses sectes qui donnèrent leurs noms aux peuples chez lesquels elles dominèrent, servirent aussi à désigner l'espèce de musique qu'elles adoptèrent de préférence. De là le mode lydien, le phrygien, le dorien, l'ionien, etc., etc. C'est-à-dire le mode de Vénus ou de la faculté génératrice universelle; celui du chef ou du roi-pasteur; celui de la liberté ou de la force mâle; celui de la colombe ou de la nature féminine. Les divers modes que l'on retrouve chez les Grecs eurent chacun leur caractère propre. Celui de tous qui paraît avoir été le plus généralement adopté en Phénicie, était le mode appelé vulgairement *commun,* et que les Grecs ont connu sous le nom du mode *locrien,* ce qui signifie mode caractéristique de l'alliance. La corde fondamentale de ce mode était le *la,* celle qui dominait sur le système musical phénicien, la première à l'aigu, et même au grave quand elle y eut été ajoutée. Comme cette corde était assimilée à la lune, qui tenait le premier rang parmi les divinités de ces peuples amazones, c'est-à-dire dévoués à la nature féminine, on donna au mode qu'elle constituait le surnom de *lyn* qui veut dire astre nocturne, et suivant l'usage de ces temps, on en fit un personnage mythologique, qui passant par la suite pour un fameux musicien, fut cité comme le maitre à chanter d'Hercule. Cependant Hérodote dit formellement que c'était une sorte de chant usité en Egypte, qui, du sein de la Phénicie avait passé en Europe. Cette sorte de chant qu'il appelle *limos*, était selon lui d'un caractère triste et mélancolique. Ceci revient précisément à l'idée que les Chinois modernes conservent encore de ce mode phénicien, dont ils désignent la tonique *la* par l'épithète expressive de *kou-si, lamentation occidentale*

Au moment où les pasteurs démembrèrent l'empire indien, et formèrent la fameuse secte qui donna naissance à la nation phénicienne, il paraît qu'ils choisirent pour désigner les sept sons diatoniques de leur système musical les sept voyelles de leur alphabet, de manière que la première de ces voyelles *alpha* ou *A*, était apppliquée au principe cyprien *fa* qu'ils regardaient comme le premier, et que la dernière, *âin*, que les Grecs rendent par *omega* et que nous remplaçons par *ou*, était appliquée au principe saturnien *si* qu'ils considéraient comme le dernier. On peut croire que ce fut par une suite naturelle de cette manière de noter les deux cordes musicales assimilées aux deux principes de l'univers, que naquit le fameux proverbe mis dans la bouche de l'être suprème pour désigner sa toute puissance et son immensité :

Je suis l'Alpha et l'Omega.

Cependant, soit que les Phéniciens eussent deux manières de noter les sons, soit qu'ils les considérassent comme procédant par intervalles harmoniques, *si-mi-la-ré-sol-ut-fa*, ou diatoniques, *si-ut-ré-mi-fa-sol-la*, ou bien que le temps ou les révolutions politiques et religieuses eussent apporté quelques changements à leur notation, on voit clairement, par plusieurs passages des anciens, que la corde *la*, assimilée à la lune et tonique du mode *commun* ou *locrien*, était notée par la voyelle A; en sorte que la gamme entière chantée de l'aigu au grave se solfiait sur le son des sept voyelles phéniciennes, inconnues aujourd'hui, et en allant de l'aigu au grave, par conséquent de droite à gauche, au lieu du grave à l'aigu et de gauche à droite. Les pasteurs, en se séparant de l'empire indien, prirent cette méthode, qu'ils communiquèrent à tous ceux qui dépendirent d'eux, soit directement, soit indirectement. Les Egyptiens, les Arabes, les Assyriens, les Grecs, les Etrusques, la reçurent et la conservèrent plus ou moins longtemps, suivant les circonstances. Les Arabes et tous ceux qui ont reçu le joug de l'islamisme, la suivent encore aujourd'hui.

Phrase. Suite de chant ou d'harmonie qui forme sans interruption un sens plus ou moins achevé, et qui se termine sur un repos par une cadence plus ou moins parfaite.

Phraser. C'est, dans l'exécution de la musique, présenter la période musicale avec élégance et noblesse, l'orner de tous les agréments inspirés par le goût, et la conduire avec art depuis son début jusqu'à sa conclusion.

Phrénologie (la) appliquée à la musique. La physionomie et les crânes humains offrent-ils des signes certains, infaillibles, pour préciser les dispositions, les facultés, le degré d'intelligence des individus, et spécialement des hommes qui se livrent aux arts de l'imagination? Les observations recueillies par Gall et par Lavater constituent-elles une science positive? A cet égard, il y a contradiction, doute, incertitude parmi les savants modernes, et sans doute ce problème ne sera pas résolu de longtemps. Quoi qu'il en soit, l'anecdote suivante, qui nous a été donnée comme authentique, et qui se rattache à un homme éminent dans l'art musical, est un argument de plus en faveur des assertions de la science phrénologique.

On sait que Gall, l'illustre fondateur de cette école, ne sortait jamais d'un salon sans avoir interrogé minutieusement le crâne et les protubérances caractéristiques de toutes les personnes qui s'y trouvaient réunies. Chacun se prêtait de bonne grâce à cette opération, et pour en fixer les résultats, le célèbre phrénologue avait constamment sur lui un portefeuille, sur lequel il inscrivait le nom de tous les sujets soumis à ses expériences et les remarques qu'il avait faites sur chacun d'eux. Or, pendant un séjour de quelques mois qu'il fit à Milan, il y a trente ou trente-cinq ans, Gall avait particulièrement remarqué dans un des salons de cette ville un très-jeune musicien qui faisait les délices de la société par son esprit, ses saillies et son talent. Voici ce qu'il écrivit sur ses tablettes à propos de ce jeune homme :

Œil rayonnant. Sourire intelligent et fin. Front bombé. Proéminente inspiration. Génie créateur. Énergie. Grâce. Fécondité. Souplesse.

Rossini était le nom du jeune musicien en question, nom parfaitement inconnu à cette époque ; et pourtant, était-il possible de faire une énumération plus complète des qualités diverses qui ont brillé depuis dans les productions du grand maëstro ?

Le fait que nous venons de raconter trouvera peut-être des incrédules ; cependant, qui pourrait soutenir que la science a dit son dernier mot sur l'étude et l'observation des facultés de l'homme ? Pour nous, sans prétendre nous poser en défenseur de la doctrine de Gall et du système de Lavater, nous désirons que des expériences soient poursuivies à ce sujet avec ardeur et persévérance ; nous le désirons dans l'intérêt de l'art musical et de ceux qui s'y consacrent. Grâce aux révélations de la science phrénologique, chacun serait averti. Les organisations d'élite, les vocations véritables seraient vivement lancées dans la direction qui leur convient, et les esprits médiocres seraient promptement détournés d'une carrière où ils ne peuvent que végéter.

Philosophie de la musique. Elle consiste à rechercher les rapports secrets des sons avec nos sentiments et nos pensées. (Voy. Langue musicale.)

Pianiste. Celui qui joue du piano. Si l'on donnait ce nom à tous ceux qui mettent les mains sur cet instrument, on pourrait compter plus de cinquante mille pianistes à Paris seulement.

Il y a le *pianiste-professeur*, le *pianiste de concert*, le *pianiste-accompagnateur*, le *pianiste-improvisateur*. La première classe est très-nombreuse, mais il y a peu d'excellents professeurs de piano. La seconde classe s'augmente tous les jours, et c'est un malheur; car, comme instrument de solo, dans un vaste local, le piano, presque toujours est insuffisant et ennuyeux : sa place est au salon, dans les concerts intimes; la musique de chambre lui va bien. La troisième classe, qui devrait être la plus importante, est trop peu recherchée par les pianistes. Les bons accompagnateurs sont très-rares et il y en a beaucoup trop encore de mauvais. Il est vrai que ce rôle est ingrat et peu brillant. Or, la plupart des pianistes aiment à briller. Pour être excellent accompagnateur, il faut d'abord être musicien profond, lire la partition d'orchestre et la réduire à livre ouvert; transposer à la volonté du chanteur; se faire le très-humble serviteur de la voix; jamais ne la couvrir, toujours lui servir de cortége; être bon harmoniste et capable, au besoin, d'improviser ou de suppléer un accompagnement. Voilà ce que font MM. Vauthrot, Frelon et Garaudé. Quelques autres marchent sur leurs traces, mais un très-petit nombre peuvent atteindre à ce haut degré de perfection. La quatrième classe est encore plus faible que la troisième. Il semble qu'on ait perdu le secret des Beethoven, des Mozart, des Hummel, des Boïeldieu. C'est qu'ici encore il faut une étude longue et persévérante, secondée par une nature exceptionnelle. L'homme de génie, lui-même, a besoin de longs tâtonnements avant d'arriver à improviser en maître. Il faut s'y exercer de très-bonne heure et tous les jours, sans se rebuter des difficultés qui naissent à chaque nouveau pas dans cette épineuse carrière. Du reste, l'improvisation, lorsqu'on a franchi tous les obstacles, procure tant de jouissances, que les jeunes gens bien organisés devraient s'y livrer avec plus d'ardeur.

Piano. Instrument de musique à cordes et à clavier, qui a succédé au clavecin. Dans le clavecin et l'épinette, les cordes étaient pincées par un bec de plume ou de cuir; dans le piano, ce sont des marteaux mis en jeu par la touche et divers échappements qui viennent les attaquer. La corde pincée donnait des sons trop uniformes, tandis que le marteau est aux ordres de celui qui sait le maîtriser, et que le son acquiert plus ou moins d'intensité selon que la corde est frappée avec plus ou moins de vigueur. Le piano donnant des moyens d'expression jusqu'alors inconnus dans les instruments à clavier, et modifiant les sons du *piano* ou *forte* par degrés imperceptibles, reçut d'abord le nom de *piano forte* ou *forte piano*, comme exprimant les deux qualités qui le distinguaient. Dès le moment de son invention, le nouvel instrument remporta une victoire complète sur le clavecin, qui disparut tout à fait.

Si le piano ne peut se montrer avec avantage dans une vaste enceinte et au milieu d'une foule d'instruments, il prend bien sa revanche dans les salons, où il forme à lui seul une harmonie complète. Si le violon est le roi des orchestres, le piano est le trésor de l'harmonie et du chanteur à la ville, à la campagne surtout. Que de soirées dérobées à l'ennui et embellies des charmes de la musique ! On chercherait en vain à former un quatuor ; le piano est là, c'est le point de ralliement.

Les jeux brillants et variés de cet instrument, les licences que la main droite a pu se permettre à la faveur des groupes harmonieux exécutés par la main gauche, se sont introduits peu à peu dans l'orchestre dont ils ont augmenté la puissance.

Le piano commença à se répandre en France vers 1780. Mais il y avait loin des premiers essais encore informes qui furent alors tentés aux instruments superbes, excellents, qui sortent aujourd'hui des ateliers de nos habiles facteurs.

Le piano à forme de clavecin, vulgairement appelé *piano à queue*, est celui que l'on doit préférer. Les cordes étant frappées dans le sens de leur longueur, on obtient des vibrations plus fortes et plus prolongées. La forme de ce piano est élégante et pittoresque, elle représente une harpe couchée horizontalement.

Le grand piano donnant un volume de sons plus considérable et prolongeant les vibrations, on peut réellement exécuter des mélodies larges sur cet instrument. Ses moyens sonores et la moindre facilité que présentent les touches de son clavier donnent plus de solidité au talent de l'exécutant, et le forcent en quelque manière a acquérir un beau style.

Les facteurs de pianos dont les produits sont le plus estimés en France, sont : les frères Erard, Pleyel, Pape, Dietz, Roller et Blanchet, Souffleto, Henri Herz. On n'attend pas sans doute de nous que nous signalions ici les qualités qui distinguent les instruments sortis des ateliers de ces divers facteurs, ou celles qui leur manquent ; nous nous bornerons à trois ou quatre noms que le public a mis depuis longtemps hors de ligne.

Les pianos de Pleyel se font remarquer par le moelleux et la rondeur des sons, par la précision du mécanisme et l'égalité des marteaux. C'est en cela qu'excelle ce facteur, habile pianiste lui-même, et qui fait tourner au profit de son industrie les connaissances qu'il a acquises par ses études d'artiste. Les pianos d'Érard sont justement célèbres par leur vibration et leur intensité. Les pianos de Pape ont une sonorité profonde et agréable ; le clavier en est parfaitement réglé, et les marteaux bien égalisés. Les pianos droits de Roller ont de la vibration et de la force, surtout relativement à leur grandeur.

Piano a queue vertical. En 1850, M. Dietz, fils du célèbre mécanicien de ce nom, tant apprécié de Napoléon Ier, et oncle de Mme Anna de Lagrange, la célèbre cantatrice, inventa le piano à queue vertical. Ce piano est d'une forme mignonne, élégante. Semblable à ces chanteurs qui ont de grandes voix dans de petits corps, il produit des sons aussi puissants que ceux d'un piano d'Érard à grande queue. Sa construction modèle, soumise à toutes les lois de l'acoustique, l'empêche de se discorder, comme les autres pianos droits, sous l'influence de la température atmosphérique. Le côté droit n'a que 85 centimètres de hauteur, et le côté gauche, 1 mètre 75 centimètres. Il rappelle un peu la gracieuse forme de la harpe. Le pianiste ne se trouve pas du tout caché par la disposition nouvelle de l'instrument.

Le clavier est très-léger et les marteaux frappent les cordes avec une vigueur extrême, sans porter aucune perturbation dans l'âme de l'instrument. Le mécanisme du marteau se compose seulement de deux pièces, et dans les autres pianos au moins de cinq. Ce mécanisme a très-peu de frottement et par conséquent doit durer plus longtemps que les autres. La table d'hamonie ne peut jamais se comprimer par le tirage des cordes, parce qu'elle se trouve isolée du sommier.

Il est facile de se convaincre, d'après cette analyse, que le mécanisme et la construction de ce piano diffèrent essentiellement des autres. Son élégance, sa simplicité, son petit volume et sa grande puissance lui assurent un avenir de succès.

M. Dietz est encore auteur du *poly- plectron*, du *trisophone*, du *piano ovale*, de l'*aérophone*, du *piano éolien*, du *piano trapèze*, du *ventilateur acoustique*, du *piano ogive à quatre cordes* et du *clavi-harpe*.

Piano, Doux. C'est l'opposé du *forte*, fort. Ce mot a été adopté dans notre langue, ainsi que son diminutif *pianissimo*, très-doux.

Piano éolique. Instrument inventé par Kieselstein et Schwartz, de Nuremberg. D'après la description qu'on en donne, il paraîtrait que le mécanisme de cet instrument est à peu près le même que celui du physharmonica, puisque le son est produit par la vibration de lames d'acier de différentes grandeurs placées à l'orifice de trous ou tuyaux d'où sort le vent des soufflets mis en mouvement par deux pédales. La différence, qui paraîtrait être à l'avantage du nouveau piano éolique, consiste en ce que les sons ont plus de force, et en ce qu'il a six octaves.

Piano mélographe. Au mois d'août 1837, M. Carreyre a fait, devant l'Académie des Beaux-Arts de l'Institut de Paris, l'essai d'un piano mélographe qui consistait en un mouvement d'horloge, lequel faisait dérouler d'un cylindre sur un autre une lame mince de plomb, où s'exprimaient, par l'action des touches du piano, certains signes particuliers qui pouvaient se traduire en notation ordinaire au moyen d'une table explicative. Après l'expérience, la bande fut enlevée pour en opérer la traduction, et une commission fut nommée pour en faire le rapport ; mais ce rapport n'ayant pas été fait, il est vraisemblable que la traduction ne s'en est point trouvée exacte.

PIÈCE. Ouvrage de musique instrumentale d'une certaine étendue, composé de plusieurs morceaux formant un ensemble et un tout pour être exécuté de suite. Une symphonie est une *pièce*, une sonate est une *pièce*. Ce mot ne s'applique guère qu'à des compositions destinées à l'orchestre ou à l'orgue, au piano, à la harpe.

PINCER. C'est employer les doigts, au lieu de l'archet, pour faire sonner les instruments qui n'ont ni touche ni archet, et dont on ne joue qu'en les pinçant ; tels sont la harpe et la guitare. On pince aussi quelquefois les instruments à archet, et on l'indique dans la partition et dans la partie en écrivant *pincé*, ou *pizzicato*. (Voyez ce mot.)

PIQUÉ, PIQUÉE. Les notes piquées sont des suites de notes montant ou descendant, ou rebattues sur le même degré, sur chacune desquelles on met un point allongé pour indiquer qu'elles doivent être marquées égales par des coups de langue ou d'archet secs et détachés.

PIU, PLUS. *Piu presto*, plus vite ; *piu lento*, plus lent ; *piu stretto*, plus serré.

PIZZICATO. Ce mot, qui signifie *pincé*, avertit qu'il faut pincer les cordes du violon ou du violoncelle, de la viole ou de la contre-basse, au lieu de les faire résonner avec l'archet. Ces mots *coll' arco*, ou simplement *arco*, marquent le lieu où l'on doit reprendre de l'archet.

PLAGAL (ton). C'est une règle fondamentale que toute pièce de plain-chant doit être renfermée dans l'étendue d'une octave, ou tout au plus d'une neuvième. Cela observé, il peut arriver deux cas, savoir, que la finale occupe le plus bas degré de cette octave, ou qu'elle en occupe le milieu. Dans le premier cas, le ton est *authentique*, et lorsque la finale occupe le milieu, le ton est appelé *plagal* ou collatéral.

Plagale (cadence). C'est, à la basse, le mouvement du quatrième degré sur la tonique, ces deux notes portant l'accord parfait. La cadence plagale est une réminiscence du plain-chant et peut s'accorder cependant avec les exigences de la tonalité moderne.

Plagiat. C'est le nom qu'on donne à un larcin d'idées musicales. En musique comme en littérature, il faut distinguer les idées créées, les phrases filles de l'imagination, d'avec les lieux communs de l'école. On ne saurait s'approprier les premières sous aucun prétexte; les phrases toutes faites appartiennent à tout le monde.

Plein jeu. C'est dans l'orgue la réunion des jeux de cymbale et de fourniture. Pour que le *plein jeu* produise un effet satisfaisant, il faut qu'il soit soutenu par de bons fonds, c'est-à-dire par le bourdon de seize pieds, la montre et les prestants.

Plique. Sorte de ligature dans notre ancienne musique. La plique était un signe de retardement ou de lenteur; elle se faisait en passant d'un son à un autre, depuis le demi-ton jusqu'à la quinte, soit en montant, soit en descendant. Telle est la définition donnée par J.-J. Rousseau; mais on croit plus généralement que la plique des anciens était une espèce d'ornement semblable, à peu près, à notre *trille*. C'est ainsi, du moins, que l'a défini Marchetto de Padoue.

Plain-Chant. (Voyez Chant ecclésiastique.)

Planche. Se dit d'une plaque de cuivre ou d'étain, sur laquelle on grave la musique.

Pochette. Petit violon de poche, qui a le même manche que le violon, et dont les maîtres de danse se servent comme étant plus commode à porter. Il sonne l'octave du violon ordinaire.

Poco, Peu. *Poco à poco*, peu à peu.

Poeme. Ouvrage écrit en vers et destiné à être mis en musique. On ne donne le nom de poëme qu'à des ouvrages d'une certaine étendue, tels qu'un opéra, un oratorio, une cantate; tandis que le mot *paroles*, qui a la même signification, s'applique également à un opéra et à une chanson.

Point. Le point augmente la note qui le précède de la moitié de sa valeur ou de sa durée. Quand il y a plusieurs points de suite, le second ne vaut que la moitié du premier, le troisième la moitié du second.

Point d'orgue. Passage brillant qui fait la partie principale dans un solo. Le point d'orgue se place sur un repos, ou vers la fin d'un morceau de musique. Les airs de bravoure de l'école italienne se terminaient autrefois par un point d'orgue, ou *cadence*. Cet usage s'est perdu peu à peu.

Pointu, Pointue. On se sert de ce mot figurément et dans la conversation familière, pour désigner une voix qui ne donne que des sons grêles, et n'a de développement que dans la partie aiguë.

Politique (musique). C'est surtout à l'époque de notre première révolution que la musique politique a joué un grand rôle. C'était en juillet 1789. On venait de prendre la Bastille. Le peuple célébrait sa victoire par des chants joyeux, par des cris d'enthousiasme; mais depuis quelque temps, à l'Hôtel-de-Ville, les électeurs s'étaient rassemblés et exerçaient une magistrature provisoire. Les premiers ils commandèrent un ouvrage lyrique destiné à immortaliser cette victoire populaire: ils chargèrent un nommé Désaugier-Janson de composer un *hiérodrame*, ou drame sacré, retraçant autant que possible les épisodes les plus remarquables de la prise de la Bastille. Cet ouvrage fut exécuté en grande pompe dans l'église Notre-Dame, et jouit pendant quelque temps d'une certaine popularité.

Une innovation est à remarquer à propos de l'œuvre dont nous parlons; une grosse cloche d'un timbre sonore comptait parmi les instruments de l'orchestre, et rendait au naturel les sons lugubres du tocsin.

Traçons maintenant l'histoire des deux airs fameux au début de la révolution française, le premier chanté par tous les amis du roi, le second par tous les amis de la nation; nous voulons parler du bel air : *O Richard, ô mon roi, l'univers t'abandonne!* et du carillon national *Ça ira*.

Le mélodique Grétry était alors dans toute la maturité de son talent; son triomphe avait été *Richard Cœur-de-Lion,* dont les paroles toutes monarchiques contrastaient singulièrement avec l'esprit démocratique qui se faisait jour chez le peuple. Les nobles, ou pour parler le langage du temps, les aristocrates en consolidèrent le succès, et, à peine les états-généraux étaient assemblés, que dans tous les salons on chantait l'air du fidèle Blondel au pied de la tour qui renferme son royal maître. Quelques courtisans affectèrent de le faire entendre dans les modestes soirées que Louis XVI donnait à Versailles. Il devint bientôt une sorte de ralliement sous la bannière monarchique. Mais cette allusion ne se faisait d'abord que secrètement; une occasion se présenta de la rendre publique.

En 1790, les gardes-du-corps donnèrent un banquet aristocratique dans l'Orangerie de Versailles. Après le toast, on chanta l'air : *O Richard,* et on fit serment de délivrer Louis XVI. Dès ce moment, il devint une *Marseillaise* royaliste.

Quand Louis XVI eut été enfermé au Temple, des joueurs d'orgue vinrent chanter sous les fenêtres du monarque l'air du troubadour, tant et si bien que, sous la Terreur, les musiciens ambulants durent l'enlever de leur répertoire, sinon passer pour suspects et aller en prison.

Tel a été le sort de cet air, qui dut beaucoup de son succès à la politique. Occupons-nous maintenant de son rival, le *Ça ira*.

Depuis la prise de la Bastille, le peuple manifestait hautement sa haine contre les nobles. L'expression *Ça ira* était ordinairement employée toutes les fois qu'il lanternait, c'est-à-dire accrochait au réverbère un ennemi de la constitution. Pendant les préparatifs qui précédèrent la fédération du 14 juillet 1790, *Ça ira* fut mis en chanson avec un grand nombre de variantes quant aux paroles. Le *Ça ira* officiel est celui qu'on attribue à Dupuis, l'auteur de *l'Origine des Cultes*.

Bientôt cet air s'entendit dans toutes les rues. Si l'on assassinait un aristocrate, si l'on plantait un *mai* de la liberté, le *Ça ira* était chanté. Ouvrez le *Journal de Paris* du temps, aux annonces, voici ce que vous y trouverez : *Nouvelles variations pour le clavecin, sur l'air Ça ira* ; *rondeau sur l'air Ça ira*. Le *Ça ira* vécut jusque sous le Directoire.

Aux clubs, on faisait souvent de la musique ; elle se composait le plus souvent de symphonies ayant pour basses continues des roulements de tambours, des vociférations et des décharges de mousqueterie.

De la déchéance de Louis XVI à la Terreur, il n'y eut qu'un pas. Cependant au point de vue de l'art musical, la Terreur fut une époque à part. Les quatorze armées bordent et défendent nos frontières menacées par la coalition des rois étrangers : la France fait un effort sur elle-même : et quel stimulant plus efficace que la musique peut inspirer les manifestations du courage? Nous ne suivrons pas ces nouveaux soldats sur les champs de bataille : *la Marseillaise* leur suffisait, et dans toutes les occasions périlleuses, l'hymne fameux redoubla leur courage et les mena à la victoire.

Et maintenant qu'on nous suive à l'Opéra sous la Terreur, voici les pièces qu'on entendra : *le Siége de Thionville*, musique de Jadin, l'*Offrande à la Liberté*, scène religieuse de Gossec, et *Fabius*, tragédie mise en musique, par Méreaux. A cette époque, la musique politique a plus que jamais envahi le théâtre.

Sous la Terreur, le catholicisme avait eté remplacé, d'abord par le culte de la Raison, ensuite par celui de l'Être-Suprême, tous deux inaugurés par des fêtes solennelles.

La fête de la Raison fut célébrée dans l'église Notre-Dame ; plusieurs compositeurs concoururent à la partie musicale. Un témoin oculaire nous a assuré que les airs qu'on chantait dans ces solennités étaient vraiment imposants, et que les motifs en étaient d'une admirable simplicité.

La *Fête de l'Être-Suprême*, qui suivit d'assez près celle de la Raison, fut plus remarquable sous le point de vue musical ; on y entendit des strophes en manière de cantiques, dans lesquelles Gossec se surpassa. Sous le Directoire, le Consulat, l'Empire, la Restauration et le Règne de Louis Philippe, la musique politique n'a pas joué un grand rôle. Elle a cédé le pas à la musique sérieuse qui a été féconde en chefs-d'œuvre. La *Parisienne* et les *Girondins*, voilà tout ce qui mérite d'être signalé pendant cette période, dans l'histoire de la musique politique.

Polka (la). C'est une danse originaire de Bohême, une danse de paysans. Elle a tous les signes du type original, des allures vives, brusques, tumultueuses, rudes, mais gaies et souvent voluptueuses. La cadence de ses mouvements suit la mesure *deux quatre*. Elle se ralentit et mêle à sa vivacité une délicieuse mollesse. La polka, comme la valse, est à deux, se sépare du bruit et s'isole de la foule. Elle tourne sur elle-même, lance au loin ses jambes l'une après l'autre, de côté, et du pied sur lequel elle se repose elle saute deux fois par saccades précipitées et en frappant le sol avec le talon, le plus coquettement du monde. Elle procède de la *Cracovienne* et de la *Mazurka*.

Pologne (de la musique en). Une grande nation présida longtemps aux destinées des peuples du Nord; elle possédait de riches provinces, cultivait avec éclat les lettres et les arts. Aujourd'hui elle a tout perdu, elle gémit sous ses ruines.

Dans cet état de choses, la musique a dû faire peu de progrès en Pologne. Avant la chute de Varsovie, il y avait un Conservatoire bien organisé, qui avait produit d'excellents élèves. Il était dirigé par Soliva, Italien, homme de talent, et Joseph Elsner, excellent compositeur, était au nombre des professeurs. Lui aussi a rendu de très-grands services à l'école de musique polonaise; aimé et adoré de ses élèves, il compte parmi les meilleurs, Ch. Turpinski, Chopin, Orlowki, Wycocki, etc. Outre ces noms déjà connus, on cite à Varsovie une foule de jeunes talents et de compositeurs distingués; mais n'ayant ni unité ni but, ils ne peuvent agir sur l'avenir de l'art en Pologne.

Juger l'opéra polonais par ce qui se fait maintenant, ce serait donner une bien fausse idée de la scène et surtout de l'opéra national. Quand on songe avec quelle sévérité le gouvernement russe proscrit tout ce qui porte l'ombre de nationalité, on s'étonne même qu'il permette de jouer des opéras traduits en polonais; car c'est déjà avouer qu'il existe des Polonais et une langue polonaise. Avant la dernière révolution, Elsner, Turpinski, Stephani, Danze, alimentaient la scène nationale; aujourd'hui on ne joue que des traductions. Les opéras d'Elsner et de Turpinski sont à l'*index*.

Avant 1830, il y avait quatre théâtres qui jouaient à la fois, le Grand-Opéra le Théâtre-Français, les Variétés-Polonaises et l'Opéra-Allemand. Aujourd'hui, deux à peine peuvent exister.

Le théâtre de l'Opéra est un des plus grands de l'Europe. Il est à regretter que l'orchestre ne soit pas plus nombreux dans une salle immense comme celle de Varsovie. Cet orchestre, en général, est bon; il est composé des premiers professeurs; avec plus de proportions dans les pupitres, il produirait plus d'effet. Les efforts individuels sont souvent paralysés par le manque d'une bonne distribution.

Polonaise. Air de chant et de danse mesuré à trois temps et d'un mouvement modéré. *La Polonaise* nous vient de la Pologne, ainsi que l'indique son nom; elle se distingne par un rhythme boiteux, que l'on obtient en syncopant les premières notes de la mesure.

Pompe. C'est dans le cor et la trompette un fragment de tuyau en forme de fer à cheval, qui par ses deux extrémités vient s'emboîter avec une grande précision sur les deux bouts formés par une section faite vers le milieu du corps de l'instrument, et les recouvre entièrement. En enfonçant plus ou moins cette pompe, on allonge ou on raccourcit le grand tuyau, ce qui élève ou abaisse le ton.

Dans la flûte, la clarinette, le basson, la pompe est une emboiture en métal, placée entre les principales pièces pour les réunir, et qui sert aussi à donner plus d'extension à l'instrument, et à baisser par conséquent son intonation.

Ponctuation, Ponctuer. C'est, en terme de composition, marquer les repos plus ou moins parfaits, et diviser tellement les phrases, qu'on sente par la modulation et par les cadences leurs commencements, leurs chutes et leurs liaisons plus ou moins grandes, comme on sent tout cela dans le discours à l'aide de la ponctuation.

PONT-NEUF. On appelle ainsi de petits airs et même de simples refrains gothiques, sans mesure, sans rhythme, d'une modulation triviale et vulgaire. Les ponts-neufs ont été quelquefois admis à l'Opéra-Comique, et l'on a applaudi avec transport *Toto Carabo, Au clair de la lune, Malboroug, Ah! vous dirai-je, maman*, que quelques compositeurs ont daigné mêler à leurs périodes harmonieuses. Le peuple parisien cria au miracle. Mais les connaisseurs ne tolèrent ces sortes d'emprunts que quand un travail harmonique, élégant et pur, un dessin hardi vient leur servir d'excuse.

PONTICELLO. C'est le nom italien du CHEVALET (voyez ce mot). On trouve quelquefois dans les partitions : *sul ponticello*, sur le chevalet.

PORT DE VOIX. C'est ce que les Italiens appellent *portamento*. Il y a deux manières de porter la voix ou les sons; la première, lorsqu'on lie plusieurs sons d'égale valeur, qui procèdent par degrés conjoints ou disjoints; la seconde se pratique entre deux sons qui forment un intervalle plus ou moins grand, et qui procèdent par degrés disjoints seulement. Elle consiste à faire glisser la voix promptement par une liaison fort légère, qui part de l'extrémité de la première des deux notes, pour passer à celle qui la suit, en l'anticipant.

PORTÉE. La portée ou ligne de musique est composée de cinq lignes parallèles, sur lesquelles ou entre lesquelles les diverses positions des notes en marquent les degrés. Ce nom de portée a été donné à la ligne de musique, parce qu'elle renferme exactement la portée ou l'étendue d'une voix ordinaire.

PORTUGAL (de la musique en). La musique des

Portugais, dérivant de la même source que la musique espagnole, participe de ses qualités et de ses défauts. Ce peuple possède un grand nombre d'airs assez beaux et fort anciens ; ses airs nationaux sont les *Tadunes* et les *Madinhas* ; ceux-ci se séparent complètement des airs des autres nations. La modulation en est tout à fait originale. Les mélodies portugaises sont simples, nobles et très-expressives.

De Costa, Fronchis et Schiopetta, sont les meilleurs compositeurs portugais de l'époque actuelle. Il y a à Lisbonne un Opéra-Italien originairement établi par Jomelli, où ont été représentés les meilleurs ouvrages de notre répertoire lyrique.

Positif. Petit orgue que l'on place devant le grand orgue quand il est assez considérable pour être divisé en deux.

Position. Lieu de la portée où est placée une note, pour fixer le degré d'élévation du son qu'elle représente. C'est aussi l'ordre dans lequel les sons d'un accord sont disposés au-dessus de la basse.

Pot-Pourri. Suite d'airs pris en totalité ou en partie çà et là dans les compositions de divers maîtres, et même parmi les refrains que l'on chante dans les rues, et cousus les uns aux autres par quelques phrases conjonctionnelles.

Prélude, Préluder. C'est en général chanter ou jouer quelque trait de fantaisie irrégulier et assez court, mais passant par les cordes essentielles du ton, soit pour l'établir, soit pour disposer sa voix ; ou bien poser sa main sur un instrument, avant de commencer un morceau de musique. Mais sur l'orgue et le piano, l'art de préluder est plus considérable ; c'est composer et jouer impromptu des morceaux chargés de tout ce que la composition a de plus savant en dessin, en fugue, en imitation, en modulation et en harmonie.

Préparation. On appelle ainsi, dans les méthodes harmoniques fondées sur l'expérience, l'obligation de faire entendre d'abord certaines notes des accords dissonants, avant de les attaquer.

Préparation au chant. On donne ce nom aux études du solfége et de la vocalisation. Ces études servent à former l'élève à la lecture de la musique, à façonner sa voix, à la rendre égale sur tous les points, à lui donner du corps et de l'agilité, à affermir son intonation, avant de lui confier l'exécution des compositions vocales.

Préparer. C'est l'action que forme harmoniquement une consonnance avant une dissonance, dans une ou plusieurs parties aiguës ou moyennes sur une note de basse.

Prestant. Jeu d'orgue; il est d'étain et ouvert. Son plus grand tuyau a quatre pieds de longueur. Il sonne l'*ut* à l'octave au-dessus du bourdon de huit. Le prestant entre dans presque toutes les associations de jeux de l'orgue.

Presto. Ce mot, écrit à la tête d'un morceau de musique, indique le plus prompt et le plus animé des cinq principaux mouvements de la musique. *Presto* signifie vite; son superlatif *prestissimo*, très-vite, marque un mouvement encore plus pressé et le plus rapide de tous.

Prima donna. Titre de la première et principale cantatrice d'un opéra.

Principal, Principale. On donne cette épithète à la partie récitante d'un concerto et à la partie concertante, pour les distinguer des parties des instruments de même nature qui ne doivent figurer que dans les accompagnements. *Violon principal, clarinette principale, cor principal.*

Prise du sujet. C'est l'instant où une partie s'empare du sujet de la fugue pour faire son entrée.

Professeur. Celui qui enseigne ou exerce la musique prend le titre de professeur, du mot *profession* ou de l'art qu'il *professe*.

Progrès de la fugue. C'est ainsi que l'on appelle la suite de la fugue, à partir du point où toutes les parties ont fait chacune leur entrée, et où tous les fils du discours musical sont liés ensemble.

Progression (ou marche) de Basse. C'est un morceau d'harmonie dans lequel toutes les parties marchent avec une telle symétrie, que l'intelligence, exclusivement attentive à cette symétrie parfaite, oublie de penser à la nature et à l'enchaînement des accords employés, et les souffre tous.

On écrit sous la forme que l'on veut deux ou trois accords parfaitement réguliers qui forment *le thème* de la progression et qu'on reproduit plusieurs fois, en montant ou en descendant.

Prolation. C'était dans l'ancienne musique une manière de déterminer la valeur des notes demi-brèves sur celle de la brève, ou des minimes sur celle de la demi-brève. Cette prolation se marquait après la clef, par un cercle ou un demi-cercle, ponctué ou non ponctué.

Prologue. Sorte de petit opéra qui précède le grand, l'annonce et lui sert d'introduction.

Prolongation. La prolongation en général consiste à continuer une ou plusieurs notes d'un accord sur un ou plusieurs accords suivants. (Voyez le mot Retard).

Proposition. Terme que l'on emploie pour désigner la première phrase d'une fugue, contenant le sujet et tous les contre-sujets, quel qu'en soit le nombre.

Propriété. Disposition de la mélodie dans l'ancienne musique, selon qu'elle procédait naturellement par bémol ou par bécarre.

Prose. L'usage des proses était très-fréquent dans

les premiers temps de l'Église. L'office romain n'en a conservé que trois : *Victimæ paschali laudes*, pour le jour de Pâques, *Veni sancte Spiritus*, pour la Pentecôte, *Lauda, Sion, Salvatorem*, pour la fête du Saint-Sacrement. On les chante souvent en musique. Le *Stabat Mater* est plus célèbre encore. Tous les amis de la grande musique connaissent ceux de Palestrina, de Pergolèse, de Haydn, de Rossini, etc., etc.

PROSLAMBANOMENOS. Nom du *la* ajouté par les Grecs au-dessous du *si*, par lequel commençait leur système. Guido ayant placé un *sol* au-dessous de ce *la*, ce *sol* fut appelé *hypo-proslambanomenos*, c'est-à-dire sous-proslambanomène.

PROSODIE. La voix de l'homme est naturellement une succession de notes ou degrés musicaux, lors même qu'il parle ou émet sa pensée. C'est la plus grande preuve de la présence d'une âme qui donne ses passions à la matière. Il est impossible, si la première langue parlée par l'homme fut l'hébraïque, qu'Adam, dans cet idiome, ait manifesté son admiration pour les merveilles de la création, et son amour pour Ève, sans accentuer vivement sa parole, sans l'animer de longues et de brèves, tantôt plus lentes, tantôt plus rapides, enfin sans la chanter en quelque sorte. La musique fut depuis une extension de cette prosodie naturelle. Elle se sert même quelquefois du verbe prosodier pour exprimer les diverses mesures et rhythmes de son chant. Toutefois la musique, par son art, perfectionna et fixa, depuis, la prosodie innée dans chaque idiome. Les vers et la musique sont le dépôt conservateur de la prosodie générale chez tous les peuples.

PSALMODIER. C'est chanter ou réciter les psaumes et l'office d'une manière particulière : la psalmodie tient le milieu entre le chant et la parole. C'est du chant, parce que la voix est soutenue ; c'est de la parole, parce qu'on garde presque toujours le même ton, et que l'on observe exactement le débit oratoire.

Psaltérion. Instrument à cordes fixes, qui a la forme d'un triangle tronqué par en haut, et dont chaque note a deux cordes de laiton ou d'acier. Il se joue des deux mains, en mettant aux doigts des anneaux plats, d'où sort un fort tuyau de plume pointu.

Psaumes. Hymnes ou cantiques écrits en hébreu, et dont le roi David passe généralement pour être l'auteur. David dansant devant l'arche, ou retiré dans son palais, ou même assis à la table des festins, chantait ses poésies nationales et sacrées au son du *kinnor* (la grande harpe), et dans le temple les éclatants buccins, les doux psaltérions, les vibrantes cymbales, les chœurs mélodieux de 4,000 lévites les accompagnaient de leur puissante harmonie.

Durant la captivité de Babylone, des Juifs moururent de tristesse de ne pas entendre les belles louanges du Dieu de leurs pères. Leurs regards se levaient incessamment vers les saintes montagnes. Le *Super flumina Babylonis* faisait ruisseler sur leurs joues un torrent de larmes. Aujourd'hui encore, indifférents que nous sommes, nous ne lisons pas ces plaintes harmonieuses sans avoir l'âme navrée de tristesse. C'est la plus touchante élégie qu'aient enfantée la douleur, la captivité et l'exil.

Beaucoup de compositeurs célèbres ont mis des psaumes en musique. A leur tête, brille Marcello, un des plus beaux génies qui aient illustré l'Italie. Une admirable expression poétique, beaucoup d'originalité et de hardiesse dans les idées; enfin, une grande richesse et une grande variété de moyens, ont fait considérer les cinquante psaumes qu'il a publiés, non-seulement comme son chef-d'œuvre, mais comme une des plus belles productions de l'art.

Les *Miserere* d'Allegri, de Bai, de Jomelli, qui en a

fait quatre ou cinq, parmi lesquels on remarque surtout celui à deux voix, de Paisiello, de Donizetti, etc., sont célèbres.

PUPITRE. Meuble dont on se sert pour poser les livres de musique, les partitions, les parties séparées, dans une situation commode pour être lus.

Q

QUADRILLE. Danse d'un caractère très-gai, d'un mouvement vif, dont la mélodie est de 2/4, et qui a deux reprises de huit mesures chacune. On appelle aussi quadrille un groupe de quatre danseurs et de quatre danseuses qui figure dans les ballets et les grands bals, et qui se distingue des autres groupes par un costume particulier. Le quadrille se compose de cinq figures ayant chacune son caractère spécial. On les nomme 1° *Pantalon*, 2° *Été*, 3° *Poule*, 4° *Pastourelle* ou *Trénis*, 5° *Final*. Le *Pantalon* s'écrit à 6/8, rarement à 2/4. L'*Été* s'écrit à 2/4 souvent et se joue plus lentement que le pantalon. La *Poule* s'écrit à 6/8 ; elle a un caractère sérieux et sa phrase est ondulée. La *Pastourelle* est d'un mouvement plus vif que celui de la *Poule*. Le *Final* doit avoir de l'entrain; il est permis d'en presser la mesure, sans cependant faire courir les danseurs.

QUADRICINIUM. Composition à quatre parties.

QUADRUPLE CROCHE. Note de musique valant le huitième d'une croche. Les quadruples croches sont crochées à quatre crochets, ou à quatre barres qui en tiennent lieu, quand elles sont plusieurs de suite.

Qualité du son. La qualité du son ne saurait être déterminée, car les diverses matières qu'on peut employer pour la confection des instruments, la manière de les jouer, ou d'autres inventions peuvent rendre le son tout à fait différent de celui qu'ont tous les instruments en usage de nos jours.

Quantité des sons musicaux. Si l'on entend par là l'extension des sons musicaux, cette extension n'étant pas bornée, il n'est pas possible de la déterminer, car on peut inventer des instruments qui rendent des sons plus aigus ou plus graves (toujours appréciables cependant) que ceux que l'on connaît aujourd'hui.

Quart de soupir. Chaque note, suivant sa valeur, a un silence correspondant. Les silences des diverses valeurs ont des noms qui leur sont particuliers. Ainsi, par exemple, on appelle pause celui de la ronde, demi-pause celui de la blanche, soupir celui de la noire, demi-soupir celui de la croche, quart de soupir celui de la double croche, etc.

Quart de ton. Quatrième partie de l'intervalle d'un ton, qui n'est employée ni dans la mélodie ni dans l'harmonie, attendu que notre oreille n'est point habituée à mesurer ces petits intervalles. On dit, en parlant d'une intonation défectueuse, que le musicien monte ou baisse d'un quart de ton.

Quarte de nasard. Jeu d'orgue qui sonne la quarte au-dessus du nasard, et l'octave au-dessus du prestant. Ce jeu fait partie de ceux qu'on appelle *jeux de mutation*.

Quarte. Intervalle de quatre degrés. La quarte peut être de trois espèces : la *naturelle*, la *diminuée*, l'*augmentée*.

Tant que la quarte ne forme pas un retardement de la tierce de l'accord suivant, elle est toujours consonnance et doit être considérée comme telle après la quinte naturelle dans son usage harmonique; elle est cependant sujette, ainsi que la dissonance, à une progression limitée. Ceci donna lieu, dans le siècle dernier, à beaucoup de controverses sur la question de savoir si la quarte est ou n'est pas une consonnance; mais il est évident qu'elle est *consonnance* quand elle fait partie d'un accord parfait; elle est *dissonance* quand elle est introduite, comme retard, dans un accord, dont, naturellement, elle ne ferait pas partie. La quarte doublée ou transposée à l'octave s'appelle onzième.

Quarter. C'était chez les anciens musiciens une manière de procéder dans le déchant ou contre point, plutôt par quartes que par quintes.

Quasi, Presque. Ce mot sert à indiquer le mouvement; par exemple, *andante quasi allegretto*.

Quasi-Syncope. Ancien nom de la figure dans laquelle on répétait la même note divisée par la barre de mesure, sans être unie par la liaison.

Quaternaire. Ce qu'on appelle le quaternaire sacré de Pythagore comprend les nombres 1, 2, 3, 4, qui indiquent les proportions relatives de l'octave, de la quinte et de la quarte. Ces nombres correspondent aux notes *do, do, sol, do*, et on trouve en eux, de 1 à 2, la proportion de l'octave, de 2 à 3 celle de la quinte, et de 3 à 4 celle de la quarte.

Quatorzième. Septième, augmentée d'une octave.

Quatre mains. On appelle sonate *à quatre mains* une pièce composée pour être exécutée par deux personnes sur un même piano; elles se placent l'une à côté de l'autre, et se divisent le clavier par moitié. L'octave ajoutée à cet instrument ouvre un champ plus vaste à la sonate à quatre mains, et donne à chaque exécutant une étendue de trois octaves. Malgré ces avantages, cette espèce de composition produit peu d'effet, et doit plutôt être considérée comme pièce d'étude que comme morceau de concert. Il existe de très-belles sonates à quatre mains de Mozart; on a arrangé des symphonies de Haydn, et des ouvertures d'opéra à quatre mains pour le piano.

Quatricinia. Nom de petits morceaux de musique pour quatre cors ou trompettes.

Quatuor. Morceau de musique vocale ou instrumentale composé pour quatre parties. Dans son acception la plus étendue, ce mot s'applique à toute espèce de musique écrite pour quatre voix ou pour quatre instruments, quelle que soit d'ailleurs l'importance relative de chacune des parties. Mais, dans un sens plus restreint et plus particulièrement usité, il ne s'applique qu'aux compositions dont toutes les parties sont concertantes ou obligées. C'est dans ce sens que J.-J. Rousseau, dont au reste les connaissances musicales étaient incomplètes et fort erronées, dit qu'il n'existe point de vrais quatuors, ou qu'ils ne valent rien. Cette assertion, trop absolue pour être juste, prouve tout au plus que le célèbre philosophe a voulu jouer sur le mot, ou que la portée de ses vues en musique ne s'étendait pas au delà du cercle rétréci qui servait alors de limite à l'art musical.

Le quatuor concertant, lorsqu'il est écrit pour des voix, peut être accompagné par l'orchestre. Quant au quatuor instrumental, il est ordinairement exécuté par les seuls instruments pour lesquels il a été écrit. Cependant il peut être également accompagné par l'orchestre, et s'il est conçu dans des proportions instrumentales brillantes, le morceau prend le nom de *symphonie concertante.*

Il n'y a pas longtemps que les quatuors et autres morceaux d'ensemble sont usités en France. Les opéras de Gluck ne présentent même, à l'exception des chœurs, que du récitatif, des airs, quelques duos, et presque jamais des trios et des morceaux d'ensemble.

C'est encore à l'Italie que nous devons l'introduction de cette partie si intéressante de l'art.

Le premier trio qui parut fut entendu dans un opéra bouffon, composé par Logroscino et exécuté en 1750. Le succès n'eut rien de bien remarquable, mais la route était indiquée; une nouvelle carrière s'ouvrait au génie, et depuis Piccinni jusqu'à Paisiello et Mozart, les progrès furent immenses. On se souvient encore de l'enthousiasme qu'excita le fameux septuor du *Roi Théodore* de Paisiello, et les quatuors, sextuors et finales des différents opéras de Mozart, Spontini et Weber montrent à quel point il est possible de répandre du charme et de l'intérêt sur les scènes lyriques à plusieurs personnages.

L'illustre Haydn, qu'on a si justement surnommé le père de la symphonie, peut à aussi juste titre être regardé comme le créateur du quatuor instrumental. Après lui, Mozart et Beethoven, deux des plus grands génies dont l'art musical puisse se glorifier, ont dignement continué l'œuvre qu'il avait commencée, et porté ce genre de musique à un point de perfection qui ne laisse rien à désirer.

Querelles musicales. Les querelles musicales les plus célèbres sont celles qui eurent lieu dans le siècle dernier entre les *Lullistes* et les *Ramistes*, et plus tard entre les *Gluckistes* et les *Piccinnistes*. Nos lecteurs nous sauront gré sans doute d'entrer dans quelques détails sur ce dernier sujet.

Gluck, en venant en France avec son *Iphigénie en Aulide* d'abord, ensuite avec *Orphée* arrangé pour notre théâtre, tout en nous apportant de nouvelles jouissances, flattait aussi notre orgueil national; il rendait son éclat à un titre presque effacé de notre gloire.

Iphigénie en Aulide fut représentée en 1774. Le succès croissait de représentation en représentation, et les critiques croissaient aussi tous les jours. Ces critiques n'étaient pas seulement celles de l'envie, c'étaient celles de dix à douze hommes de lettres, dont les jugements avaient beaucoup d'autorité, et qui entraînèrent à leur suite une foule d'amateurs et de *dilettanti*. Ces hommes ne pouvaient plus concevoir une autre musique que celle dont ils avaient goûté le charme dans leur jeunesse; d'autres affirmaient que Piccinni avait atteint les dernières limites de l'art, et criaient: *Italiam, Italiam,* comme si Gluck était un barbare, parce qu'il était Allemand, parce qu'il sacrifiait de vains ornements à l'expression vraie des paroles et de la situation.

C'était un avantage et non un inconvénient pour Gluck d'être né dans cette Allemagne, organisée et passionnée pour tous les genres de musique, et qui a donné à l'Europe de savantes leçons et d'éclatants modèles de l'harmonie la plus belle et la plus variée. C'en fut un autre pour lui de s'être transporté tout jeune en Italie, cette vraie patrie de la musique et où florissaient alors de célèbres écoles et d'excellents maîtres. Il étudia à Milan, sous la direction de J.-B. San-Martini, compositeur habile et fécond. C'est à Milan qu'en 1741, Gluck fit représenter *Artaserse,* son premier opéra.

La naissance, la formation et l'entier développement des vues musicales de Gluck furent précisément les résultats de ces croisements de tous les pays. Il était naturel à ceux qui avaient concouru à créer ou à rapprocher du moins les éléments du génie de Gluck, placés à une grande distance, de prendre un intérêt plus particulier et plus vif à ses créations; et lorsqu'ils eurent entendu sa musique avec des transports de plaisir, il leur était naturel d'en parler avec des transports d'enthousiasme. D'anciennes habitudes, les préventions qu'elles donnent, les préjugés qu'elles établissent, pouvaient seuls faire penser que des compositeurs nés en Italie avaient le privilége exclusif de nous donner une musique qui convînt à notre langue, à nos oreilles et à notre scène lyrique.

Les premiers s'appuyaient sur l'autorité des faits, si puissants sur nos jugements, et sur celle des impressions, si puissantes sur notre âme. Les seconds n'avaient pour appui que des doctrines et des ouvrages que les Piccinni et les Sacchini pouvaient faire un jour, mais qu'ils n'avaient pas faits encore. Ces derniers, tous écrivains renommés, étaient en grand nombre. Parmi les premiers, l'abbé Arnauld et Suard parurent longtemps seuls dans la lice. Mais le plus habile défenseur de la musique de Gluck fut, sans aucun doute, l'auteur anonyme d'une série d'articles qui parurent dans la *Gazette de Paris*, sous ce titre : *Petites Lettres, par un habitant de Vaugirard.* Rien de plus solide et de plus piquant que cette correspondance, qu'on attribue généralement à Diderot. Depuis les dix-huit petites lettres de Pascal, qui firent une si glorieuse révolution dans la langue, dans la plaisanterie et dans l'éloquence françaises, jamais petites lettres n'ont été, depuis la première, attendues avec plus d'impatience; on courait de toutes parts aux cafés de Foy et du Caveau, et l'on en faisait des lectures publiques; on s'étouffait pour mieux entendre ; on battait des mains avec des transports et avec des bravos.

Pendant que tout ceci se passait, des scènes d'un caractère plus grave et plus sérieux avaient lieu dans la salle de l'Académie royale de Musique ; on applaudissait avec fureur, on sifflait avec acharnement, et les jeunes gens, les vieillards même en venaient quelquefois aux mains.

QUEUE. On distingue dans les notes la tête et la

queue : la tête est le corps même de la note ; la queue est le trait perpendiculaire qui tient à la tête, et qui monte ou descend indifféremment à travers la portée. Dans le plain-chant, la plupart des notes n'ont pas de queue ; mais dans la musique figurée moderne, il n'y a que la ronde qui n'en ait point. Dans la composition de la fugue on appelle *queue* les notes ajoutées à un *sujet* pour amener sa *réponse*. On appelle aussi *queue*, ce que les Italiens nomment *coda*, pour désigner la fin, la péroraison d'un morceau.

Queue de violon, de violoncelle. C'est la partie de ces instruments à laquelle les cordes sont attachées, tandis qu'elles sont roulées de l'autre côté des chevilles.

Quinque. Nom qu'on donnait autrefois en France à un morceau de chant à cinq voix ; aujourd'hui on dit *quintetto* ou *quintette*.

Quinte. La seconde des consonnances dans l'ordre de leur génération. La quinte est une consonnance parfaite ; son rapport est de 2 à 3 ; elle est composée de quatre degrés diatoniques, arrivant au cinquième son, d'où lui vient son nom de quinte. Son intervalle est de trois tons et demi.

On compte trois espèces de quintes, 1° la quinte juste ou inaltérée, ou simplement quinte ; 2° la quinte diminuée, que l'on appelait autrefois fausse quinte ; cet intervalle est composé de deux tons et deux demi-tons ; 3° la quinte augmentée ; cet intervalle est composé de trois tons et deux demi-tons.

Quintes (leur influence sur la voix). Une des études les plus essentielles pour assouplir la voix est celle des quintes. Lorsque l'élève peut l'exécuter d'une manière correcte avec toute l'énergie et la netteté convenables, il faut doubler la vitesse du mouvement, et faire dire trois quintes avec la même respiration.

Outre les résultats que cet exercice doit faire obtenir, quand il est bien dirigé, il en est un qui concourt d'une manière bien essentielle au mécanisme vocal, c'est la puissance de l'inspiration. Comme toutes les autres parties de l'organisation humaine, les poumons sont susceptibles d'habitudes, et, par conséquent, soumis à une sorte d'éducation. Les plongeurs qui se tiennent sous l'eau pendant plusieurs minutes sont, on le conçoit, des hommes dont l'appareil respiratoire est doué d'une grande vigueur; mais, quelle que soit l'excellence de leurs organes, il ne faut pas croire que ces hommes arrivent tout naturellement à suspendre les mouvements de leurs poumons pendant un intervalle de temps qui paraîtrait fabuleux à ceux qui n'en ont pas été témoins; ils ne parviennent au dernier degré de leur art qu'au moyen d'exercices gradués, par lesquels ils obtiennent peu à peu de leurs poumons toute la puissance inspiratrice dont ils sont susceptibles.

Il est juste de dire que les vigoureux poumons d'un individu arrivé à tout son développement organique, n'ont besoin d'aucune extension pour suffire à la longueur d'expiration que nécessite l'exécution des trois quintes dont nous venons de parler. Mais chez les sujets moins développés ou moins favorisés par la nature, l'appareil respiratoire peut paraître au premier abord défectueux, sans qu'il le soit en effet. Il faut les habituer peu à peu à donner à leurs poumons l'extension normale de toutes leurs facultés. Pour arriver à ce but, la tenue d'une note serait insuffisante; il faut une succession de sons, telle que les quintes ascendantes ou descendantes.

Mais cet exercice exige de la part du maître une prudence qui est en quelque sorte du domaine de la médecine; car il y a dans la nature humaine des limites qu'on ne peut franchir sous peine de mort, et qu'il faut cependant atteindre pour obtenir d'indispensables résultats. Le moindre abus, provenant de l'inexpérience du maître et des efforts exagérés de l'élève, peut entraîner, même dans de bonnes organisations, des désordres dont le moindre effet est l'affaiblissement et la perte de la voix.

On voit, au résumé, combien l'étude des quintes est essentielle, puisque ses résultats sont d'assouplir la voix avec une merveilleuse promptitude, de donner au trait son véritable caractère de netteté et d'énergie, d'égaliser toutes les notes de la voix, et d'habituer les poumons à fournir de longues expirations.

En harmonie, la grammaire musicale défend la succession immédiate de deux octaves et de deux quintes par mouvement direct. Cependant dans une composition à quatre parties, elle peut tolérer quelquefois deux quintes successives par mouvement contraire; mais elle ne permet deux octaves par mouvement contraire que dans les morceaux à cinq parties ou à plus de cinq; il faut, en outre, que ces octaves se trouvent entre les voix intermédiaires, ou tout au plus entre une voix extérieure et une voix intermédiaire.

On défend les deux octaves par mouvement direct, parce que c'est une pauvreté qui n'ajoute rien à l'harmonie. On défend les quintes, parce qu'elles produisent une dureté.

Quintette. Morceau de musique composé pour cinq instruments ou cinq voix, et dont chaque partie est concertante ou obligée. Les quintettes sont ordinairement composés d'un *allegro* ou *moderato ;* d'un *andante,* d'un menuet ou *scherzo*, et d'un finale.

Sans parler dans un sens absolu, on peut dire que le mérite de ce genre de composition consiste autant dans le charme et la variété de la mélodie que dans l'exposition, l'arrangement et le développement des idées, la conception d'un plan déroulé avec art, et enfin dans l'intérêt d'une instrumentation nuancée avec goût.

Boccherini a composé un grand nombre de quintettes très-remarquables par la naïveté, la grâce et l'originalité du style. Georges Onslow a su se créer, dans le même genre, un style et une manière. Reicha a aussi composé plusieurs quintettes pour flûte, hautbois, clarinette, cor et basson, qui jouissent d'une réputation bien méritée.

Il est fort difficile de composer un bon quatuor ou un bon quintette, et tel musicien qui compte au théâtre des succès brillants et mérités, serait fort embarrassé d'en produire un passable. Ce genre de musique exige des études toutes particulières ; il a des mélodies et des tours de phrases qui lui sont propres, des rhythmes d'accompagnement qui ne conviennent qu'à lui, et enfin des moyens d'expression qui partout ailleurs seraient dépourvus d'énergie.

Quinquatria minora, ou **Quinquartus minuscule**. Nom que l'on donnait, à Rome, à la fête des joueurs de flûte, pendant laquelle on se promenait dans les rues de la ville, vêtu d'un costume particulier à ce jour, pour aller ensuite se réunir au temple de Minerve.

Quinzième. Double octave. On donne aussi ce nom à un registre de l'orgue.

Quolibet. On entendait autrefois par ce mot des morceaux de musique d'un caractère comique et trivial. Ainsi, par exemple, on unissait deux voix, dont l'une chantait des paroles tout à fait différentes de celles que chantait l'autre. Un tel ensemble produisait des jeux de mots ridicules. Aujourd'hui on donne aussi ce nom à un centon musical.

R

Rabana. Espèce de timbale dont se servent les femmes indiennes pour accompagner leur chant.

Racler. Terme de mépris, par lequel on désigne la mauvaise manière de jouer d'un instrument, tel que le violon ou la basse, en faisant crier les cordes sous l'archet.

Racleur. Musicien qui joue avec dureté du violon ou de la basse.

Rallentando. Ce mot signifie qu'on doit aller en retardant peu à peu la mesure, comme on diminue peu à peu la force des sons dans le *diminuendo*.

On sait que Duprez, avec toutes ses admirables qualités de chanteur, n'était pas exempt de défauts; il y en a un surtout que quelques critiques ne lui ont jamais pardonné, celui de ralentir tous les mouvements, mais il tirait souvent de puissants effets de cette licence. Les ténors qui sont arrivés après lui, ont exagéré encore ce défaut, et ils en sont venus à dénaturer complétement les œuvres des maîtres.

Ramage. On désigne par ce nom le chant modulé des oiseaux chanteurs, tels que le rossignol, la fauvette, le serin, etc.

Ramage se prend en mauvaise part, lorsqu'il s'agit d'un chanteur qui ne plaît pas. C'est en ce sens qu'on dit : L'ennuyeux ramage de cet homme me fatigue.

Ranz des vaches. C'est un air bucolique, sans art, grossier quelquefois, que les bouviers de la Suisse jouent avec délices sur la cornemuse, en menant paître leurs vaches sur les rochers, où ils sont nés ainsi qu'elles. Cet air est devenu fameux, européen même, par les effets sympathiques qu'il exerçait sur les montagnards helvétiens, au temps de l'âge d'or de l'Helvétie, il y a un peu plus d'un demi-siècle. Dans les régiments suisses à la solde de la France, sitôt que la cornemuse s'enflait pour jouer cet air, une douce joie brillait dans les yeux de ces fiers soldats; mais ils n'entendaient pas plutôt ces sons rustiques et si connus que répétèrent si souvent les échos de leurs montagnes, que la patrie, leurs chalets, leurs rochers, leur enfance, leurs sœurs, leurs vieux pères, leurs fiancées, se reflétaient dans leur âme avec tant de vivacité, qu'une mélancolie profonde succédait à cette première joie. Laplupart d'entre eux n'y pouvaient résister. Les uns désertaient, d'autres tombaient dans une langueur incurable, et beaucoup mouraient. Dès lors le code militaire défendit de jouer cet air, sous peine de mort.

Rapport des intervalles. C'est le calcul exact du degré de distance entre deux sons différents, exprimé par des chiffres.

Rapsodes, Rapsodies, Rapsodistes. Quand les poëmes d'Homère furent répandus dans la Grèce, les rapsodes, renonçant à composer eux-mêmes, se bornèrent à chanter les divers épisodes de l'Iliade et de l'Odyssée. Ils cousaient ces chants l'un à la suite de l'autre, suivant les désirs de leurs auditeurs. Par exemple, ils faisaient suivre la colère d'Achille, devenue le premier chant de l'Iliade, par le combat de Pâris et de Ménélas, qui en forme le troisième. Chacun de ces chants pris à part, s'appelait une rapsodie.

Les rapsodes étaient fort recherchés par les Grecs, si passionnés pour les arts et pour les jouissances qu'ils procurent. On les invitait aux fêtes et aux sacrifices publics, où ils chantaient les poëmes d'Orphée, de Musée, d'Hésiode, et surtout d'Homère. Les rois et les princes en avaient à leurs gages pour chanter durant les repas. Ils étaient fort soigneux de leur parure, et ne se montraient jamais qu'avec de riches habits, quelquefois même, à l'imitation des poëtes, avec une couronne d'or sur leur tête.

Rasgado. Prélude que les Espagnols exécutent en attaquant successivement toutes les cordes de la guitare avec le pouce, et en suivant la mesure et le rhythme des *boléros* et des *seguidillas*. Le rasgado est la ritournelle ordinaire de ces sortes d'airs.

Rats de ballet. Ce sont de petites femmes qui agitent les jambes, qui élèvent les bras et font à peu près quelque chose qui ressemble à de la danse. Le *rat* est élève de l'école de danse, et si on l'a ainsi nommé, c'est probablement parce qu'il est l'enfant de la maison, qu'il y vit, qu'il y grignote; parce qu'il ronge et égratigne les décorations, éraille et troue les costumes et commet une foule de dommages inconnus.

Ré. C'est le second degré de notre échelle musicale. Il porte accord parfait mineur, et s'emploie en harmonie comme second degré de la gamme majeure naturelle d'*ut*, ou comme quatrième degré du relatif mineur de cette même gamme. Dans ce dernier cas, on lui fait quelquefois porter l'accord parfait majeur, pour éviter la seconde augmentée que ferait sa tierce mineure, *fa naturel*, avec le *sol dièse* sensible du ton.

Ré est aussi le nom qu'on donne à la troisième corde du violon et à la seconde de l'alto, du violoncelle et de la contre-basse, parce que dans l'accord ordinaire, ces cordes sonnent l'unisson ou l'octave de cette même note.

Rebec. Instrument d'une forme à peu près semblable à celle du violon, dont on faisait usage en

France dans le moyen âge, et qui ne fut abandonné par les ménétriers qu'à la fin du dix-septième siècle. Le rebec était monté de trois cordes; il y avait des dessus, des tailles et des basses de rebec.

RÉCITATIF. Un opéra entièrement composé d'airs chantés sans interruption, nous ennuierait et nous fatiguerait à la seconde scène, malgré le charme, la beauté, l'expression qui pourraient se trouver réunis dans ces airs; pour remédier à ce grave inconvénient, il faut avoir recours au dialogue parlé, ou imaginer un langage de convention qui tienne le milieu entre la parole ordinaire et la parole musicale, un moyen d'union, enfin, qui fasse disparaître ce qui nous choque dans la transition immédiate de la parole au chant. Le récitatif semble remplir toutes ces conditions. C'est une sorte de déclamation notée, soutenue par une basse ou qu'accompagne l'orchestre, et contre laquelle il n'y aurait rien à dire si elle n'était quelquefois, trop souvent même, monotone dans son accentuation, et pauvre dans ses formes musicales, dont les combinaisons sont extrêmement restreintes. Tel qu'il est encore aujourd'hui, le récitatif offre cependant quelquefois des passages remarquables, surtout lorsqu'il est entremêlé de traits de symphonie qui lui donnent de l'expression et lui impriment ce caractère énergique et vrai qui, seul, le rend supportable. Le récitatif, cependant, n'exclut pas l'inspiration, tant s'en faut, et il y a de magnifiques récitatifs dans les chefs-d'œuvre des grands maîtres. Ceux de Gluck seront toujours cités, ceux d'*Otello*, de *Guillaume Tell* sont admirables.

Il y a deux espèces de récitatifs, celui qui n'est accompagné que par la basse ou le piano, quelquefois par tous les deux ensemble, et qu'on appelle récitatif *libre* ou *simple*, et celui qui est accompagné par l'orchestre, et dont les intervalles de repos sont remplis par des traits de symphonie. Il prend alors le nom de *récitatif obligé*. Les Italiens faisaient autrefois usage du premier, ils ne l'emploient plus aujourd'hui que dans leurs opéras bouffes ; le second est plus particulièrement usité dans les tragédies lyriques, les drames et les opéras d'un caractère mixte, tels que nos opéras comiques français. Tout le mérite du récitatif réside dans l'expression et l'énergie de l'accentuation.

Récit. Cette expression a vieilli et n'est plus en usage aujourd'hui ; elle est remplacée par le mot italien *solo* (seul) qui paraît plus convenable, puisque réciter dans l'ancien langage signifiait chanter ou jouer seul, par opposition au chœur ou à la symphonie, qui, comme on sait, sont exécutés par un nombre plus ou moins considérable de concertants.

Réciter. Chanter un récit.

Récitant. Celui qui chante un récit. Ces deux mots se prennent dans l'ancienne acception du mot *récit*.

Redoublement. C'est dans l'harmonie l'emploi simultané du même son fait par deux parties différentes. (Voyez le mot Doublement).

Redowa. C'est une danse à trois temps; elle a beaucoup d'analogie avec la Mazurka, et elle en a les mêmes proportions. C'est sur le troisième temps que doit porter la mélodie.

Reductio modi. Autrefois, lorsqu'on composait un morceau de musique dans un ton transposé, et qu'on voulait examiner s'il était traité conformément à son ton originaire, on le transposait de nouveau dans son ton primitif. Ce procédé s'appelait *reductio modi*.

Réduire. C'est arranger une composition à un ou plusieurs instruments pour un ou plusieurs instruments d'une nature différente, comme réduire un concerto pour violon en un concerto pour piano. Il se dit principalement de la *réduction* d'une partition pour le piano, ou d'un morceau à plusieurs voix, pour une seule voix.

Réel. Quelques maîtres de chant donnent le nom de *sons réels* à ceux qui sont produits par le registre de la voix de poitrine, et sont directement lancés par toute la force du souffle; ils appellent, par opposition, *sons de fausset* ceux de la voix de tète, attendu qu'étant formés par la partie supérieure de la trachée et ne pouvant recevoir le même volume d'air, ils sont maigres et sans force.

Dans une mélodie, on appelle *notes réelles*, les notes de cette mélodie faisant partie des accords qui l'accompagnent.

On appelle dans une composition à plusieurs voix, *parties réelles*, les parties qui marchent sans former entre elles plusieurs unissons ou octaves de suite, c'est-à-dire qui ont chacune leur allure bien distincte et aussi élégante que possible : on dit d'une fugue qu'elle est, par exemple, à six, à huit parties *réelles*, pour dire qu'il n'y a pas de partie oiseuse, et purement de remplissage.

Refrain. Terminaison d'un couplet ou d'un air de vaudeville, qu'on répète ordinairement deux fois, et qu'on chante quelquefois en chœur.

Régale. Jeu d'anche, le plus ancien de tous les jeux d'orgue. Il n'est plus employé dans les orgues modernes.

Régiment (Musique de). La musique a été regardée dans tous les temps comme un puissant moyen d'action sur les sentiments belliqueux. Quoi de plus propre, en effet, à seconder l'élan, à échauffer l'enthousiasme du guerrier? Non-seulement elle l'électrise, l'enflamme et lui fait affronter les périls, mais elle le délasse des fatigues de la guerre, ou l'aide à supporter patiemment et avec courage les longues marches, les travaux les plus pénibles.

On sait combien est grande, sous ce rapport, l'influence du rhythme. Le maréchal de Saxe voulait que l'on fît travailler les soldats au son du tambour et des instruments en cadence. C'est ainsi que les Lacédémoniens, sous Lisander, avec un détachement de trois mille hommes détruisirent le Pirée au son de la flûte, en six heures de temps.

Depuis longtemps, en Europe, la musique de régiment a pris une grande extension. C'est en Italie et en Allemagne qu'elle reçut d'abord un accroissement remarquable. Pierre le Grand, s'occupant de l'organisation de ses armées de terre et de mer, fit venir en Russie des trompettes et des timbales, des hautbois et des bassons. A chaque régiment il affecta un corps de musique dirigé par un chef, qui, en dehors de ses fonctions, était tenu de choisir parmi les enfants de troupe un certain nombre de sujets, auxquels il devait enseigner un des instruments dont se composait alors la musique militaire. Au moyen de cette disposition, tous les régiments russes furent en peu d'années pourvus de musiciens recrutés dans l'armée elle-même.

Les anciennes musiques des régiments français se sont accrues successivement d'emprunts faits aux milices étrangères. On devait l'arigot ou fifre aux Suisses, le tambour et le basson aux Italiens, la trompette aux Maures de la péninsule, les cymbales et la grosse caisse aux Orientaux ; la cornemuse vient des Anglais, la clarinette et le hautbois sont une importation de l'Allemagne. Toutefois il ne paraît pas qu'en empruntant aux Allemands quelques-uns de leurs instruments, les Français leur aient pris en même temps leur manière d'en jouer ; car Jean-Jacques Rousseau nous apprend que, dans la guerre de 1756, les paysans autrichiens et bavarois, ne pouvant croire que des troupes réglées eussent des instruments si faux et si détestables, prirent tous les vieux corps pour de nouvelles levées qu'ils commencèrent à mépriser.

De nos jours, où l'art musical est parvenu en France à un degré si éminent, les musiques militaires des régiments d'infanterie sont restées dans un état d'infériorité en présence de celles d'Allemagne, de Russie, d'Angleterre et de Naples. Cependant de notables améliorations ont été introduites dans l'organisation de la musique de ces régiments; car à la suite des nouvelles adjonctions d'instruments qui eurent lieu sous l'Empire et la Restauration, le nombre des musiciens, qui en 1807 était de huit seulement, fut porté successivement à douze et à vingt-sept. Ce chiffre, augmenté aujourd'hui de vingt élèves environ, semble suffisant pour maintenir le corps de musique sur un pied respectable. C'est sous le rapport de la combinaison et du jeu des différentes espèces d'instruments que l'organisation des musiques militaires laisse encore à désirer.

Nous devons dire que grâce à l'éducation donnée par le Gymnase musical militaire de Paris, de grands progrès se sont accomplis dans cette branche de l'art; et tout fait espérer que dans peu de temps la régénération de nos musiques militaires sera complète. C'est M. Carafa qui dirige le Gymnase *musical militaire*, et les principaux professeurs sont : MM. F. Bazin, Le Borne, Forestier, Klosé, Dieppo, Verroust, etc.

Registre d'orgue. Les registres sont des règles de bois que l'organiste tire ou pousse, et qui font agir certains mouvements pour ouvrir et fermer les jeux de l'orgue, selon qu'il éprouve le besoin de les faire chanter ou de les réduire au silence. La poignée par laquelle l'organiste ouvre ou ferme un registre s'appelle *tirant*.

Règle. Prescription ou précepte auquel on doit conformer la composition et l'exécution.

Règle d'octave. Formule d'harmonie établie pour l'accompagnement des gammes majeure et mineure, tant en montant qu'en descendant, pour faciliter l'exécution de la basse non chiffrée à celui qui joue de la basse continue, et pour simplifier l'art ordinaire de chiffrer l'harmonie. (Voyez Octave.)

Régleur. Ouvrier qui trace les portées sur le papier pour écrire la musique.

Régulier. Tout ce qui est renfermé dans les règles et dans de justes limites, ou qui suit une progression uniforme. C'est pourquoi on appelle *cadence régulière* celle qui s'accomplit selon les formules usitées; *marche régulière,* une progression de basse portant des accords se succédant par une marche identique; *imitation régulière,* celle dont les parties s'imitent bien, etc.

Ré la. Désigne dans l'ancien solfége la nuance de ces syllabes sur le son *ré* ou *la.*

Relation. Rapport entre un son qui vient d'être entendu dans une partie vocale et instrumentale, et un autre son qu'on entend actuellement dans une autre. Lorsque ces deux sons concourent à laisser dans l'oreille la sensation d'une consonnance exacte, la relation est bonne. Quand il résulte de leur rapport une consonnance altérée, la relation est fausse; les fausses relations sont proscrites dans la composition scolastique.

Relation non harmonique. Les anciens appelaient de ce nom une mauvaise succession de sons.

Renversement. Un accord est renversé quand sa note fondamentale n'est pas à la basse. L'accord parfait a deux renversements, et l'accord de dominante, trois.

Les renversements et leurs positions ont tous une expression particulière; leur choix est déterminé par les exigences de la pensée, par celles du mouvement naturel et facile des parties, et par la pensée du compositeur.

RÉPLIQUE. Signifie octave, quand il s'agit d'un son redoublé, et reprise du sujet, quand on parle d'une fugue.

RÉPONS. Espèce d'antienne redoublée qu'on chante à l'église après les leçons de matines, et qui finit en manière de rondeau, par une reprise appelée *réclame*.

RÉPONSE. C'est, dans une fugue, la rentrée du sujet par une autre partie. Si le sujet est dans le ton de la *tonique*, la réponse doit être dans le ton de la *dominante*, et vice versa; dans une contre-fugue, c'est la rentrée du sujet qu'on vient d'entendre, après l'avoir renversé. (Voyez le mot FUGUE.)

REPOS. C'est la terminaison de la phrase, terminaison sur laquelle le chant se repose plus ou moins parfaitement. Le repos ne peut s'établir que par une cadence sur la tonique ou sur la dominante. Si la cadence est évitée, il ne peut y avoir de vrai repos, car il est impossible à l'oreille de se reposer sur une dissonance. On voit par là qu'il y a précisément autant d'espèces de repos que de sortes de cadences pleines. Ces différents repos produisent dans la musique l'effet de la ponctuation dans le discours.

REPRISE D'UN OPÉRA. Représentatien d'un opéra qu'on donne après être resté plus ou moins longtemps sans être joué.

REPRISE. Au sens propre, c'est toute partie d'un morceau de musique qui doit être jouée ou chantée deux fois. Mais généralement on applique cette dénomination à la première ainsi qu'à la seconde division d'un morceau, quoique cette dernière ne s'exécute presque jamais qu'une fois. Dans un sens plus restreint, on entend quelquefois par reprise la seconde partie seulement. C'est dans ce sens qu'on dit : La reprise de cette ouverture est mieux faite que la première partie.

Requiem. Prière que l'Eglise fait pour les morts, et dont l'introït commence par ce mot. Il y a de sublimes musiques composées sur ce thème, par Jomelli, Mozart, Cherubini.

Ré sol. Désignait dans l'ancien solfége le changement de ces deux syllabes sur le son *ré* ou *sol*.

Résolution. La résolution consiste en ce que la dissonance frappée descend quelquefois, mais rarement, et monte d'un degré conjoint sur la consonnance voisine. On dit aussi qu'un accord se *résout* sur un autre, la septième dominante se résout sur la tonique ou sur la su-dominante, ou sur une autre septième, etc. (Voyez Dissonances et Accords (des).

Résonnance. Prolongement ou réflexion du son, soit par les vibrations continuées des cordes d'un instrument, soit par les parois d'un corps sonore, soit par la collision de l'air renfermé dans un instrument à vent.

Respiration. C'est l'action que font les poumons pour attirer ou repousser l'air. Cette action se divise en deux mouvements alternatifs, l'*aspiration* et l'*expiration*. Dans l'aspiration, les poumons se dilatent pour introduire l'air extérieur dans la poitrine, et dans l'expiration, ils s'affaissent pour le faire sortir.

On ne saurait trop recommander aux élèves de s'occuper de la respiration. Elle est tout pour le chant. Sans un grand volume d'air, qu'on doit savoir comprimer et ménager longtemps avec adresse, il n'est point de force ni de timbre dans la voix ; de plus, sans cette faculté, il n'est guère possible de bien phraser un chant.

Retard. On retarde, dans un accord, une note consonnante par une note prise dans l'accord précédent. Le retard peut être aussi purement mélodique, et ne pas figurer dans l'harmonie sur laquelle se déroule le chant. L'art des retards est celui de la coquetterie en musique, ils ont pour objet de faire désirer un son dont l'apparition satisfait l'oreille.

Le retard est l'empiétement du levé sur une partie du frappé; presque tous les retards sont produits par l'effet des prolongations.

Retranchement de notes dans les accords. Aucune loi n'oblige d'écrire toutes les notes d'un accord : on peut donc en retrancher quelques-unes ; grâce à l'enchaînement des accords et au sentiment de la tonalité, un accord incomplet possède, aux yeux des habiles, la physionomie et la signification de l'accord complet. Il les possède tout entières, malgré leur réalité physique moins accusée et moins saillante.

Lorsqu'on retranche une note de l'accord parfait, on conserve ordinairement la tierce de la tonique, parce qu'elle indique le mode et caractérise l'accord. Dans un duo, on conserve habituellement les notes qui sont à la tierce ou à la suite l'une de l'autre, comme *ut mi, mi sol, mi ut, sol mi*. Les notes de l'accord de dominante peuvent toutes se retrancher successivement, et toutes s'associer les unes avec les autres : chacun de ces groupes possède une nuance particulière d'expression. Les anciens compositeurs supprimaient souvent la tierce dans l'accord final.

Rhythme. Le rhythme n'est autre chose que la symétrie appliquée au mouvement, la différence de vitesse ou de lenteur modifiée d'une manière symétrique, et dont les formes se reproduisent à certains intervalles disposés dans un ordre assez régulier pour former une sorte de mesure cadencée. Tout mouvement qui se succède ainsi nous affecte déjà agréablement, même sans le secours d'aucune espèce de sonorité musicale. Quel charme n'aura pas ce même mouvement, si nous appliquons à chacun des temps qui le composent des sons choisis, et dont la succession soit telle qu'elle flatte l'oreille! nous jouirons alors d'une véritable mélodie, au lieu de la psalmodie vague et monotone que nous laisserait l'absence du mouvement rhythmique.

On donne aussi le nom de rhythme en musique, à certaines formules ou dessins d'accompagnement qui se reproduisent symétriquement pendant un certain espace de temps.

Rhythmique. Une musique rhythmique est celle qui est ordonnée avec une parfaite symétrie dans les membres dont se composent ses périodes. Un accompagnement rhythmique est celui dans lequel le compositeur fait entendre constamment le groupe uniforme, l'arpége adopté, tandis que l'harmonie varie ses accords. Gluck, qu'on doit souvent citer pour le dessin des accompagnements, nous a donné les premiers modèles dans le genre rhythmique.

Rhythmopée. Partie scientifique de la mélodie qui apprend l'arrangement des parties mélodiques relativement à leur extension, afin qu'elles puissent avoir entre elles un rapport agréable.

Ricercata. Est une espèce de fugue dans laquelle on propose la première moitié du sujet, comme dans la fugue ordinaire, mais où la seconde moitié se travaille en inversion simple ou stricte.

Ricercato. En italien signifie recherché. On donne ce nom à tout genre de composition où sont employées les recherches du dessin musical. Mais on l'applique plus particulièrement aux compositions madrigalesques, qui, outre les recherches du dessin, offrent encore celles du goût et de l'expression. L'école italienne possède une grande quantité d'ouvrages en ce genre.

Rigaudon. Sorte de danse dont l'air est à deux

temps, d'un mouvement gai, et se divise ordinairement en deux reprises phrasées de quatre en quatre mesures, et commençant par la dernière note du second temps.

RINFORZANDO, EN RENFORÇANT. C'est passer du piano au fort, et du fort au très-fort, non tout d'un coup, mais par une gradation continue, en enflant et augmentant les sons, soit sur une tenue, soit sur une suite de notes, jusqu'à ce qu'ayant atteint le point qui sert de terme au *renforcé*, l'on reprenne ensuite le jeu ordinaire.

Le rinforzando produit le même effet que le *crescendo ;* mais son emploi est différent. On se sert plus particulièrement de celui-ci dans les grandes périodes, tandis que le rinforzando ne s'emploie que pour de petits groupes de notes, et même pour une note seule.

RITARDANDO, EN RETARDANT. (Voyez RALLENTANDO).

RITOURNELLE. De l'italien *ritornello*, petit retour, parce que autrefois l'accompagnement se bornait à répéter la dernière phrase du chanteur. La ritournelle a acquis avec le temps un plus haut degré d'importance ; c'est aujourd'hui une sorte de prélude instrumental, un trait de symphonie plus ou moins développé, qui annonce le début d'un chant vocal, ou remplit les repos et les silences que dans toute musique bien sentie le compositeur a su ménager à la voix ; ou bien encore elle complète d'une manière brillante, expressive ou piquante le morceau, après que la voix a cessé de se faire entendre. Les ritournelles sont d'un effet admirable dans la musique dramatique ; elles expriment souvent les affections de l'âme avec bien plus de force et d'énergie que la parole. Mais c'est surtout dans les airs déclamés et le récitatif qu'elles montrent jusqu'à quel degré de puissance elles peuvent atteindre, en traduisant merveilleusement la pantomime, le jeu de physionomie, et même jusqu'aux regards de l'acteur, à ces moments suprêmes d'une scène pathétique où la parole devient impuissante à exprimer les émotions de l'âme.

Rôle. Le papier séparé qui contient la musique que doit exécuter un concertant, et qui s'appelle partie dans un concert, s'appelle rôle à l'Opéra. Ainsi, on doit distribuer une *partie* à chaque musicien, et un *rôle* à chaque acteur.

Rôle signifie tout ce que doit chanter ou réciter un acteur dans une pièce de théâtre.

Romains (de la Musique chez les). Rome, quelque austères que fussent ses lois, reconnut, même dès son berceau, le pouvoir de la musique; mais elle consacra ses naissantes institutions dans cet art à son dieu favori, à Mars. Le plus pacifique de ses rois, celui qu'on doit regarder comme son législateur religieux, Numa, ordonna que les prêtres de ce dieu chanteraient, en portant en procession l'*ancile*, ou le bouclier sacré tombé du ciel pour servir d'égide à la ville éternelle. Plus tard, on voit le Napolitain Andronicus, affranchi de Livius Salinator, composer, pour apaiser les dieux irrités contre les Romains, un hymne qui fut solennellement chanté par un chœur de jeunes vierges, dont la beauté, dit un historien, ajoutait au charme de la poésie et de la musique.

Les jeux scéniques furent institués à Rome à l'instar de ceux de la Grèce, et ils eurent pour cause la religion. La population romaine, dévorée par une peste sous le consulat de Sulpicius Pelicus et de Licinius Stolon, eut recours à des prières, des sacrifices et des cérémonies extraordinaires pour fléchir l'inclémence des dieux. Elle n'avait point de chanteurs; elle en fit venir de l'Étrurie pour établir des fêtes funèbres. L'histoire ne nous dit point si ces fêtes apaisèrent le courroux des dieux, et si on leur dut la cessation du terrible fléau ; mais ce qu'elle ne nous laisse pas ignorer, c'est que la jeunesse romaine goûta beaucoup ces jeux, qui étaient *scéniques*, puisque ceux qui y figuraient se montraient en public sur un théâtre, et qu'ils représentaient des pièces qui furent considérées comme satiriques, à cause des vérités souvent amères que renfermaient les vers qu'on y débitait, et dont l'harmonie était soutenue par les sons des flûtes et des lyres.

Quelques années après, sous le consulat d'un des descendants de Paul Émile, on voit la musique, admise jusque-là dans Rome comme une simple étrangère à laquelle, en récompense de ses talents, on accorde l'hospitalité, acquérir enfin les nobles droits de cité dans la ville éternelle. Ce fut, en effet, dès ce moment, qu'on l'appela à l'honneur de célébrer la naissance, le mariage et même la mort des maîtres du monde ; elle vint mêler sa joie à la gaieté de leurs festins, donner plus d'éclat à leurs triomphes, et prêter le charme de la mélodie à leurs funérailles.

Enfin parurent les jours si beaux pour les arts, où commença le règne d'Auguste. Avant ce grand événement, il venait de s'en passer un non moins important, l'assassinat de Jules César, suivi de ses funérailles si remarquables par la douleur du peuple et l'artificieux et éloquent discours d'Antoine. Ce fut dans cette circonstance qu'un nombre considérable de musiciens, attachés au dictateur par leur emploi et par l'admiration qu'inspiraient ses talents et son génie, jetèrent, après s'en être servis pendant les funérailles, leurs instruments dans le bûcher dont les flammes venaient de consumer les restes d'un grand homme, comme si, après avoir célébré sa gloire et ses triomphes, ces organes de la mélodie ne devaient plus avoir aucun autre emploi.

Sous le règne d'Auguste, Rome ordonna que le poëme qu'Horace avait composé en l'honneur de

Diane serait chanté par deux chœurs, l'un de jeunes filles, l'autre de jeunes garçons, tous fils de patriciens. Les beaux vers de l'héritier de la lyre de Pindare furent embellis par une musique dont on ignore les auteurs. Mais cette circonstance montre que cet art, étendant son empire sur le peuple romain, et suivant les progrès de la civilisation et du luxe, allait jouir encore de plus d'honneur sous les empereurs que pendant la république.

Sous le règne de Tibère, la musique dut nécessairement être atteinte de ce marasme qui paralyse tous les arts sous un tyran; et cependant, sous Caligula, digne héritier de cet empereur, elle semble s'éveiller de sa longue léthargie. C'est que ce prince avait pour cet art un goût très-prononcé, et presque une passion. Caligula aimait la musique autant qu'il aimait le sang, et cette réunion dans un même homme d'un goût aimable et d'une fureur sanguinaire n'est pas, de tous les mystères de l'esprit humain, le moins difficile à expliquer.

Néron cultiva lui-même la musique en artiste consommé; il consacrait une partie de son temps à l'exercice de son art favori. Tous les jours, s'enfermant avec Terpanum, le joueur de flûte et de cythare le plus renommé qu'il y eût alors, il prenait des leçons de chant qui se prolongeaient jusque dans la nuit. Quoique sa voix fut grêle et voilée, il fit de tels progrès, que dans la troisième année de son règne il ne balança point à chanter en public. Il débuta sur le théâtre de Naples, et y acquit tant de réputation, que des musiciens accoururent de toutes les contrées pour l'entendre et admirer son talent. Il en retint cinq mille, qui, dès ce moment, restèrent attachés à son service. Il leur donna un costume uniforme, et leur apprit même, chose incroyable, si Suétone ne l'attestait, de quelle manière il entendait être applaudi. Le peuple romain le pria un jour de chanter dans une des rues de Rome où il passait, et Néron, qui lui aurait refusé la vie de Trasias, s'il la lui avait demandée, ne refusa point de lui faire entendre sa voix divine. Des applaudissements vifs et prolongés furent le prix de cette complaisance inouïe. Dès ce moment, le maître du monde se mit lui-même au rang des comédiens, et accepta sa part des rétributions publiques destinées à payer leur talent. Non content des applaudissements donnés à sa voix comme chanteur, il brigua les suffrages du public comme compositeur; il voulut traiter le sujet de la prise de Troie, et l'on prétend même qu'il fit mettre le feu à Rome, afin de pouvoir imiter avec plus de vérité les voix et les cris déchirants des victimes de l'incendie. C'est à l'aspect du plus affreux tableau que puissent contempler les yeux de l'homme, et qui, pour lui, n'était qu'un brillant modèle, qu'il eut, dit-on, le plaisir en jouant sur sa flûte, de composer ce qu'on appelle *d'après nature*.

A la mort de Néron, le peuple romain, dont l'irritation était extrême, prétendit mettre au rang des complices de cet empereur la musique, et, comme telle, la bannit de Rome avec tous les musiciens. Ainsi proscrit, l'art musical se réfugia au sein de l'Église naissante, qui l'épura en lui donnant un asile et en simplifiant sa notation.

ROMANCE. Depuis une dizaine d'années, des milliers, des myriades de pièces de ce genre ont été fabriquées et livrées à l'appétit glouton des amateurs. Une centaine au plus méritent d'être distinguées parmi la foule immense de ces productions éphémères. Le défaut le plus saillant des romances contemporaines, c'est la monotonie. A quelques rares exceptions près, lorsqu'on a pu se dérober à l'ennui d'entendre une romance, il faut se dispenser d'en écouter d'autres; on les connaît, on les sait presque toutes.

Une romance, que la mode porta sur son aile légère, a commencé la réputation de Boïeldieu; et qui n'a senti son cœur palpiter en écoutant, en chantant les jolies romances: *S'il est vrai que d'être deux; Bouton de rose*, de Pradher; *Je t'aime tant*, de Garat; *Te bien aimer, ô ma chère Zélie*, de Plantade; *Un jeune Troubadour*, de Dalvimare; *Charmant ruisseau*, de Domnich; *Partant pour la Syrie*, de la reine Hortense; *La Suissesse au bord du lac*, de Goulé; *Fleuve du Tage*, de Pollet, et de nos jours, les délicieuses romances de Labarre, de Mlle Loïsa Puget, de Masini, de Grisar, d'Arnaud, d'Henrion, etc., etc.?

Le nom de romance est bien ancien en France; on l'avait abandonné pendant un siècle. On appelait *brunettes* les chansons rimées sur un sujet plein de tendresse et de sentiment. Dans les anciens recueils de Ballard, du temps de Louis XIII et de Louis XIV, toutes les romances portent le nom de brunettes.

Les romances, les brunettes destinées aux amateurs de haut parage, étaient désignées sous le titre *airs de cour;* les chansons prenaient celui de *voix de ville*, dont on a fait plus tard *vaudeville*.

Ronde. Sorte de chanson ordinairement mêlée de galanterie, composée de divers couplets qu'on chante dans une réunion nombreuse, debout, formant le rond, en se tenant tous par la main. Chacun chante son couplet, et l'on fait chorus en reprenant le refrain sur lequel on danse en même temps. La ronde a été introduite dans nos opéras comiques, où elle fait beaucoup d'effet. On cite les rondes de *Cendrillon*, du *Chaperon rouge*, de la *Neige*, du *Postillon de Lonjumeau*, des *Porcherons*, etc.

Ronde. Note blanche et ronde, sans queue, laquelle vaut une mesure entière à quatre temps, c'est-à-dire deux blanches ou quatre noires. La ronde est de toutes les notes d'un usage habituel celle qui a le plus de valeur. Autrefois elle était celle qui en avait le moins, et s'appelait *semi-brève*.

Rondeau. C'est un très-petit poëme, *né gaulois*, selon l'expression de Despréaux.

La naïveté et le badinage de ces pièces si exiguës ne convenaient pas à un siècle de plaisirs emportés comme celui qui nous précéda et conviennent encore moins au nôtre. Aussi, ce léger poëme est-il tombé en désuétude. Au dix-septième siècle, il se ranima sous la plume ingénue de La Fontaine, puis il mourut sans doute à jamais, satisfait de ses honneurs et des pensions considérables qu'il avait values à ses auteurs.

On compte trois espèces de rondeaux : le plus en vogue et le premier fut celui qui est composé de treize vers sur deux rimes; après le cinquième, il doit y avoir un repos, ainsi qu'à la fin de chaque stance, et après le huitième, doivent revenir les deux ou trois premiers mots du premier vers, mots obligés de se retrouver encore après le treizième; c'est ce qu'on appelle le refrain. Le second est le *rondeau redoublé ;* il est composé de six quatrains également sur deux mêmes rimes. Dans les quatre quatrains qui suivent le premier, un vers complet de ce dernier doit s'y retrouver et s'enchaîner à l'idée générale. Quant au sixième quatrain, il suffit qu'après le quatrième vers, les premiers mots du premier vers de la première stance viennent se placer naturellement. La troisième espèce de rondeau est le *rondeau simple*. Il consistait en deux quatrains sur mêmes rimes, et séparés par un distique auquel le refrain était attaché ainsi qu'à la fin du dernier quatrain.

Rondo. Sorte d'air vocal né en Italie, qui de là passa en Allemagne et en France. Il était autrefois un des ornements de la scène lyrique, la volupté des dilettanti. Le rondo est composé ordinairement d'une première, d'une seconde et d'une troisième parties ou reprises, dont la première se répète après la seconde et la troisième. Il est aujourd'hui passé de mode, et les compositeurs modernes l'ont employé rarement.

Les grands coryphées du rondo scénique sont les Gluck, les Piccinni, les Sacchini, les Paisiello, les Cimarosa, les Mozart, les Rossini. Quant au rondo instrumental, dont les maîtres sont Haydn, Mozart, Beethoven, Onslow, il suit les règles du rondo vocal. Beethoven seulement, que débordait sa fécondité, multiplia souvent les reprises de ses rondos.

ROULADE. C'est le nom vulgaire donné en musique à ces traits rapides imités de la musique instrumentale, et qu'on place ordinairement dans les points d'orgue pour faire briller le talent du chanteur, ou dans toute autre circonstance, pour donner plus de grâce à la mélodie ou plus de force à l'expression. Les Italiens sont prodigues de cet ornement de la musique vocale. Il est vrai que la langue italienne est remplie de syllabes sonores sur lesquelles on peut prolonger la voix; mais les chanteurs ultramontains mettent trop souvent à profit les occasions qui leur sont offertes, pour qu'une oreille délicate ne se fatigue pas de leurs éternelles vocalisations.

En français nous n'avons que les *o*, les *é* et les *a* sur lesquels on puisse convenablement placer un trait de chant, et comme ces voyelles ne se presentent pas assez fréquemment dans notre versification lyrique, on est souvent obligé de passer plusieurs notes sur des *i*, des *u*, et même des *e* muets, ce qui est fort disgracieux.

La roulade n'est pas toujours déplacée dans une

situation triste et pathétique, surtout lorsque la chanteuse réunit la force à l'agilité. Il y a telles scènes dans lesquelles elle donne à certains passages une expression d'énergie qu'on n'aurait certainement pas obtenue avec une mélodie plus simple. Et cela se conçoit; lorsqu'une âme est trop affectée, elle ne trouve plus de paroles et ne peut s'exprimer que par des interjections.

Roulement. Le roulement s'exécute sur le tambour et la timbale par le mouvement alternatif de deux baguettes, et en frappant deux coups avec chacune. Le roulement de timbale produit un effet surprenant dans le *crescendo* et le *forte* d'un orchestre nombreux; il a quelque chose de mystérieux et de sinistre, s'il est fait pianissimo, ou si les timbales sont voilées. On l'emploie avec succès de cette manière dans un morceau lent, surtout dans une marche funèbre.

Plusieurs symphonies de Haydn commencent par un roulement de timbales.

Roue-Archet. On appelle ainsi une roue pleine, frottée de colophane, qui dans la vielle tient lieu d'archet.

Rosalie. On donne ce nom à la répétition d'une même phrase de chant, sur les cordes qui sont un degré plus bas ou plus haut. On a banni de toutes les compositions de bon goût les répétitions fastidieuses et banales, trop faciles à deviner ou à prévoir.

Rose. Nom que l'on donne à l'ouverture circulaire pratiquée sur la table des clavecins, des théorbes, des luths, des guitares.

Routinier. On donne ce nom aux ménétriers de village et aux acteurs d'opéra qui, sans avoir appris la musique et guidés seulement par un instinct plus ou moins heureux, parviennent à jouer ou chanter de routine un certain nombre de contredanses et de valses, ou des airs de chant, et même des rôles d'opéra.

Runa. C'est le nom d'une mélodie qui, depuis les temps les plus reculés, est en usage en Finlande.

Russie (de la Musique en). Parmi les peuples qui s'occupent de musique et qui possèdent des chants nationaux, on doit sans aucun doute placer la Russie. Là, l'artisan, le marinier, le soldat dans la marche, l'agriculteur, le postillon, le voiturier, enfin toute la population chante en se livrant à ses divers travaux.

Pendant que Pierre le Grand fut sur le trône, ses réformes s'étendirent jusque sur la musique. Il fit venir d'Allemagne toute sorte d'instruments, institua une compagnie de jeunes Russes destinés à apprendre la musique, encourageant principalement la musique militaire.

L'impératrice Anne porta sur le trône le goût de l'art musical. Dans les premières années de son règne, en 1737, Araja, compositeur napolitain, mit en scène le premier opéra italien qui ait été exécuté en Russie, intitulé : *Abijazare*, et l'année suivante, *Sémiramide*.

Sous Catherine II, la musique acquit une nouvelle splendeur. On représenta, en 1702, l'*Olympiade*, de Manfredini, et la salle était toujours remplie par plus de trois mille spectateurs. Des intermèdes italiens et des comédies russes et françaises alternaient avec l'opéra.

Sarti fut maître de chapelle de la cour depuis 1785 jusqu'en 1801. L'impératrice le combla d'honneurs et de biens, et le nomma directeur d'un nouveau Conservatoire de musique, avec une augmentation d'appointements assez considérable.

En 1843, l'empereur de Russie a institué un Opéra-Italien à Saint-Pétersbourg. La troupe composée de Rubini, Tamburini, Pauline Garcia-Viardot et quelques autres artistes moins importants, a été accueillie par les Russes avec enthousiasme. Depuis, le théâtre italien de Saint-Pétersbourg n'a pas cessé d'être compté au nombre des plus importants qu'il y ait en Europe. Lablache, Ronconi, De Bassini, Mario, Tamberlick, Rossi; Mmes Grisi, Frezzolini, Medori, de Lagrange, Persiani, ont paru successivement sur cette grande scène. L'empereur a pris ces grands artistes sous sa protection particulière.

Parmi les célèbres virtuoses qui ont, à des époques récentes, visité la Russie, on remarque Clémenti, Field, Rode, qui entra, en 1804, au service de l'empereur de Russie, Baillot, Klengel, Hummel, Boïeldieu, Ad. Adam, Liszt, Thalberg, Sivori, Artôt, Hauman, Mmes Cinti-Damoreau, Falcon, etc., etc.

S

S. Cette lettre, écrite alternativement avec le T, signifie *solo*, tandis que l'autre signifie *tutti*.

On donne aussi le nom de *s* au tuyau d'anche du basson, parce que sa forme ressemble à celle de cette lettre, et aux ouvertures pratiquées dans le corps du violon et du violoncelle.

S, traversé obliquement par une barre, est employé quelquefois comme signe de renvoi.

Sabot. C'est dans la harpe une espèce de crochet de laiton qui a la forme d'un bec de canne, et dont l'office est d'accrocher la corde pour la raccourcir d'une longueur relative à l'augmentation d'un demi-ton. Il y a dans la harpe autant de sabots qu'il y a de cordes.

Salle de spectacle. C'est le lieu où l'on représente les opéras, les drames, les comédies, etc., etc. La plus belle en France est celle de l'Opéra qui a été bâtie dans les rues Grange-Batelière et Lepelletier, pour servir de théâtre provisoire. Mais on l'a réparée en 1853 avec un luxe tel qu'il est permis de la considérer désormais comme définitive. C'est M. Fould, ministre d'État, qui a ordonné ces réparations importantes et qui les a fait exécuter aux frais de l'État. Les dépenses se sont élevées à 350,000 francs. Le style architectural qui domine maintenant dans la salle de l'Opéra est le style de la fin de Louis XVI marié à celui de l'Empire. L'ensemble est un peu lourd, mais les détails en sont extrêmement soignés et surtout très-brillants.

La salle de l'Opéra-Comique est établie sur la place Favart, entre la rue Favart et la rue Grétry; elle peut contenir environ dix-sept cents personne. Celle du Théâtre-Italien a été élevée sur la place Ventadour et c'est certainement une des plus élégantes de Paris. Elle a la même forme et la même dimension que celle de l'Opéra-Comique.

Les salles de spectacle en Italie sont plus grandes, plus belles et surtout beaucoup mieux construites que les nôtres. Leur forme est, en général, celle d'un cercle parfait, coupé par son diamètre régulier, dont une moitié appartient aux spectateurs, l'autre à la scène. On n'a pas en Italie, comme en France, la détestable manie d'étrangler l'avant-scène entre deux énormes massifs de constructions à colonnes énormes, ou à pilastres pleins, plus lourds encore, qui masquent la scène aux personnes placées dans les quatre ou cinq premières loges des deux côtés du haut en bas. Les Italiens ont une excellente manière de construire leurs salles de spectacles; ainsi dans la salle Saint-Charles, à Naples, la plus grande de toutes, on compte six rangs de loges, quarante-deux loges à chaque rang, pouvant contenir douze personnes chacune, et malgré cette prodigieuse dimension, on entend parfaitement partout.

La salle du théâtre royal de Turin est vaste, mais elle déroge par la forme, qui est un peu ovale. Dans sa construction il n'est entré que de la pierre et du fer, et elle se trouve ainsi à l'abri des dangers de l'incendie.

La plus vaste salle, après *San-Carlo*, est celle de la *Scala* à Milan. A Florence, on admire celle de la *Pergola;* à Rome, celle d'*Arg ntina;* à Venise, celles de *San-Benedetto* et de la *Fenice;* à Gènes, celle du *Carlo Alberto*.

Il n'est pas d'usage en Italie d'éclairer les salles de spectacle pendant les représentations. Lorsque le public commence à entrer, on descend une espèce de lustre garni de quelques torches de cire que l'on fait disparaître sitôt que l'ouverture commence. Il n'y a point de contrôle à la porte, point d'ouvreuses pour les loges. Chaque loge est assez ordinairement la propriété d'une famille, soit par location, soit par acquisition définitive. Les spectacles sont bien moins chers en Italie qu'en France; on entre au parterre de tous les grands théâtres pour un franc, celui de *San-Carlo* à Naples, excepté, où l'on paie 2 fr. 50 c. On va au spectacle le plus souvent sans toilette, et, pour ainsi dire, en robe de chambre. On reçoit ses visites dans sa loge, on joue, on soupe, alors on ferme les rideaux, et l'on allume des bougies dans l'intérieur, ou bien on cause d'affaires tout haut, d'amour tout bas, et l'on rentre chez soi souvent sans avoir entendu un mot de ce qui s'est chanté sur le théâtre.

SALPICTA. Mot grec qui signifie trompettiste, c'est-à-dire, qui joue de la trompette.

Salpinx. Ancienne trompette grecque, qui avait la forme d'un cube conique, long d'environ deux pieds, avec un pavillon qui transmettait le son.

Saltarelle. Mot dérivé de l'italien *salto*, qui signifie *saut*, et qui s'emploie pour indiquer un mouvement à trois temps vite, ou à six-huit, ou une musique pointée, et surtout celle où la brève est en frappant. On trouve des saltarelles dans les forlanes de Venise, dans les siciliennes et dans quelques gigues anglaises; un modèle de saltarelle pour piano, est celle composée par C.-V. Alkan.

Salve regina. Antienne ou hymne qu'on chante dans l'Église catholique, à la fin des vêpres du samedi de la Pentecôte jusqu'à l'Avent.

Le *salve regina* de Pergolèse est célèbre, bien qu'il ne le soit pas autant qu'il le mérite. Moins connu que le *Stabat* du même auteur, il est regardé, par les connaisseurs, comme une composition plus parfaite et d'un mérite supérieur.

Sambuque. Instrument à cordes des anciens Grecs. Quelques auteurs croient que c'est le *barbiton*.

Sanctus. Ce mot latin, répété trois fois, se chante pendant la messe après la préface.

Sandale. Espèce de chaussure en bois ou en fer, dont les directeurs de musique ou les batteurs de mesure garnissaient leurs pieds chez les anciens, et qui était destinée à rendre la percussion rhythmique plus éclatante.

Santur. Instrument à cordes turc, qui ressemble au psaltérion allemand.

Sarabande. En espagnol *zarabanda*, air d'une danse grave, portant le même nom, et qui paraît nous être venue d'Espagne; elle se dansait autrefois avec des castagnettes. L'air de la sarabande était à trois temps.

Saut, en italien Salto. Tout passage d'un son à un autre par degrés disjoints est un saut.

Tous les sauts sont permis dans la mélodie, pourvu que chaque note trouve sa conséquence et sa résolution dans celle qui la suit. Les airs de bravoure, les concertos de violon, de flûte, de basson, de clarinette, renferment souvent des sauts de dixième, et de plus grands encore.

Dans l'harmonie les sauts doivent être bien amenés, pour qu'il n'y ait pas d'incohérence dans les parties.

Sauteuse. Espèce de valse à deux temps et d'un mouvement très-rapide. On faisait succéder la sauteuse à la valse ordinaire. Ce nom lui vient de ce qu'on la dansait en sautant. La valse russe, qui se danse à peu près de la même manière, a fait délaisser la sauteuse.

Sauter. On fait sauter le ton, lorsqu'en donnant trop de vent dans une flûte ou dans un tuyau d'un instrument à vent, on force l'air à se diviser et à faire résonner, au lieu du ton plein de la flûte ou du tuyau, quelques-uns seulement de ses harmoniques. Quand le saut est d'une octave entière, cela s'appelle octavier. Il est clair que pour varier les sons du cor et de la trompette il faut nécessairement *sauter*, et ce n'est encore qu'en sautant qu'on obtient certaines octaves sur le basson, la flûte, etc.

Sautereau. Lame de bois mince, armée d'un petit morceau de plume ou de peau de buffle qui, dans les clavecins, était poussée contre les cordes, les frappait et produisait le son en s'échappant.

Sauvages (musique des). On sait bien que les peuplades sauvages n'ont pas de véritable musique; elles ne se servent guère que d'instruments à percussion.

Les Esquimaux, qui étaient aussi près de l'état de barbarie que possible lorsque le capitaine Parry les visita, étaient cependant passionnés pour la musique.

Ils n'avaient pour tout instrument, qu'une espèce de tambour ou de tambourin. Ils chantaient des airs; mais on n'y trouvait ni variété, ni étendue, ni mélodie caractérisée.

Les Mexicains, lors de la conquête de leur pays par les Espagnols, n'étaient guère plus avancés sous le rapport musical. Leurs principaux instruments étaient deux tambours, l'un nommé le *huehuetl*, l'autre le *teponaztli*. Ils avaient aussi des trompes, des coquilles marines, des petites flûtes qui rendaient un son aigu, et un instrument dont se servaient leurs danseurs, appelé *ajacaztli*. C'était une sorte de vase rond ou ovale, percé de petits trous et contenant un certain nombre de petites pierres, instrument à peu près du même genre que le hochet des enfants.

M. Weld, dans sa notice sur les Indiens du nord-ouest de l'Amérique, donne la description suivante d'une danse dont il fut le témoin un soir dans l'île des Bois-Blancs:

« Trois vieillards, assis sous un arbre, étaient les principaux musiciens; l'un d'eux battait un petit tambour formé d'un morceau de bois creux couvert d'une peau, et les deux autres frappaient la mesure de concert avec le tambour, au moyen d'une sorte de crécelle faite d'une courge sèche remplie de pois. En même temps, ces trois hommes chantaient un air, et tous les danseurs se joignaient à eux. »

Ce que nous savons des naturels des îles de la mer du Sud, quand elles furent découvertes par le capitaine Cook, prouve également la grossièreté et la simplicité de la musique des tribus sauvages qu'elles renfermaient. Quatre personnes jouaient sur deux flûtes faites de bambous creux, d'environ un pied de long, n'ayant que deux trous, et ne pouvant donner par conséquent que quatre notes divisées par demi-tons. On s'en servait comme nous nous servons de la flûte allemande, avec cette différence que l'exécutant, au lieu de l'appliquer à ses lèvres soufflait dedans avec une de ses narines pendant qu'il bouchait l'autre avec le pouce. A ces instruments se joignaient quatre chanteurs qui observaient fort bien la mesure. Dans un concert on n'exécutait souvent qu'un seul air. Aujourd'hui nos programmes sont un peu plus chargés.

Dans les *îles des Amis* il y avait des femmes qui chantaient et s'accompagnaient en faisant claquer leurs doigts. La musique de ces peuples est encore maintenant aussi barbare que lorsqu'ils furent visités par le capitaine Cook.

Les Indiens du Chili se servent de flûtes faites avec les os des ennemis qu'ils ont tués dans les combats; ils en font aussi avec des os d'animaux; mais les guerriers indiens ne dansent qu'au son des premières. Ils chantent tous à l'unisson, et à la fin de chaque air ils jouent de la flûte et d'une espèce de trompette : nos ritournelles ont le même but.

Les habitants de l'île de Tougo chantent souvent une chanson, espèce de récitatif, dont les idées sont assez poétiques, et qui est dite par les hommes et les femmes tout à la fois. Ils ont aussi un air mélancolique, sorte de complainte qu'ils chantent près des morts, comme le *Dies iræ*.

Une tribu de Cafres, les Bachapins, n'ont qu'un seul instrument appelé *lichaka*, fait de roseau, et ne rendant qu'un seul son. Il y en a un pour chaque note, et lorsque plusieurs exécutants sont réunis, une partie joue à l'unisson pendant que les autres font entendre différents tons de l'échelle musicale.

Cet usage rappelle assez l'emploi de la pédale dans les orgues modernes.

Ce qui frappe le plus les sauvages, c'est le rhythme : on a pu s'en convaincre en assistant aux danses de ceux qui sont venus, il y a quelques années, amuser les Parisiens.

SAUVER les dissonances. Voyez le mot DISSONANCE (résolution des).

SAWARDIN. Chanson des Kalmouks, qu'on chante en dansant.

SAX. C'est le nom d'un facteur belge qui est venu s'établir à Paris, et a doté la France d'une série d'instruments à vent, dont la famille s'appelle : LES SAX. On va juger de l'importance de ses inventions et de ses perfectionnements, par l'exposé suivant qui est un abrégé par ordre alphabétique des travaux considérables accomplis en peu d'années par ce célèbre facteur.

Basson. — Ce nouveau basson inventé par M. A. Sax, en 1849, est entièrement construit en cuivre. Sa forme est d'ailleurs à peu près la même que celle de l'ancien basson. Les trous à boucher par l'extrémité des doigts y sont supprimés, et tous les trous se bouchent au moyen de clefs, d'après le système de la *clarinette-basse,* autre instrument également inventé par M. Sax, en 1838. Grâce à ce procédé, l'inventeur est parvenu à obtenir une irréprochable justesse, qualité que l'on n'avait jamais pu atteindre jusqu'alors. L'égalité des sons, la sonorité et la facilité d'exécution découlèrent pareillement du même principe, sans que, pour cela, la qualité du timbre de l'instrument subît la plus légère altération; on peut, au contraire, lui faire acquérir à volonté plus d'éclat et d'intensité.

Caisse de résonnance. — Cette caisse a été inventée par M. A. Sax, en 1840. Celle qui a été mise en pratique est pour violoncelliste. Les violoncellistes jouant assis, ont pour habitude lorsqu'ils jouent un *solo,* ou en public, de se mettre sur une espèce de boite, afin d'être un peu plus élevés; c'est cette boite que M. Sax a remplacée par une caisse sonore : il faut à cet effet que l'artiste (comme cela se faisait généralement et se fait encore quelquefois aujourd'hui), mette une queue à son instrument, qui vient s'appuyer sur la table sonore.

Cette caisse est à peu près carrée et à peu près moitié moins haute que large ; l'artiste est isolé de la table par des traverses qui sont elles-mêmes isolées et portent sur les quatre montants qui servent de pieds à la table ; la chaise porte donc sur les traverses disposées pour cela, en même temps que pour mettre les pieds de l'artiste, qui se trouve ainsi dans la position habituelle du corps et peut donner une sonorité bien plus grande à l'instrument.

Le même effet peut se produire en grand pour l'ensemble d'un orchestre.

Clairon. — On sait que certaines armes de l'infanterie, les chasseurs à pied notamment, ne possédaient jadis que des clairons ordinaires ; ces instruments du même diapason, et ne pouvant donner que quelques notes, n'étaient susceptibles de former aucun ensemble tant soit peu musical ; si on voulait faire musique, il fallait se résoudre à mettre entre les mains du soldat un second instrument et ce n'était pas une mince charge, surtout pour les musiciens à qui le trombone ou l'ophicléide venait à échoir ; ces graves inconvénients équivalaient à la suppression presque absolue de musique dans certains corps. C'est pour y remédier que M. Sax inventa vers 1847 son nouveau système de clairon. Voici en quoi consiste son invention. Le clairon ordinaire, indispensable pour le service des signaux, est maintenu, mais lorsqu'on veut faire musique, on enlève la petite branche d'embouchure et on adapte à sa place un appareil armé de cylindres, qui a des développements variés, suivant le ton et le diapason à obtenir, mais qui, en tout cas, n'en reste pas moins une pièce aussi légère que portative dont le soldat demeure toujours muni, sans, pour ainsi dire, s'en apercevoir. Ces appareils une fois adaptés au corps du clairon ordinaire, qui est en *si bémol,* ont pour résultat de le transformer en clairon chromatique soprano en *mi bémol,* contralto en *si bémol,* alto-ténor en *mi bémol,* baryton-basse en *si bémol* et enfin contrebasse en *mi bémol.* Ainsi, au lieu de la monotonie et de la pauvreté des anciens clairons, voilà les régiments dotés d'un véritable orchestre de fanfares, parcourant toute l'échelle de l'aigu au grave et susceptible de former une harmonie aussi pleine que complète. S'ils sont deux seulement, les exécutants peuvent jouer un duo ; trois, un trio, et ainsi de suite ; enfin, veut-on les utiliser dans une exécution qui demande le plus de forces possible, rien n'empêche de les adjoindre, comme partie concertante, à un corps de musique militaire de quelque nature qu'il soit.

L'expérience des *clairons-sax* vient d'être faite au 8e bataillon de *chasseurs,* avec le plus grand succès. Tous les avantages annoncés par l'inventeur, ont été reconnus et constatés ; et l'on a remarqué, en outre, que l'application de ce système créait un genre de fanfares d'un caractère tout particulier et de l'effet le plus agréable.

Il n'est pas superflu d'ajouter que le doigter des clairons-sax est le même que celui du *saxotromba,* du *saxhorn,* etc.

Clarinette. — Les premiers perfectionnements de M. Sax ont été apportés aux clarinettes, de 1835 à 1838 ; pendant plusieurs années il s'est occupé de faire disparaître les défauts de cet instrument, sous les rapports de la justesse, de la sonorité, de l'égalité et de la facilité d'exécution. Le succès a couronné ses études. La nouvelle clarinette de M. Sax est un instrument parfait ; les trilles, les arpéges en octave, autrefois presque inexécutables, sont devenus faciles ; les notes suraiguës, grâce à une petite clef, sont devenues douces et pures. Sans aucun effort, on peut attaquer pianissimo le contre-si bémol haut.

Enfin la clarinette a gagné de l'étendue, au grave et à l'aigu.

Clarinette basse. — M. Sax ne s'est pas borné à améliorer la clarinette soprano, il a cherché à perfectionner tout le système et entre autres la *clarinette basse,* sur laquelle il est devenu un virtuose très-habile ; avant lui, cet instrument était très-défectueux ; en 1838, il l'a changé en donnant un diamètre beaucoup plus grand à son tube ; en bouchant les trous par des clefs, M. Sax a pu les espacer sur son tube d'après les lois de vibration, et il est arrivé ainsi à une justesse parfaite au moyen d'une petite clef qui ouvre tout près du bec un trou presque capillaire ; les sons aigus sortent avec autant de facilité que les graves, le son est d'un beau volume, d'une grande égalité et d'un timbre magnifique.

La clarinette basse de M. Sax n'embrasse pas moins de trois octaves et une sixte dans son étendue ordinaire ; mais on comprend que ce sont principalement les notes graves et du médium qui la rendent précieuse aux compositeurs.

Clarinette contrebasse. — M. A. Sax a inventé une clarinette contrebasse, en *mi* bémol, une quinte au-dessous de la clarinette basse. Cet instrument très-portatif et remplissant son but avec les mêmes avantages que sa clarinette basse, est fait d'après le même principe que cette dernière, et descend jusqu'au dernier *sol* de la contrebasse ; il possède des sons magnifiques.

Compensateur. — Le compensateur-sax consiste en un petit mécanisme qui s'applique aux instruments de cuivre de son système. Mû par le pouce de la main gauche qui cède ou résiste à la sollicitation d'un ressort, ce mécanisme a pour résultat de modifier le son par la longueur du tube. De cette manière, on peut arriver à la justesse la plus parfaite, faire sentir la différence du dièse au bémol, appuyer sur une note sensible, comme aussi modifier un doigter. Ce n'est là qu'une partie des avantages du compensateur ; en effet, si on le fait mouvoir pendant l'émission du son, on obtient le *glissé* ou *partamento*, exactement comme on pourrait le faire avec le trombone à coulisses, avec le violon, ou encore avec la voix. Cette disposition aussi simple qu'ingénieuse met donc les cuivres au niveau des instruments les plus délicats et les plus parfaits. Un grand nombre d'artistes ont adopté le compensateur et s'en servent avec autant d'avantage que de succès, notamment sur le cornet, le saxhorn et le saxotromba.

Fanfare Sax. — Il y a quatre organisations de M. Sax dans ce genre de musique (tous instruments en cuivre). Celle qui est composée de la famille des sax-tubas, introduite par M. Halévy dans le *Juif Errant*, celle des clairons Sax en usage au 8e chasseurs à pied ; maintenant les deux autres : l'une, composée de 14 instruments, l'autre, de 36 ; cette dernière employée dans tous les régiments de la cavalerie française depuis 1845, se compose de 6 trompettes à cylindres (système Sax), 2 saxhorns sopranos en *mi bémol*, 7 saxhorns contraltos en *si bémol*, 2 saxhorns en *la* pour remplacer les cors, 2 saxotrombas en *mi bémol* altos pour remplacer les cors, 2 saxhorns ténors *mi bémol*, 2 cornets à piston, 1 trombone à cylindre (système Sax), 3 trombones à coulisses, 3 saxhorns en *si bémol* barytons, 3 saxhorns en *si bémol* basses à quatre cylindres, 3 saxhorns contrebasses en *mi bémol*. Celle de 14 instruments est composée d'un petit saxhorn soprano *mi bémol*, 2 saxhorns en *si bémol* contraltos, 3 saxotrombas en *mi bémol*, 2 saxhorns barytons en *si bémol*, 2 saxhorns basses, 1 saxhorn contrebasse *mi bémol*, 1 saxhorn contrebasse *si bémol* et 2 cornets à cylindres.

Flûte de Pan Sax. — Cet instrument, qui se distingue par un caractère particulier, et qui était si incomplet jusqu'à ce jour, que les compositeurs ont dû se priver d'en faire usage, M. A. Sax y a apporté de tels perfectionnements, qu'il l'a rendu digne d'occuper un rang dans les musiques instrumentales. M. A. Sax a adapté aux tuyaux des coulisses qui permettent, en raccourcissant le tube, de donner sur chacun d'eux une tierce, une quinte ou une octave d'étendue par demi-tons : par ce moyen, et en soufflant à la fois dans les deux tuyaux, il sera toujours possible de faire entendre, non-seulement un chant quelconque, mais encore un accompagnement à ce chant, ou même des variations doublées.

Flûte Sax. — Inventée par A. Sax, en 1843, admise et entendue par le jury de l'Exposition de l'Industrie française de 1847 : tous les trous sont fermés avec des clefs qui suppriment les cavités à l'intérieur du tube, avantage énorme pour la sonorité et la facilité de l'instrument.

Orchestre Sax. — Cette nouvelle organisation de M. Sax diffère des autres par suite des progrès qu'il a fait faire aux instruments de musique ; elle diffère aussi de celle qu'il a fait adopter pour l'armée en 1845.

L'orchestre Sax est bien certainement ce qu'il y a de plus beau comme ensemble, comme justesse, comme variété et comme exécution. Cet orchestre se compose de 2 flûtes, 2 ou 4 petites clarinettes, 6 grandes clarinettes, 1 clarinette basse, 2 hautbois, une famille de saxophones composée de cinq instruments, 2 petits saxhorns sopranos *mi bémol*, 2 saxhorns contraltos en *si bémol*, 3 saxotrombas en *mi bémol* altos, 2 saxhorns barytons en *si bémol*, 2 saxhorns basses à quatre cylindres, 1 saxhorn contrebasse en *mi bémol*, 1 saxhorn contrebasse en *si bémol*, 2 cornets à cylindres, 2 cors, 4 trompettes, 3 trombones ténors, 1 trombone basse, timbales, cymbales, castagnettes, etc.

Porte-voix.—Petit instrument ne produisant qu'un seul son, mais d'une grande puissance. M. A. Sax l'a inventé principalement pour la marine et les chemins de fer; il a environ 30 centimètres de longueur, le cône de son tube est parabolique. La condition particulière de son tube et de son embouchure est la seule cause, par les proportions, de cette grande puissance qui se produit sans anche ni sans sifflet, et seulement par les conditions particulières de l'air; ce moyen est en partie employé par M. Sax, pour porter sur un point donné le son du sifflet, en faisant pivoter un grand porte-voix sur le sifflet de la locomotive.

Réflecteur. — M. A. Sax a inventé en 1839, un réflecteur acoustique, qui consiste en une plaque de métal concave qu'on adapte au pavillon de l'instrument et dont la mobilité permet de lui faire prendre toutes les directions voulues; au moyen de ce réflecteur on peut diriger les sons vers tel ou tel point; il peut s'appliquer à tous les instruments à vent.

M. Sax a adapté ce réflecteur à un orchestre en plein vent, ce qui a donné les meilleurs résultats.

Saxhorns doubles.— Inventés, en 1851, par A. Sax, ces instruments ont deux pavillons et sont armés de cinq cylindres : celui en *mi bémol*, par exemple, a l'étendue à lui seul du soprano en *mi bémol*, du contralto en *si bémol* et de l'alto ténor en *mi bémol*. Ces instruments sont livrés à l'étude des artistes, et feront probablement une nouvelle révolution instrumentale.

Saxhorn.—Instrument en cuivre à bocal, armé d'un mécanisme de cylindres. M. Sax en a institué une famille entière qui parcourt une immense étendue de l'aigu au grave. Le plus élevé est en *si bémol*, à l'octave supérieure de l'ancien bugle en *si bémol* ou de la clarinette en *si bémol*, ou encore une quinte au-dessus du petit bugle en *mi bémol*. Le plus grave est le saxhorn contre-bourdon en *si bémol*, deux octaves au-dessous de l'ophicléide ; ce gigantesque instrument avec ses tubes additionnels des cylindres n'offre pas moins qu'un développement de 48 pieds ; il se joue néanmoins avec facilité et sans fatigue pour l'artiste. Les autres membres intermédiaires de la famille sont, en allant de l'aigu au grave : le petit saxhorn, en *mi bémol* aigu, le saxhorn contralto en *si bémol*, le saxhorn alto-ténor en *mi bémol*, le saxhorn baryton-basse en *si bémol*, le saxhorn contrebasse en *mi bémol*, le saxhorn contrebasse grave en *si bémol* et le saxhorn bourdon en *mi bémol*. Chacun de ces instruments peut être exécuté un ton au-dessus, c'est-à-dire en *ut* pour ceux en *si bémol*, et en *fa* pour ceux en *mi bémol*.

Les saxhorns se construisent ou droits en avant, ou avec le pavillon en l'air ; cette dernière disposition de forme empruntée au saxotromba est surtout favorable pour la cavalerie.

Le cône de l'instrument est un peu plus large que celui du saxotromba, et un peu moins que celui de l'ancien bugle et de l'ancien ophicléide ; aussi sa voix participe-t-elle de ces deux différents timbres, mais naturellement avec beaucoup plus de force, d'éclat, de pureté et de justesse que n'en ont jamais offert le bugle ou l'ophicléide. Quant à remplacer ces instruments dans l'échelle générale, on a pu voir par la nomenclature ci-dessus, que non-seulement chacun des individus de l'ancien système y est surabondamment représenté par le nouveau, mais encore que les nombreuses lacunes qui existaient précédemment se trouvent aujourd'hui comblées.

Les saxhorns forment le fonds de l'orchestre de fanfares-sax.

Saxophone. — Le *saxophone* est un instrument en cuivre armé de dix-neuf à vingt-deux clefs et qui se joue au moyen d'un bec à anche dans le genre de celui d'une clarinette. Son étendue est de deux octaves et une sixte. Le cône de l'instrument est parabolique, ce qui donne une grande homogénéité aux sons; le doigter procède par octave comme celui de la flûte. Il existe des saxophones à peu près dans tous les tons, depuis celui en *si bémol* contrebasse, une neuvième au-dessous du basson, jusqu'à celui en *fa*, à l'unisson de la petite clarinette. Les saxophones se divisent généralement pour le ton et le diapason en saxophone basse *si bémol* ou *ut*, en saxophone baryton *mi bémol* ou *fa*, en saxophone ténor *si bémol* ou *ut*, en saxophone alto *mi bémol* ou *fa*, en saxophone soprano *si bémol* ou *ut*, et enfin en saxophone suraigu *mi bémol* ou *fa*.

Le saxophone est un instrument d'invention encore récente, et déjà sa réputation est faite; il est vrai qu'indépendamment de ses qualités particulières qui en font un instrument *solo* si remarquable, le saxophone est appelé à jouer un rôle des plus importants dans nos orchestres de symphonie et dans nos musiques militaires ; l'épreuve en a été faite de la façon la plus triomphante, dans plusieurs musiques régimentaires et notamment dans l'orchestre de la grande harmonie de Paris où sa beauté, sa distinction, et sa suavité merveilleuse ont produit un effet véritablement magique. Le volume aussi bien que la portée de sa voix, assigne, pour ainsi dire, au saxophone le rôle d'intermédiaire ou de concordant entre les instruments faibles et les instruments forts, si bien qu'il n'écrase point les premiers, et ne se laisse point écraser par les seconds. Cet inestimable avantage auquel viennent se joindre un timbre entièrement original, d'un éclat et d'un charme extrêmes, une justesse et une égalité parfaites dans toute son échelle, une grande facilité d'exécution, une agilité prodigieuse, enfin une étendue considérable, par rapport à chaque espèce de saxophone, et qui embrasse en entier le clavier général des sons, tout cela explique suffisamment l'intérêt qui s'attache à une découverte si brillante et si parfaite dès son origine. Le sentiment des compositeurs, des artistes, bref de tous les hommes compétents a été unanime sur ce point que le saxophone est un des plus beaux et des plus utiles instruments qui existent.

Saxotromba. — Instrument en cuivre à bocal, armé d'un mécanisme de cylindres. Cet instrument a été inventé par M. A. Sax, vers 1843. Il comporte une famille de sept membres, allant de l'aigu au grave, divisés par quinte et quarte; ainsi : le saxotromba suraigu en *si bémol,* une octave au-dessus de l'ancien bugle en *si bémol;* le saxotromba en *mi bémol* soprano à l'unisson du petit bugle en *mi bémol;* le saxotromba contralto en *si bémol,* à l'unisson du bugle ordinaire; le saxotromba alto-ténor en *mi bémol,* à l'unisson de l'ophicléide alto; le saxotromba baryton-basse en *si bémol,* à l'unisson de l'ophicléide basse en *si bémol;* le saxotromba contrebasse en *mi bémol*, une octave au-dessous de l'ophicléide alto, et le saxotromba contrebasse grave en *si bémol,* une octave au-dessous de l'ophicléide basse. Chacun de ces instruments peut être exécuté un ton au-dessus, c'est-à-dire en *ut* pour ceux en *si bémol,* et en *fa* pour ceux en *mi bémol*. Les proportions du saxotromba sont entièrement nouvelles, et sa voix tient, en quelque sorte, le milieu entre le timbre des trompettes, des trombones, d'une part, et de l'autre, des bugles et des ophicléides ; moins strident que les premiers, le saxotromba n'a ni la lourdeur, ni le son empâté des seconds. Par sa forme nouvelle, comme par le contour de ses tubes, il est infiniment mieux disposé pour l'émission du son, ainsi que pour la facilité du placement et du maniement. Les pavillons se trouvant tous dans la même direction, le son se propage et arrive à l'oreille de l'auditeur avec bien plus de puissance. Enfin, l'instrument est particulièrement avantageux pour les musiques de cavalerie.

Les saxotrombas sont presque toujours à trois cylindres ; on en fait cependant aussi à quatre et même à cinq cylindres.

L'alto de la famille est presque partout en usage soit dans les orchestres de symphonie, soit dans la musique d'harmonie, soit dans les musiques pour bals. Il remplace le cor avec un immense avantage, ayant une bien meilleure sonorité, et n'exigeant pas, à beaucoup près, autant de talent de la part de l'artiste.

Le doigter est le même pour tous les membres de la famille.

M. A. Sax a transporté la forme et les principales dispositions du saxotromba, non-seulement à ses *saxhorns*, mais encore à plusieurs instruments anciens, tels que le *cornet*, le *cor*, la *trompette* et le *trombone*, et il les a ainsi dotés des avantages qui y sont attachés. L'un des plus considérables, sans contredit, c'est l'unité de doigter qui fait que lorsqu'on sait jouer de l'un, on sait jouer également de tous les autres.

Saxtuba.—Instrument de cuivre à bocal armé d'un mécanisme de cylindres. Cet instrument fut inventé par M. Ad. Sax, vers 1850, à l'occasion de l'opéra de

M. Halévy : *le Juif errant*. Sa famille comporte sept membres de l'aigu au grave, comme celle du *saxotromba*. La forme des sax tubas a de l'analogie pour la forme avec celle des *tubas* romains. Au moyen de ses cylindres, leur échelle est chromatique. Leurs proportions diffèrent légèrement de celles des *saxhorns* ; quant à la puissance de sons elle est incomparablement plus grande que celle de tous les instruments en cuivre connus, ce qui est principalement dû à la simplicité des contours ne formant qu'une ou deux courbes sans aucun angle. Pour se faire une idée de cet éclat formidable, il faut avoir entendu, comme cela nous est arrivé, un petit orchestre de quatorze *saxtubas* dominer et couvrir facilement une masse de quinze cents instruments à vent (cérémonie de la bénédiction des aigles, au Champ de Mars). Voici ce que disait à ce sujet M. Adam, dans un feuilleton de l'*Assemblée nationale* du 19 décembre 1852: « Leur son n'est jamais un bruit, c'est toujours une » note sonore et accentuée ; l'expérience de leur in- » tensité et de la facilité de propagation de sonorité a, » du reste, été faite, il y a dix-huit mois, à la fête des » aigles, au Champ de Mars, où étaient réunis quinze » cents musiciens militaires. Quatorze instruments de » M. Sax suffisaient pour dominer cette énorme » masse d'instrumentistes. »

On se rappelle la surprise causée par l'apparition des saxtubas sur la scène de l'Opéra, surprise qui se changea bien vite en satisfaction et se traduisit en applaudissements. Leur extrême puissance donna lieu, à la même époque, à une polémique des plus vives et des plus animées dans plusieurs journaux, notamment entre M. Jules Janin, le critique des *Débats*, et le directeur de l'Opéra, M. Roqueplan.

La forme des saxtubas est aussi pompeuse qu'élégante et concourt merveilleusement à l'éclat d'une cérémonie publique, ou d'une représentation théâtrale.

Timbales Sax. — Inventé par A. Sax, en 1852, cet instrument est un progrès énorme pour les orchestres; sans occuper une place considérable, il comporte simultanément tous les tons de la gamme et n'exige pas un long accordage; il est composé d'une série de cercles de hauteurs à peu près égales, et dont la capacité intérieure est en rapport avec le son que chacun d'eux doit produire dans une gamme chromatique; ces cercles sont superposés de manière qu'une caisse supérieure soit en retraite sur la caisse immédiatement inférieure d'une quantité suffisante pour que les baguettes de l'artiste fassent franchement résonner la peau de chacune d'elles.

Trombone (ténor basse). — Ce nouveau trombone de l'invention de M. Sax, se joue absolument comme l'ancien et avec les mêmes positions; seulement, il est muni d'un cylindre qui lui donne sur son devancier une supériorité incontestable. Ainsi, au moyen du cylindre en question, les notes graves *mi bémol*, *ré*, *ré bémol*, *ut* et *si* qui font lacune sur l'ancien trombone, deviennent sur le trombone-sax d'une exécution aussi nette que facile. Le même cylindre permet d'y rendre avec la plus grande aisance, des traits et passages d'une difficulté extrême ou même presque inéxécutables sur l'ancien.

Saynette. Petite comédie mêlée de chansons que l'on représente en Espagne. Les saynettes sont des espèces d'intermèdes comiques, joués par trois ou quatre acteurs, et quelquefois même par un seul.

Scala (Théâtre de la). Le théâtre de la Scala, à Milan, est, sans contredit, une des scènes lyriques les plus importantes de l'Europe. Malgré son immense développement, cette salle est fort sonore; ce qui est dû, sans doute, à l'absence de ces rangs de galeries et de loges ouvertes, qui absorbent une grande partie du son dans nos théâtres. Lorsque le public veut bien écouter, ce qu'il ne fait guère que par fraction, hormis à certains moments convenus, la plus faible émission de son arrive jusqu'aux dernières limites de la salle. A la Scala, des artistes doués de peu de voix sont parfaitement entendus.

Les voyageurs qui ne font que traverser les villes d'Italie, en emportent le plus souvent des idées superficielles et fausses, qu'un peu de conscience leur défendrait d'émettre légèrement. On a prétendu qu'on joue toujours le même opéra, pendant plusieurs mois de suite, dans les grands théâtres d'Italie ; rien n'est plus faux. A la Scala, par exemple, nous avons vu défiler, dans un espace de trois mois à peine, sept opéras, dont quatre entièrement nouveaux pour le public et trois reprises d'ouvrages oubliés. Sur les quatre nouveautés trois étaient spécialement écrites pour le carnaval de la Scala ; ce qui forme un ensemble de travaux qui réduit à bien peu de chose ce que fait notre Académie impériale de musique. Mais aussi, quel métier que celui des chanteurs d'Italie ! chanter tous les soirs l'opéra monté, répéter tous les matins celui qui va suivre, apprendre toutes les nouveautés écrites expressément pour le théâtre, voilà leurs obligations. Il faut avoir une poitrine de bronze et un courage de fer pour y résister.

La plus grande partie des opéras représentés au théâtre de la Scala sont en trois actes, divisés chacun en plusieurs tableaux. Après chaque acte, on joue un ballet qui dure au moins une heure, ce qui laisse au chanteur le temps de se reposer pour entamer l'acte suivant. Dans la saison d'hiver, dite *saison du carnaval*, l'opéra est suivi d'un second ballet de genre comique, qui prolonge la durée du spectacle jusqu'à minuit au moins, de sorte que les spectateurs intrépides n'en sortent que le lendemain du jour où ils y sont entrés. Le luxe des décorations est un peu au-dessous de sa réputation à Milan, et notre Grand-Opéra est bien supérieur à la Scala sous ce rapport; mais les costumes des ballets sont fort riches. Un acteur représentant un personnage de qualité n'oserait se présenter en scène sans toute sorte de broderies et de plumes, souvent peu appropriées à la sévérité de la tradition historique. Les *prime donne* ont toutes l'air d'avoir trempé leurs robes de velours dans le Pactole, ce fleuve aux paillettes d'or, et la moindre confidente d'opéra scintille comme le ciel d'une nuit d'Italie.

L'orchestre de la Scala se distingue avant tout par une merveilleuse science d'accompagnement; et c'est un immense mérite. Là, les individualités ne cherchent pas isolément à briller, et tout l'amour-propre consiste dans le bon ensemble de la masse. Vous entendriez souvent chanter tout un air, un duo, sans songer qu'il existe un orchestre, tant il se mesure supérieurement sur les nuances du chant. Cette supériorité discrète dans les accompagnements ne l'empêche pas d'être nerveux, puissant, chaleureux dans les moments voulus.

Excellent dans son ensemble, l'orchestre de la Scala possède plusieurs artistes hors ligne. Nous citerons notamment les deux frères Cavallini, dont l'un est premier violon et chef d'orchestre, tandis que le second possède le plus admirable talent sur la clarinette. Quoique ce dernier ait, depuis deux ans, entrepris une tournée en Europe pour se faire entendre dans des concerts, il n'a pas cessé de figurer sur les cadres de l'orchestre de la *Scala*.

Scander. Exécuter un trait de manière à en distinguer les temps de chaque mesure, les diverses articulations, tant en marquant les coulés, les piqués, que les divers rhythmes provenant de la progression linéaire ou ternaire des notes.

Scène. Division du poëme dramatique, déterminée par l'entrée d'un nouvel acteur. On divise une pièce en actes, et les actes en scènes. Aux concours de composition musicale de l'Académie des Beaux-Arts, on donne souvent le nom de scène à la poésie que les concurrents mettent en musique.

Dans les scènes à plusieurs personnages, le chant doit avoir autant de caractères différents qu'il y a d'interlocuteurs. Il faut rendre dans les scènes, non-seulement le caractère de la passion qu'on veut peindre, mais celui de la personne qu'on fait parler. Ce caractère s'indique, en partie, par le genre de voix qu'on approprie à chaque rôle; car le tour de chant d'un ténor est différent de celui d'une basse. On met plus de gravité dans les chants de bas dessus, et plus de légèreté dans ceux des voix aiguës. Mais outre ces différences, le compositeur vraiment habile en trouve d'individuelles qui caractérisent ses personnages.

Seconde. Intervalle d'un degré conjoint; ainsi, les marches diatoniques se font toutes sur les intervalles de seconde.

On distingue quatre sortes de seconde : 1o la seconde majeure formée d'un ton entier; 2o la seconde mineure, formée d'un demi-ton; 3o la seconde augmentée, formée d'un ton et demi; 4o Enfin, la seconde minime qui appartient au genre enharmonique, et ne peut pas être employée dans la musique.

Scherzando, En badinant. Ce mot italien désigne une exécution légère et badine.

Scherzi musicali, Plaisanteries musicales. L'art de plaisanter savamment en musique a toujours été un des priviléges des hommes de génie. Parmi les charmants badinages enfantés par la verve des compositeurs, il faut citer particulièrement le caprice de

Marcello, les canons burlesques du P. Martini, les fugues trillées de Porpora, etc.

SCHERZO, BADINAGE. On donne ce nom à un morceau de musique de peu d'étendue et d'un style léger et badin. Le scherzo est assez souvent un menuet d'un caractère plus bizarre que celui des menuets ordinaires.

SCHISMA. C'est le nom d'un petit intervalle qui n'est pas usité dans la musique pratique, mais qu'on emploie dans la science canonique.

SCHÆNION. Morceau de musique des anciens Grecs, d'un caractère doux.

SCHOFAR. Instrument des Hébreux fait avec la corne d'un bélier ou d'un bœuf, et dont le son très-éclatant servait à annoncer les cérémonies du culte divin.

SCHOTISCH. C'est une sœur de la polka ; mais on la danse plus lentement. Son caractère rhythmique est binaire, c'est-à-dire que le pas change de nature chaque deux mesures. On écrit la schotisch à 2/4 ou à quatre temps.

SCHYARI. Sorte d'instrument à vent en usage il y a quelques siècles, dont la structure ressemblait à celle de la cornemuse, si ce n'est qu'il était ouvert dans la partie inférieure.

SCIOLTO, DÉLIÉ, AFFRANCHI, LIBRE. Ce mot, placé sous un trait de musique, indique que les notes doivent en être détachées.

SCIOLTO CONTRAPUNTO, CANONE SCIOLTO. Contrepoint, canon affranchi des règles strictes que l'on a imposées à ces sortes de compositions.

SCLAH. C'est une opinion à peu près générale, que ce mot hébraïque, qui se trouve si souvent dans les psaumes, a une signification musicale, sans cependant qu'on puisse déterminer quel est son véritable sens. Les uns croient que c'est notre *da capo* ou le signe de la *reprise*, d'autres prétendent que cette expression indique un changement de ton ou de temps, un silence, etc.

SCOLIES. Chez les anciens Grecs on appelait ainsi les chansons dithyrambiques. Dans la suite on donna ce nom aux chansons morales.

SCORDATURA. Ce mot italien ne peut se traduire en français que par *désaccordement*, qui n'est pas reçu dans notre langue; il signifie l'action de désaccorder un instrument à cordes. Comme rien de faux n'est admis en musique, ce *désaccordement* consiste à donner à l'instrument un accord qui, sans être faux, n'est cependant pas celui qui lui convient et qu'on lui donne de coutume. La scordatura se pratique pour étendre les limites de l'instrument, ou faciliter certaines positions que l'accord ordinaire ne permet pas de prendre, et produire par ce moyen des effets nouveaux et extraordinaires. Paganini en faisait un grand usage.

SDRUCCIOLO, ENHARMONIQUE. Cette expression italienne indique la manière de glisser enharmoniquement avec la voix sur quelques sons. Cet agrément, qui n'est pas toujours de bon goût, est particulièrement employé dans le cantabile. Mais on doit, pour qu'il produise un effet attrayant, n'en faire usage que de la tonique à la quarte, et, ce qui est encore plus convenable, de la quarte à la tonique. On peut encore s'en servir en passant d'un son à celui qui le précède immédiatement dans l'échelle musicale ascendante, par exemple, de l'octave à la septième mineure, et de la quinte à la quarte mineure.

SECOND. Epithète qui, entre deux parties ou voix égales, indique la plus basse, comme *second violon*, *seconde viole*.

SEGUE, Suit. Cette expression italienne, placée au bas d'une page ou entre deux morceaux de musique, indique qu'on doit continuer à exécuter ce qui suit sans aucune interruption.

SEGUIDILLE, en espagnol SEGUIDILLA. Air de chant et de danse fort en usage en Espagne. La mesure en est à trois temps, et le mouvement animé. Cet air est moins étendu que le boléro et le fandango, dont il a le caractère. C'est, à proprement parler, une chanson. La ritournelle se fait entendre au commencement et même au milieu de chaque couplet, ou *estrivillo*.

SEGNO, AL SEGNO, AU SIGNE. Ces mots signifient que l'on doit reprendre le morceau à partir du signe indiqué.

SÉMÉIOGRAPHIE. La séméiographie musicale, ou d· sc·iption des signes, comprend : la portée, les clefs, les n·tes, les silences, les accidents, les points d'orgue, les points d'arrêt, les signes d'agrément, les barres et l'orthographe musicale.

SEMENTERION. Instrument de percussion des Grecs, qui consistait en une planche sur laquelle on frappait avec un marteau.

SEMI. Cette expression latine, qui signifie demi, s'ajoute à plusieurs mots, comme *semi-brève, semi-minime,* etc.

SENSIBILITÉ. Disposition de l'âme qui inspire au compositeur les idées vives dont il a besoin, à l'exécutant la vive expression des beautés et des défauts de la musique qu'on lui fait entendre.

SEPTIÈME. Intervalle dissonant de sept degrés. Il y a trois sortes de septièmes, la septième *mineure,* la septième *majeure* et la septième *diminuée.*

SEPTUOR. Composition à sept parties obligées.

Le septuor vocal est toujours accompagné par l'orchestre ou le piano. Le septuor instrumental se borne aux sept instruments pour lesquels il est composé.

Nous possédons d'excellents septuors de Beethoven, de Kalkbrenner, de Bertini, etc.

Sérénade. Les sérénades sont des concerts donnés la nuit en plein air. Aussi l'étymologie de ce mot semble-t-elle venir du mot italien *sereno*. Il y a peu de conditions essentielles pour la composition des morceaux exécutés en sérénade. On peut cependant dire que l'on a généralement choisi des mélodies tristes et langoureuses, de nature à laisser la personne à qui on offrait cet hommage dans un vague demi-sommeil qui lui permettait à peine dans cette occasion de distinguer la réalité du rêve. Les tons bémolisés, surtout ceux de *mi* et de *la*, dont la douce harmonie s'accorde bien avec le mystère dont les exécutants cherchent d'ordinaire à s'environner, seraient heureusement employés.

La véritable patrie de ces concerts nocturnes, c'est l'Espagne et l'Italie. Voilà où il faut chercher l'origine de la sérénade. Elle se plaisait surtout dans les chaudes contrées, où la nuit est l'instant de toutes les intrigues d'amour. A Venise, les gondoliers ont conservé les traditions de la sérénade dans les barcarolles que la nuit ils font entendre sur les lagunes. Un modèle de ce genre de morceau est la sérénade de Donizetti dans l'opéra intitulé : *Don Pasquale*.

Serinette. Très-petit orgue à cylindre, qui joue des airs sans accompagnement, et qui sert à l'éducation musicale des serins.

Serpent. Instrument à vent que l'on embouche par le moyen d'un bocal. Le serpent est un cornet replié pour le rendre moins long, et pour que les doigts puissent atteindre les trous qui en règlent l'intonation. Ses replis et sa forme lui ont fait donner le nom de serpent.

On se sert de cet instrument dans les églises pour soutenir le chœur, et il était en usage autrefois dans les musiques militaires pour exécuter avec le trombone la partie de contrebasse.

Sextuor. Composition à six parties obligées.

Le sextuor vocal est accompagné par l'orchestre ou le piano. Le sextuor instrumental se borne toujours aux six instruments pour lesquels il est composé.

Boccherini a écrit des sextuors pour flûte, deux violons, viole et deux violoncelles. Les sextuors pour deux clarinettes, deux cors et deux bassons, sont d'un bon effet. Les sextuors de H. Bertini sont les plus beaux de la nouvelle école.

Si. Note de musique que les Allemands désignent par la lettre *h*, lorsqu'elle est sans altération, et par la lettre *b*, lorsqu'elle est altérée d'un bémol. C'est le septième degré de notre échelle musicale dans le mode majeur, et le second dans le mode mineur. Il porte accord parfait diminué, et s'emploie en harmonie dans les deux modes, en suivant toujours une marche différente.

Si. Septième syllabe du solfége moderne.

Siamois (Musique chez les). Les Siamois paraissent avoir fait plus de progrès dans la musique que les autres nations de l'Asie. Leurs mélodies généralement vives et brillantes, ne sont pas dépourvues de charme, même pour l'oreille exercée d'un Européen. Il y a beaucoup de douceur, d'agrément et de simplicité dans la musique des Siamois. Elle diffère de celle des autres nations orientales barbares, en ce qu'elle est en général dans le mode mineur. Le but des musiciens siamois est de toucher le cœur, d'intéresser l'esprit et d'exciter les passions. Pour y parvenir, ils ont plusieurs espèces d'airs, qu'ils emploient selon l'effet qu'ils cherchent à produire. Leurs morceaux de musique sont en très-grand nombre.

Sicilienne. C'est une danse napolitaine à 6/8 qui doit s'exécuter *allegro*. Le dessin mélodique est binaire, c'est-à-dire semblable de deux en deux mesures. Elle a les mêmes proportions que ses sœurs, la polka et la mazurka, c'est-à-dire trois périodes et huit ou seize mesures terminatives après le rappel du premier motif, quelquefois des deux premiers.

SIGNES. Ce sont en général les divers caractères dont on se sert pour noter la musique.

SILENCE. Nom générique des signes qui correspondent aux différentes valeurs des notes, et marquent l'interruption des sons pendant toute la durée de ces mêmes valeurs. Le silence d'une *ronde* se nomme *pause*, et se marque par une petite barre horizontale; celui d'une blanche, *demi-pause*, et se figure de même, à cela près de la différence de position sur la portée. Le silence d'une noire s'appelle soupir, celui d'une croche demi-soupir, ainsi de suite.

SIMPLE. Dans la musique, tout double ou composé a son *simple*, et tout simple a son double ou composé, comme contrepoint simple ou double, figure simple ou double, etc.

SIRVENTE. Sorte de poésie ancienne des troubadours et des trouvères, ordinairement satirique, et qui est presque toujours divisée en strophes ou couplets destinés à être chantés. (Voyez TROUBADOUR.)

SISTRE. Instrument de percussion. Il est ovale et fait d'une lame de métal sonore, dont la circonférence est percée de divers trous opposés, par lesquels passent plusieurs baguettes de métal. On agite le sistre en cadence pour lui faire rendre un son. Cet instrument est employé dans la musique militaire.

SOCIÉTÉS DE MUSIQUE. C'est surtout en Allemagne que les sociétés de musique ont pris un grand développement. La musique n'est cependant pas innée chez le peuple allemand, comme on le croit généralement en France. Elle est plutôt le résultat de l'éducation primaire et du protestantisme. Les enfants des deux sexes prennent chaque jour deux leçons de chant dans l'école publique, qu'ils aient de la voix ou non.

Il n'est pas une ville en Allemagne, si petite qu'elle soit, qui n'ait au moins sa société dirigée par un amateur distingué, ou par un maître de l'école primaire. Ces sociétés se composent de jeunes gens et de jeunes personnes dans la fleur de l'âge. Comme on se cotise pour couvrir les frais de l'établissement, chaque membre, homme ou femme, paye un nombre égal de florins par an. Ce fonds sert à acheter de la musique, à payer les copies, le salon où l'on s'assemble, et mille autres choses qui sont à la disposition du directeur.

On se réunit une ou deux fois par semaine, et l'on s'exerce à chanter des chœurs et des oratorios. Les sociétés composées seulement d'hommes chantent les quatuors sans accompagnement. Souvent la société est forte de trois ou quatre cents membres. Alors les fonds sont considérables; les soirées et les bals plus nombreux. Chaque nouveau membre y entre par ballotage et après avoir subi un examen; car s'il n'a pas une voix excellente, il faut au moins qu'il soit bon musicien et qu'il sache lire *a prima vista*. Pour ceux qui ont de la voix, on est plus indulgent, mais on leur enseigne à part des *soli*.

De temps en temps les différentes sociétés se réunissent, soit pour exécuter un grand oratorio au théâtre, soit pour chanter au bénéfice des maheureux. A Francfort, par exemple, le maître de chapelle n'a qu'à donner un ordre, et toutes les sociétés de chant se réunissent au théâtre avec les chœurs, et composent un ensemble d'environ six à sept cents personnes. On voit alors de jeunes bourgeoises rivaliser de voix et de beauté avec les premières artistes; car celles-ci ont toujours soin de s'habiller en simples bourgeoises. Il en est de même des sociétés instrumentales, où les amateurs viennent une fois par semaine pour exécuter les symphonies de Beethoven et de Mozart. Il faut avoir entendu la marche triomphale de *Titus* de Mozart, exécutée à Francfort, sous la direction de M. Guhr, maître de chapelle, par trois cents amateurs, cinquante musiciens de l'orchestre du théâtre, cent de la ligne, et cinquante de la garnison autrichienne, tout cela après une seule répétition : on ne se figure pas l'effet produit par ces masses vocales et instrumentales. Qu'on se représente M. Guhr faisant exécuter la création de Haydn par sept cents voix et trois cents musiciens. Il ordonnait, et le lendemain une répétition avait lieu dans l'église Sainte-Catherine, le surlendemain on assistait à la représentation.

Tous les printemps on donne des fêtes musicales à Heidelberg, Dusseldorf, Trèves, Mayence, Cologne, Bonn, Carlsruhe et autres villes au bord du Rhin, où six à sept cents chanteurs et cantatrices se réunissent pour exécuter de la musique sévère et religieuse. Un grand compositeur dirige ordinairement les chœurs et l'orchestre, et les premiers artistes se chargent des soli. Les chanteurs font souvent des voyages de trente à quarante lieues, et les habitants de la ville s'engagent à leur donner l'hospitalité.

Les sociétés de musique se multiplient aussi en France depuis quelques années, grâce au mouvement musical imprimé par l'Orphéon de Paris aux institutions orphéonistes de la province. Jusqu'à présent, c'est dans le nord de la France, bien plus que dans les contrées méridionales, que ces sociétés ont donné signe de vie. Quelques-unes mêmes, telles que celles d'Arras, Lille et Douai, sont allées disputer les prix aux sociétés chorales en Belgique et en Allemagne. Dans le courant de l'année 1853, il y a eu à Melun, à Fontainebleau et dans quelques autres villes, de belles fêtes musicales organisées avec le concours des sociétés chorales de diverses localités. Nous ne doutons pas que ce genre d'institution ne s'étende peu à peu sur toute la surface de la France, et n'acquière, dans notre pays, la même importance qu'en Allemagne et en Belgique.

Solfége, Solfier. On nomme solfége, ou plutôt solféges, tout recueil d'exercices, d'études ou d'airs disposés le plus ordinairement dans un ordre progressif, et destinés à être *solfiés*, c'est-à-dire chantés, en prononçant les syllabes qui servent de dénomination aux notes. Le nom de solfége s'applique également aux livres élémentaires qui enseignent les principes de la musique en général, et qui contiennent des leçons pour exercer les élèves à solfier. Toute bonne éducation musicale doit commencer par une longue pratique des solféges, même quand on doit se borner à apprendre à jouer d'un instrument quelconque; car il n'y a rien de comparable aux exercices de solmisation pour acquérir le sentiment de la mesure et la justesse de l'intonation. Presque tous les peuples de l'Europe, hors les Allemands, emploient pour solfier les syllabes correspondantes aux sept notes de la gamme de Guido d'Arezzo, si ce n'est qu'ils remplacent la première syllabe du premier degré *ut* par cette autre *do*, comme moins sourde et plus douce à prononcer. M. A. Panseron, professeur au Conservatoire de musique de Paris, a composé des solféges qui sont généralement adoptés dans l'enseignement. Ceux du *Conservatoire*, d'Italie, de Rodolphe, de Cherubini, de Chelard, de Garaudé, de Catrufo, etc., sont également très-estimés.

Solmisation. — C'est l'action de *solfier* ou *solmiser*. Dans l'école française, comme dans celle d'Italie, on solfie les notes en les nommant par leur nom : *ut*, *ré*, *mi*, *fa*, *sol*, *la*, *si*. Il est à remarquer que ces sept lettres correspondent aux sept syllabes de l'hymne de Saint-Jean :

Ut queant laxis	Solve polluti
Resonare fibris,	Labii reatum,
Mira gestorum	Sancta Joannis
Famuli tuorum,	Etc., etc.

Le mot *solmisation*, comme le mot *solfége,* vient de ce que l'échelle diatonique sur lequel était basé ce genre d'étude commençait par *sol.* Il en est de cette étymologie comme de celle du mot *alphabet*, qui vient du nom des deux premières lettres grecques *alpha* et *bêta*, dont on a composé le terme qui est en usage dans notre langue. Les Allemands et les Anglais se se servent pour solfier des lettres romaines A, B, C, D, E, F, G, substituées par saint Grégoire, au VIe siècle, aux lettres grecques.

Son. Le son n'est point un corps ou un être matériel, mais seulement une propriété d'autres corps, notamment de l'air qui le produit sous l'influence des agents qui le font entrer en vibration ; car on sait qu'il n'y a pas de son possible dans le vide. L'on sait de même que toute espèce de son est incontestablement déterminée par la vibration des corps élastiques, et que son plus ou moins grand caractère d'unité dépend du nombre plus ou moins grand de ces vibrations. L'air n'est pas le seul véhicule du son, quoiqu'il en soit le plus ordinaire, et l'on sait même, depuis Descartes, qu'il se transmet plus rapidement par le moyen des liquides que par celui des gaz et des fluides. La transmission par ces derniers, notamment par l'air, est surtout bien moins rapide que par les solides, tels que le bois, le fer, par exemple.

Les nuances des sons varient à l'infini, comme le nombre des vibrations qui les produisent. On nomme intervalle le rapport d'un son à un autre, ou plutôt le rapport entre les nombres de vibrations qui produisent ces sons. Les intervalles prennent différents noms, relativement au nombre de sons qui se trouvent entre ceux que l'on compare. On les nomme *seconde, tierce, quarte, quinte, sixième, septième, octave,* quand les sons composés se suivent immédiatement, ou quand l'oreille peut intercaler 1, 2, 3, 4, 5, 6 sons intermédiaires.

Le mot bruit, pris quelquefois pour synonyme de son, est spécialement consacré à caractériser, en fait de sons, tous ceux qui ne sont pas ce qu'on nomme musicaux proprement dits.

Son de voix, Ton de voix. Ces deux expressions, synonymes en ce qu'elles expriment les affections caractéristiques de la voix, ont cependant entre elles des différences considérables. Le son de voix est déterminé par la construction physique de l'organe; il est doux ou rude, agréable ou désagréable, etc. Le ton de voix est une inflexion déterminée par les affections intérieures que l'on veut peindre. Il est, selon l'occurrence, impérieux ou soumis, fier ou humble, vif ou froid, sérieux ou ironique, triste ou gai.

Sonate. La sonate, du mot italien *suonare*, sonner, s'applique au jeu de tous les instruments; c'est une pièce de musique instrumentale, quelquefois avec accompagnement. Elle prend le nom de trio, quand elle est accompagnée par un troisième instrument. La sonate se compose ordinairement de deux ou trois morceaux : 1° allegro ; 2° adagio ; 3° rondo ou presto. Toutefois, Sébastien Bach a composé des sonates à quatre et même cinq morceaux, qui ont obtenu longtemps un grand succès, ce que notre génération a le tort de ne pas connaître.

La sonate se rapproche du concerto et de la fantaisie, en ce sens qu'elle est un morceau d'exécution composé pour faire briller l'artiste; mais le style en est plus sévère; de sorte qu'elle est en même temps une véritable étude, un exercice, et quelquefois une pièce fort difficile pour un seul instrument. Quelque resserré que soit le cadre dans lequel se renferme cette composition musicale, un harmoniste habile peut y jeter des effets d'une certaine puissance; il doit même s'attacher à tempérer la sévérité un peu pédagogique du genre par de gracieuses mélodies, des thèmes originaux et des accompagnements variés.

La sonate demande à être jouée avec une irréprochable précision; elle ne souffre ni broderies, ni périphrases, ni aucun de ces traits brillants, mais parasites, désignés dans l'école sous le nom de *fioritures*. MM. Baillot et Liszt ont donné des modèles d'exécution, le premier dans les sonates de Tartini et de Viotti, le second dans celles de Beethoven, admirables chefs-d'œuvre où se retrouve tout entier, avec autant d'éclat que d'élévation et de profondeur, le génie du créateur des *symphonies*.

Presque tout le dix-huitième siècle fut l'esclave de la sonate, et chacun connait la boutade que ce culte exclusif pour une idole maintenant tombée, inspira à Fontenelle. De notre temps, M. Fétis, parodiant l'exclamation comique de l'ingénieux auteur de la *Pluralité des mondes*, a pu dire : Sonate, où es-tu? Et de fait, la sonate est morte, morte à petit bruit, sans funérailles, sans oraison funèbre.

Les meilleures sonates pour le piano sont de Ch.-Emmanuel Bach, Haydn, Mozart, Beethoven, Clementi, Dusseck et Hummel. Tous les artistes connaissent les sonates de Sébastien Bach pour clavecin et violon. Krumpholtz a fait pour la harpe ce que Clementi avait fait pour le piano. Corelli, Tartini, Locatelli, Leclair, Viotti, Baillot, Pleyel et Kreutzer ont écrit d'excellentes sonates de violon. Francischello et

Duport ont également laissé sous le même titre des études fort utiles pour le violoncelle. Les sonates à instruments à vent sont rares et peu estimées. Il faut cependant en excepter celles de Krommer et du savant et regrettable Reicha.

Sons antiphones. Ce sont ceux qui, à la distance d'une ou plusieurs octaves, font consonnance entre eux.

Sourdine. Petit instrument de bois, que l'on enchâsse sur le chevalet du violon, de la viole ou du violoncelle, pour en intercepter les vibrations et en diminuer par conséquent le son. La sourdine, en affaiblissant les sons, change leur timbre et leur donne un caractère sombre et mélancolique.

Strette. Mot qui vient de l'italien et qui signifie étroit, serré. Il se rapporte au mouvement d'un morceau de musique, et indique une marche plus serrée, plus rapide que celle que l'on suivait déjà.

Strophe. Couplet ou stance d'une ode ou d'une pièce de vers lyriques, dont le sujet est noble.

Subvention. C'est la part d'argent que donne le Gouvernement à des scènes privilégiées pour les aider à marcher glorieusement dans la voie du progrès musical et dramatique. Les théâtres subventionnés à Paris sont : l'Académie impériale de musique, le théâtre de l'Opéra-Comique, le Théâtre-Italien, le Théâtre-Français et l'Odéon. Ce mot s'applique aussi aux Conservatoires de musique placés sous la surveillance du Gouvernement. Celui de Paris est entièrement subventionné par l'État ; ceux des départements le sont en partie par l'État et en partie par les administrations locales.

En Italie, la subvention (*dote*) est plus ou moins forte selon le rang qu'occupent les cités dans l'ordre géographique, ou bien selon les circonstances qui président à l'ouverture des salles de théâtre. C'est la commune qui donne la *dote* et le Gouvernement qui fixe la somme. Comme nos centimes additionnels dans nos budgets des départements ou d'arrondissements, les subventions théâtrales sont proportionnelles aux produits du pays, à son commerce, à sa population. Le gouvernement ne refuse jamais son approbation aux demandes qu'on lui adresse à l'occasion des foires, qui sont les saisons les plus favorables aux entreprises de théâtre. Par l'attrait du plaisir, on fait naître la concurrence dans les affaires, et souvent la fortune publique se trouve liée à la renommée des artistes choisis par les entrepreneurs.

Substitution. Dans l'accord de dominante *sol, si, ré, fa, sol,* et dans tous les autres semblables, au lieu de répéter la dominante *sol* à l'octave supérieure, on peut lui *substituer* le sixième degré *la*.

Quand la dominante fondamentale est écrite, la note substituée doit en être à une neuvième réelle ; quand elle n'est pas écrite, on a l'accord de septième de sensible *si, ré, fa, la*, dont l'emploi est soumis aux règles suivantes :

Si le mode est majeur et si la note substituée n'est pas abaissée d'un demi-ton par une altération, elle doit se trouver toujours à une distance de septième de la sensible.

Si ce mode est mineur ou si la note substituée est abaissée d'un demi-ton par une altération quelconque, on peut très-bien l'écrire à une distance de seconde de la sensible.

On appelle aussi substitution dans quelques anciens traités, toute espèce de prolongation ou de retard, c'est-à-dire toute introduction dans un accord quelconque d'une note étrangère à cet accord, pourvu que les règles de la préparation et de la résolution soient bien observées.

La substitution peut avoir lieu dans tous les tons et dans tous les modes.

Suède (de la musique en). L'art musical est considéré par les Suédois comme une partie importante de l'éducation, surtout parmi les femmes. Les professeurs de musique jouissent de beaucoup de considération, et sont accueillis avec honneur dans les classes les plus élevées de la société. Dans les montagnes, les bergers suédois se servent d'une espèce de longue trompette faite d'écorce de bouleau qu'ils appellent *mir*. Cet instrument qui a quelquefois quatre pieds de long, rend un son très-perçant, et dans un temps calme il peut être entendu à une grande distance. Quoique le son de cette trompette soit très-fort et destiné à éloigner les bêtes sauvages, il n'est pas désagréable.

Malgré leur goût pour la musique, les Suédois n'ont point, jusqu'aujourd'hui, manifesté de génie pour cet art. Il y a un théâtre à Stockholm, mais on n'y représente que des opéras italiens ou français. Cette capitale possède une académie de musique fondée en 1772 par Gustave III. Jenny Lind, qui est née en Suède, donne à l'histoire musicale de ce pays un grand relief. Mme Nissen-Saloman, cantatrice très-distinguée, qui a chanté sur les principaux théâtres italiens de la France, de la Russie, de l'Allemagne et de l'Italie, est aussi d'origine suédoise.

Suite. Nom que l'on donnait autrefois à une collection de morceaux de musique pour clavecin et qui différait de la sonate proprement dite. La plupart de ces suites contenaient des airs de danse précédés par l'*allemande*. Les *suites* de Hændel traverseront les siècles, à cause des belles fugues dont elles sont enrichies et qui sont des modèles dans ce genre.

Symphoniaste. Compositeur de plain-chant. Ce terme, employé par l'abbé Lebœuf, était autrefois technique, on ne l'emploie guère aujourd'hui dans ce sens.

Symphonie. Pièce divisée en trois ou quatre morceaux et composée pour l'orchestre.

La symphonie commence le plus souvent par une courte introduction d'un mouvement lent, qui contraste avec la vivacité, l'éclat, la véhémence, l'entraînante rapidité du premier allegro qu'elle prépare. Vient ensuite un andante varié, un cantabile ou un adagio suivi d'un menuet; un rondo vif et brillant, un finale plein de mouvement et de vigueur, terminent cette œuvre, une des plus importantes en musique. Rien qui émeuve, qui entraîne comme une belle symphonie, traduisant avec des gradations habilement ménagées toutes les nuances du sentiment.

Au dix-huitième siècle, Corelli, Geminiani, Vivaldi, en composant leurs *concerti grossi*, avaient ouvert la carrière de la symphonie. Mais, malgré l'incontestable talent de ces virtuoses célèbres, ce genre de composition présentait encore toutes les imperfections d'un premier essai. Il lui restait à acquérir une forme plus originale, à prendre un essor plus vigoureux, plus hardi. Haydn lui donna une vie nouvelle, l'anima du souffle ardent de son génie, l'éleva, en un mot, à un haut degré de perfection. Ses symphonies sont d'admirables chefs-d'œuvre, qui ont toujours d'irrésistibles séductions, même pour les oreilles les moins familiarisées avec les délicatesses de l'art.

Mozart et Beethoven ont fait aussi des symphonies qui sont des créations sublimes, et où l'on retrouve cette verve, cette abondance d'idées, cette fécondité inépuisable, cette variété de style et de coloris qui distinguent ces grands compositeurs. Mendelsohn doit être encore cité de nos jours comme un des meilleurs compositeurs dans ce genre de composition, qui exige à la fois de l'habileté, de l'inspiration et une science profonde.

Bien qu'elle n'ait abordé le genre de la symphonie que longtemps après l'Italie et l'Allemagne, la France a déjà obtenu de brillants succès sous ce rapport. Une des illustrations de l'école française, un de nos premiers compositeurs dramatiques, Méhul, a fait des symphonies qui ne sont pas un de ses moindres titres de gloire. Et de nos jours, celles de M. Berlioz brillent par des effets nouveaux, par la hardiesse de la conception, par une instrumentation habile et savante. MM. Félicien David, Th. Gouvy, Louis Lacombe, Henry Reber, Onslow, ont fait aussi des symphonies qui méritent d'être signalées.

Depuis quelques années, le Conservatoire a travaillé avec succès à populariser chez nous les symphonies des grands maîtres. Ces œuvres remarquables ne pouvaient avoir de meilleurs interprètes que les membres de la Société des concerts.

Symphonie caractéristique. Cette composition se propose pour but la peinture de quelque caractère moral, comme le *Distratto* de Haydn, ou de quelque phénomène physique, par exemple, la tempête, l'incendie; ou bien elle a une couleur bien tranchée, un coloris qui lui est propre, comme la symphonie turque de Haydn, les magnifiques symphonies pastorales ou héroïques et *les Ruines d'Athènes*, de Beethoven.

Symphonie concertante. Morceau concerté pour plusieurs instruments obligés avec accompagnement d'orchestre.

Symphoniste. Celui qui compose des symphonies. Ce mot s'applique aussi au musicien qui joue des instruments de musique, qui est plutôt un bon musicien d'ensemble qu'un soliste, ou bien encore qui compose des œuvres qu'on joue sur ces instruments.

Synaphe. C'était, dans l'ancienne musique, la conjonction de deux tétracordes, au moyen de laquelle la quatrième corde d'un tétracorde devenait en même temps la première du tétracorde suivant.

SYNCOPE. Prolongement sur le temps fort d'un son commencé sur le temps faible. Ainsi, toute note *syncopée* est à contre-temps, et toute suite de notes syncopées est une marche à contre-temps.

SYNNEMENON. Nom du troisième tétracorde de l'ancien système grec, lorsqu'il était conjoint au second.

SYNNEMENON DIATONOS. C'était, dans le genre diatonique, le nom qu'on donnait à la troisième corde de ce même tétracorde, et qu'on nommait aussi *paranète synnemenon*.

SYRINGES. Ancien nom de la flûte de Pan.

SYSTÈME. (Voyez THÉORIE.)

SYZYGIA. C'était, dans l'ancienne musique, une union consonnante de sons.

T

T. Cette lettre, écrite alternativement avec *s*, signifie *tutti*, et alors *s* signifie *solo*. Quand *t* est réuni à *s*, comme *ts*, cela veut dire *tasto solo* (à touche seule).

TABLE D'HARMONIE. C'est dans les clavecins, les pianos, les harpes, une planche de sapin assez mince qui sert de couverture à l'espèce de caisse destinée à recevoir l'air agité par les vibrations des cordes, et à augmenter ainsi la sonorité de l'instrument. Le dessus du violon, de la viole, du violoncelle, de la contrebasse, de la guitare, est une table d'harmonie.

TACET. Ce mot latin s'écrit dans la musique pour

indiquer le silence d'une partie pendant l'exécution d'un morceau.

TAILLE. Nom que l'on donnait autrefois en France à la voix de ténor. On dit encore *basse-taille*, qui signifie *ténor* grave.

TAMBOUR. C'est un des instruments militaires les plus anciens. Il était en usage chez tous les peuples de l'antiquité, excepté chez les Grecs et les Romains, qui le remplaçaient par les *timbales* et par la *buccine*. Les premiers Francs ne connurent que l'usage du clairon.

Le tambour a été importé en Europe par les Sarrasins et par les Maures. Les Allemands, les Anglais, les Italiens et les Espagnols s'en servirent ensuite les premiers; il n'apparaît en France qu'en 1347, lors de l'entrée d'Édouard III, roi d'Angleterre, à Calais. C'est à partir de cette époque qu'on a créé des *tambours* dans l'infanterie, et que l'usage de la caisse s'y est introduit avec rapidité.

Avec cet instrument, on bat le *rappel* ou la *générale*, pour réunir les corps; la *retraite*, pour annoncer, le soir, l'heure de rentrer à la caserne, et, sur le champ de bataille, la fin d'un combat; la *charge*, pour marcher en avant et contre l'ennemi, attaquer une position, un fort, une redoute, un village. Les autres batteries de caisse sont la *diane*, la *breloque*, autrefois appelée *fascine*, parce qu'elle servait à avertir les travailleurs; le *roulement*, aux *champs*, au *drapeau*, l'*assemblée*, le *ban*, qui se bat à l'entrée des troupes dans les places où elles vont tenir garnison, ou pour recevoir un officier à la tête des troupes.

TAMBOUR (GROS), vulgairement appelé GROSSE CAISSE ou simplement CAISSE. C'est un tambour d'une grande dimension que l'on emploie dans la musique militaire, et dont les frappements réguliers marquent la mesure et le rhythme. Rossini et les musiciens de son école ont introduit le gros tambour dans les finales et autres morceaux d'opéra.

La grosse caisse est d'un admirable effet quand on l'emploie habilement, dans un vaste orchestre; et lorsque le rhythme s'est fortifié peu à peu par l'introduction successive des instruments les plus sonores, l'entrée crescendo de la grosse caisse peut lui donner une physionomie grandiose et formidable. Les notes pianissimo de la grosse caisse, frappées à de longs intervalles au milieu d'un andante de l'orchestre, ont quelque chose de solennel et de mystérieux qui saisit l'imagination. Frappée seule au contraire, et pianissimo, la grosse caisse prend une expression menaçante et ressemble à un coup de canon lointain.

De tous les instruments à percussion, la grosse caisse est celui dont on a le plus abusé depuis une vingtaine d'années. On l'emploie maintenant dans tous les morceaux d'ensemble, dans tous les finales, dans tous les chœurs et même dans les airs de danse. Frapper platement les temps forts de la mesure, dit un critique célèbre, à la façon des joueurs de gobelets, des saltimbanques, des avaleurs de sabres et de serpents, écraser l'orchestre, exterminer les voix, étouffer la mélodie, l'harmonie, c'est le comble de la déraison et de la brutalité.

Tambour roulant, ou Caisse roulante. Tambour du diamètre des tambours ordinaires, mais plus haut de la moitié environ. Ce tambour s'emploie dans la musique militaire. Le son qu'il rend est fort doux.

Tambourin. Espèce de tambour moins large et plus long que le tambour ordinaire, sur lequel on bat avec une seule baguette, et qu'on accompagne ordinairement avec une petite flûte pour faire danser les villageois.

Tambour de basque. On désigne ainsi une sorte de petit tambour qui n'a qu'un fond de peau tendue sur un cercle de bois, autour duquel il y a des plaques de cuivre et des grelots, et dont on joue avec le bout des doigts ou en l'agitant. Les Bohémiens s'en servent en dansant leurs sarabandes. Quelques commentateurs prétendent que Marie, sœur de Moïse, frappait un semblable tambour en chantant le cantique de joie du 15e chapitre de l'Exode.

Tamtam. Instrument de musique à percussion, originaire des Indes orientales ou de la Chine. Il se compose d'un large plateau de métal, sur lequel on frappe avec un marteau ou avec une forte baguette garnie d'un tampon de peau. Le son qui en résulte est d'un caractère lugubre. Il a d'abord une très-grande force, qu'il perd ensuite dans des vibrations prolongées. Ce son étrange, qui réveille un sentiment de terreur, ces vibrations lentes et continues sont dues à la combinaison des métaux dont l'instrument est forgé, et plus encore à la manière dont il est trempé. L'analyse de plusieurs tamtams venus d'Orient a fait reconnaître qu'il entre dans la composition de cet instrument quatre parties de cuivre jaune et une partie d'étain mêlée d'un peu de zinc, selon les uns, et sans autre mélange, suivant d'autres. Quant à la trempe, elle se pratique en sens inverse de la manière dont on s'en sert ordinairement avec les autres métaux, c'est-à-dire que le refroidissement, au lieu d'être subit, s'opère par gradation et très lentement. Le tamtam, fort en usage chez les Orientaux, ne s'emploie chez nous que bien rarement, avec beaucoup de réserve, et seulement dans la musique funèbre, ou dans certaines scènes de musique dramatique destinées à produire des effets d'un caractère sombre et terrible.

Tapon. Gros tambour en usage dans les Indes Orientales, qu'on frappe avec le dos de la main.

Tarantelle. Air de danse napolitain, d'un caractère gai, en mesure à 6/8, et d'un mouvement vif. La tarantelle est ordinairement accompagnée de tambour de basque.

Tarentisme. Le tarentisme est le nom de la maladie singulière attribuée à la piqûre de cet insecte, espèce d'araignée qui se trouve en Italie, et particulièrement dans la Pouille. Le charlatanisme, qui pénètre partout, a voulu faire de la musique un remède universel. C'est à ce charlatanisme qu'il faut attribuer la fable de l'efficacité de la musique contre la morsure de la tarentule.

Baglivi, célèbre docteur italien, parle d'une femme mordue par la tarentule. Elle fut mordue dans une cave, mais elle ne sentit pas cette morsure à l'instant, et elle revint chez elle sans s'en être aperçue. L'après-midi, il lui vint à la jambe une petite tumeur, grosse comme une lentille, accompagnée de défaillance. Elle se jeta sur un lit et commença à trembler si fort, que deux hommes vigoureux pouvaient à peine la tenir. Elle sentit ensuite des douleurs aux mains et aux pieds. On alla chercher un médecin qui fit ouvrir la tumeur et employa quelques emplâtres ; ce remède ne produisit aucun effet. Les parents, soupçonnant d'abord que leur fille avait été mordue de la tarentule, envoyèrent chercher des musiciens. Ceux-ci essayèrent d'abord deux ou trois airs sans le moindre résultat ; mais au quatrième, la malade parut attentive. Ensuite elle commença à danser d'une manière si extravagante et avec tant de vigueur et de rapidité, qu'elle fut bientôt délivrée de tout mal. Depuis cette guérison, ajoute Baglivi, elle jouissait de la meilleure santé.

Malgré l'opinion de Baglivi et d'un grand nombre d'auteurs anciens qui ont écrit sur le tarentisme, on ne croit plus maintenant à l'origine de cette maladie,

L'opinion actuelle des médecins est tout en faveur de l'innocuité de la piqûre de la tarentule.

Tasto solo (à touche seule). Mots italiens qu'on écrit dans la partie de l'organiste, pour lui faire connaître qu'il ne doit pas accompagner la basse par les accords de la main droite.

Taun. Instrument en usage sur les côtes de la Barbarie.

Téléphonie, de *télé*,— loin, et *phonê*,—voix. C'est une télégraphie vocale ou moyen de correspondre à de longues distances par la puissance du son. Tout le monde sait que M. Sudre est l'inventeur de cette admirable découverte, et la presse a souvent parlé de ses trompettes adoptées par M. le ministre de la marine, et servant à la transmission du son téléphonique sur les vaisseaux de guerre. Ce système de correspondance est tellement *simple*, tellement *facile* et à la portée des intelligences *les plus bornées*, que deux ou trois minutes d'explications suffisent pour apprendre à le faire fonctionner. On peut en faire l'expérience au moyen d'*un seul signe* clair ou lumineux. A l'aide de toute chose apparente ou sonore, M. Sudre peut transmettre des phrases, des ordres et donner des avis. Ainsi donc, que ce soit un pavillon, une lumière, le bruit du canon, celui du tambour, ou bien un corps opaque de quelque nature qu'il soit, fût-ce même un soldat ou un cavalier, en un mot, tout ce qui *se voit* la nuit ou le jour, peuvent lui servir d'appareil télégraphique pour correspondre au loin.

Comme on le voit, il y a le double emploi de la lumière et du son dans la téléphonie. En créant une *langue universelle*, M. Sudre a voulu réunir plusieurs avantages; il a voulu former un mode de communication capable d'exprimer toutes nos idées; il a voulu que la nouvelle langue fût susceptible d'être rendue par des *sons*, par des caractères, par des *gestes* ; qu'elle pût servir, soit à communiquer de près, soit à transmettre les idées rapidement au loin; qu'elle pût à volonté être employée, ou pour communiquer sans mystère, ou pour établir des communications secrètes ; enfin que le système des sons ne fût pas susceptible, comme la prononciation des langues parlées, de changer successivement avec le temps, mais qu'il fût de sa nature inaltérable.

Voilà le résultat. Quant au moyen, il consiste à donner aux sept notes de la musique une valeur équivalente à peu près à celle des signaux configurés par les branches du télégraphe. De plus, l'invention de M. Sudre a sur celle des frères Chappe l'avantage d'être perceptible par trois sens au lieu d'un seul, à savoir par l'ouïe au moyen des sons, par la vue au moyen des signaux fournis par les doigts et correspondant aux notes, enfin par le toucher, au moyen de ces mêmes signaux rendus sensibles par le contact.

M. Sudre a aussi inventé un nouvel instrument monstre à air comprimé, ayant la faculté de porter le son à deux lieues de distance. Cet instrument, à l'usage des armées de terre et de mer, présente les ressources les plus importantes pour transmettre, pendant la nuit ou en temps brumeux, et toujours au moyen de la téléphonie, des ordres d'un corps d'armée à un autre, d'un vaisseau à un autre vaisseau.

Tempérament. On appelle tempérament une altération presque insensible de la valeur du dièse et du bémol, pour les faire coïncider au même point dans les instruments à sons fixes, tels que les pianos, les orgues, les harpes, etc. Dans leur état naturel, *ut* dièse et *ré* bémol ne coïncident pas : *ut* dièse est plus élevé que *ré* bémol. Il fallait donc altérer un peu cet état naturel pour ne pas multiplier à l'infini les touches du clavier, et pour le rendre accessible aux mains des pianistes.

Tempérament. Dans le système moderne, appelé *tempéré*, on trouve que tous les intervalles ne peuvent pas être pratiqués dans leur justesse parfaite, mais qu'ils perdent tantôt sur un point, tantôt sur un autre, quelque chose de leur acuité ou gravité. En effet, l'expérience nous montre qu'une suite de tierces majeures et mineures, de quintes et de quartes, accordées avec un justesse rigoureuse, lorsqu'elles arrivent à un terme donné, produisent un son ou trop haut ou trop bas, relativement aux premiers. C'est pour obvier à cet inconvénient que l'on est dans la nécessité d'altérer l'un ou l'autre son, afin de combiner les intervalles d'un mode avec ceux de l'autre ; et c'est le résultat de cette opération qu'on appelle *tempérament*.

Tempo di marcia, Mouvement de marche. Ordinairement *allegro maestoso*.

Tempo di minuetto, Mouvement de menuet. Autrefois c'était un mouvement modéré, propre à l'air de danse du même nom. Peu à peu ce mouvement s'est accéléré, et maintenant il est en général très-rapide.

Temporiser. Ceux qui accompagnent et ceux qui dirigent sont souvent obligés, pour seconder le chanteur ou le concertiste, de s'écarter de l'exacte observation de la mesure et d'allonger ou abréger la justesse du temps. Cette manière de procéder s'appelle en italien *temporiser*.

Temps fort. C'est le nom que l'on donne à la partie la plus sensible de la mesure, par opposition à celle qui est la moins sensible, et qu'on appelle temps faible. Dans la mesure à deux temps, c'est le premier qui est fort ; dans la mesure à trois et à quatre temps, le premier et le troisième sont forts.

Temps, Mesure. La mesure est la division des sons en espace de temps égaux, et on l'indique au moyen d'une ligne appelée *barre*, qui traverse la portée. Le signe qui se trouve marqué immédiatement après la clef, qualifie la mesure, en indiquant : 1o en combien de parties elle est divisée ; 2o de quelle valeur de notes chacune de ces parties est formée.

On distingue deux sortes de temps ou mesures, les *mesures paires* et les *mesures impaires*. Les mesures paires sont celles qui se divisent en deux ou en quatre parties, comme la mesure de deux noires, etc. Les mesures impaires sont celles qui se divisent en trois parties, comme la mesure de trois croches, la mesure de neuf noires, etc.

Tempus imperfectum. Nom ancien de la mesure à temps pairs, où une brève avait la valeur de deux semi-brèves.

Tempus perfectum. C'est ainsi qu'on appelait aufois la mesure à temps impairs, où la brève valait deux semi-brèves.

Tempus vacuum. C'était, dans l'ancienne musique, le silence que l'on pratiquait dans certaines mélodies, lorsque le vers final manquait d'une syllabe, afin de conserver un mouvement égal dans la mesure.

Teneidos. C'est le nom grec d'un morceau de musique pour la flûte.

Tenue. Note soutenue pendant un certain nombre de mesures ou de temps.

Terpodium. Instrument appartenant à l'espèce de clavi-cylindre, inventé en 1817 par David Buschmann, de Gotha.

Tertia conjunctarum. Nom latin de la seconde corde du tétracorde *synnemenon*.

Tertia divisarum. Seconde corde du tétracorde *dieuzeugmenon*.

Tertia excellentium. Nom latin de la seconde corde du tétracorde *hyperbolacon*.

Ter unca. Nom ancien de la double croche.

Testudo. Nom latin du luth.

Tête. La tête ou le corps d'une note est cette partie qui en détermine la position, et à laquelle tient la queue, quand elle en a une.

Tétracorde. Ce mot grec vient de *tétra*, quatre, et *cordè*, corde.

Tétradiapanos. Nom grec de la triple octave.

Tétraoedios. Les Grecs appelaient de ce nom un morceau de musique composé de quatre strophes, chacune desquelles se chantait dans un ton différent des autres.

Tétratonon. Nom grec de la quinte augmentée, ou sixte mineure.

Théatre italien. La première troupe d'opéra italien fut appelée en France par le cardinal Mazarin, qui ne laissait échapper aucune occasion de faire sa cour à la reine Anne d'Autriche. Elle débuta à Paris, en 1645, sur le théâtre du Petit-Bourbon, par la *Festa teatrale* et la *Finta Pazza*. La reine Anne d'Autriche avait un tel goût pour le spectacle, qu'elle y allait incognito, même pendant le deuil, après la mort de Louis XIII, son époux. Depuis cette époque, les Italiens ne négligèrent jamais les occasions de venir faire fortune en France, où on était heureux de les posséder et de les enrichir. L'École musicale française est en grande partie redevable de ses progrès à l'école musicale italienne, implantée en France par les œuvres des meilleurs compositeurs et les exemples des plus célèbres chanteurs ultramontains. C'est au Théâtre-Italien de Paris qu'on a entendu les chefs-d'œuvre de Cimarosa, Paër, Paisiello, Rossini, Donizetti, Bellini, Mercadante, Verdi, interprétés par les Crescentini, les Davide, les Garcia, les Rubini, les Galli, les

Tamburini, les Lablache, les Mario, les Grassini, les Pasta, les Malibran, les Sontag, les Persiani, les Grisi, les Cruvelli, les Delagrange. N'oublions pas non plus que c'est un Italien, Servandoni, habile machiniste attaché au service de Louis XV, qui introduisit sur nos théâtres les pantomimes à décorations et à tableaux.

La période la plus prospère du Théâtre-Italien de Paris a été celle de la direction de MM. Robert et Severini. L'incendie qui, en 1837, dévora la Salle Feydeau où la troupe italienne donnait ses représentations, et dans lequel M. Severini perdit si fatalement la vie, mit fin à l'association de ces deux hommes intelligents, et dès lors commença la décadence de cette scène parmi nous. Les directeurs qui se sont succédé depuis à la tête du Théâtre-Italien, sont : MM. Louis Viardot, Dormoy, Vatel, Dupin, Ronconi, Lumley, Corti et Ragani. Le plus heureux de tous a été M. Vatel, qui, en suivant les traditions laissées par MM. Robert et Severini, a su gagner une fortune considérable sans rien faire cependant pour le progrès de l'art.

THÈME. Sujet ou partie mélodique déterminant le caractère de la composition musicale, ou contenant le motif de l'idée principale qui y est exprimée, et à laquelle se joignent ensuite les autres idées accessoires du morceau.

THÉORIE MUSICALE. Le mot *théorie* vient du grec *théôria* (contemplation), et ainsi comprend la partie contemplative, spéculative d'une science ou d'un art. Ce terme est ordinairement pris dans le sens opposé du mot *pratique*.

En musique, il y a deux manières bien tranchées d'envisager la théorie : la première consiste à rechercher comment le son se produit et se propage, et quels sont les rapports des sons entre eux, c'est la *science de l'acoustique* ; la seconde s'occupe de combiner les sons pour faire éprouver à l'âme une impression de plaisir ou de peine, en d'autres termes pour émouvoir, c'est l'*art musical* proprement dit.

Sans prétendre nier les avantages de l'acoustique et tout en reconnaissant, au contraire, les importantes découvertes réalisées par les travaux des Pythagore, des Euler, des Lagrange, des Chladni, des Savart, des Sauveur, etc., nous pensons que cette branche des connaissances physico-mathématiques doit demeurer le domaine exclusif des savants, et qu'elle n'est rien moins qu'utile au compositeur. C'est donc à tort, suivant nous, que certains maîtres prétendent baser uniquement sur l'acoustique la théorie de l'art musical, et croient devoir entrer en matière par un déluge de démonstrations arithmétiques et algébriques, où il n'est question que de *puissances*, de *racines* et d'*équations* ; autant vaudrait, pour un peintre, commencer l'étude de son art par la théorie de la lumière, des couleurs, des droites et des courbes, etc. Encore une fois, tout cela n'est, dans ce cas, qu'un vain et stérile étalage de science : on peut être un habile théoricien, un excellent contrepointiste, un grand compositeur, on peut être Mozart ou Haydn, Bach ou Palestrina, Gluck ou Beethoven, Meyerbeer ou Rossini, Halévy ou Donizetti, sans connaître les rapports mathématiques des sons, sans savoir, par exemple, que la quinte est dans la proportion de 3 : 2.

Mais en rejetant l'acoustique de l'enseignement purement musical, cet enseignement présente encore deux objets bien distincts et d'un intérêt égal, ou pour mieux dire, dont l'un n'est que le moyen d'arriver à la réalisation de l'autre : nous entendons parler ici de la partie *technique* ou *matérielle*, et de la partie *esthétique* ou *idéale*.

La première étudie les diverses modifications dont le son est susceptible quant à la hauteur, à la durée, à l'intensité et au timbre; les diverses combinaisons qu'il offre relativement à la succession ou à la simultanéité, c'est-à-dire la *mélodie* et l'*harmonie*. La seconde, qui est l'expression la plus élevée de la théorie, qui en est le résultat, le but, en un mot la mise en œuvre, apprend à faire des préceptes une juste application et des éléments un emploi convenable sous le rapport poétique et philosophique de l'art; c'est elle qui exprime les sensations, qui peint les mouvements de l'âme, aussi bien que les scènes de la nature, c'est elle qui parle ce langage si souple, si varié, si riche et si puissant, dont tous les hommes ont instinctivement l'intelligence.

Enfin la théorie musicale embrasse encore dans sa généralité l'art d'exécuter une œuvre et les procédés d'exécution. La musique a pour interprètes la voix et les instruments; la fabrication de ces derniers constitue donc, à ce titre, l'une des branches les plus intéressantes de la science musicale; mais en général, les individus qui s'y consacrent en font leur spécialité presque exclusive, et se bornent à fournir aux exécutants les instruments dont ceux-ci ont besoin; voilà pourquoi on ne peut guère admettre l'art du facteur que dans la partie mathématique de la théorie; nous ne laisserons pas d'observer toutefois qu'un bon facteur doit être autant que possible acousticien, musicien et même praticien, afin de découvrir les défectuosités des instruments, et de pouvoir y remédier, ainsi que pour être à même d'inventer des instruments nouveaux.

Quant à l'exécution, son rôle par rapport à la musique est bien plus important encore que ne l'est la déclamation pour la poésie, la littérature et le théâtre. En effet, un livre n'a aucunement besoin d'être récité, ni une pièce d'être représentée: la simple lecture suffit pour mettre le public en communication avec la pensée de l'auteur. Une partition musicale, au contraire, n'est qu'une lettre morte pour la plupart des lecteurs : l'exécution seule peut vivifier l'œuvre endormie et faire subir à l'inerte chrysalide une brillante transformation. Ce n'est donc pas sans motif que l'étude du chant et le jeu des instruments tiennent une si grande place dans la théorie musicale; ils ne viennent toutefois qu'à la suite des démonstrations qui ont pour objet l'*art de composer*. Ainsi que nous l'avons dit en commençant, cet art est des plus difficiles et des plus complexes : il comprend les *principes élémentaires*, la *mélodie*, le *rhythme*, l'*harmonie*, la *haute composition* (le contrepoint et la fugue), l'*instrumentation*, la *coupe* et la *forme des morceaux*, enfin les différentes espèces de style dont on peut faire usage en tel ou tel cas. A la connaissance de tout ce qui précède se rattachent encore les écrits relatifs à l'art musical sous le point de vue esthétique, historique ou critique. Ainsi, à la considérer dans son ensemble, il n'y a pas de science plus vaste ni plus élevée que celle qui se rattache à la théorie musicale.

Vouloir indiquer ici tous les théoriciens célèbres et les œuvres qui les ont illustrés, ce serait nous engager à donner une histoire complète de la musique. Le très-petit nombre d'ouvrages que l'antiquité nous a transmis sur cette matière prouve qu'à cette époque les considérations spéculatives l'emportaient généralement sur la démonstration pratique. Au moyen âge on commença à tenir quelque compte des définitions, à présenter des règles sur quelques faits isolés et à donner des exemples de leur application. Mais ce n'étaient encore, à vrai dire, que des ébauches imparfaites. Déjà l'école néerlandaise avait répandu son système, déjà Monteverde avait accompli une révolution par l'emploi de la septième, et posé les bases d'une tonalité nouvelle, sans que la théorie écrite eût fait de bien grands progrès.

Les maîtres servaient de modèles, et l'enseignement oral complétait le plus souvent l'éducation des musiciens. Cependant aux seizième et dix-septième siècles, et déjà même vers la fin du quinzième, on vit paraître quelques ouvrages qui favorisèrent puissamment les études musicales et que l'on peut considérer comme des monuments précieux pour l'histoire de l'art; tels sont les traités de Gaforio, de Zarlino, de Prætorius et autres. Enfin, au dix-huitième siècle, Rameau fit faire un pas immense à la didactique; un grand nombre de savants subirent l'influence de ses idées, et de toutes parts on s'occupa d'approfondir et de perfectionner la théorie musicale. On doit à ce noble élan les travaux de Mattheson, de Marpurg, de Knecht, de Kirnberger, de Sabbatini, de Sorge, de Daube, de Vogler, de d'Alembert, de J.-J. Rousseau, etc. En 1802, Catel publia à Paris un *Traité d'Harmonie*, qui eut un grand succès de vogue et d'estime. Cet ouvrage est bien rédigé, mais il est appuyé sur une théorie qu'on peut trouver incomplète. Parmi les écrivains distingués qui marchèrent sur ses traces, il faut citer Berton, auteur d'un Traité d'Harmonie suivi d'un *Dictionnaire des accords*. Un peu plus tard, Reicha importa en France l'empirisme de Gottfried Weber, et jouit longtemps d'une réputation de science aujourd'hui très-contestée. Chérubini publia ensuite un traité de *contrepoint et de fugue*, fruit d'une longue expérience et d'un savoir épuré.

Les théoriciens dont les œuvres sont aujourd'hui le plus estimés, sont M. Fétis dont tout le monde connaît les savants et importants travaux, M. Kastner, écrivain instruit et consciencieux, MM. Berlioz, Zimmerman, Barbereau, Savart, Elwart et quelques autres. Le lecteur sera sans doute curieux de connaître les titres de chacun d'eux à l'estime des savants et des artistes; voici la liste de leurs principaux ouvrages :

Les principaux ouvrages de *M. Fétis*, sont :

1e Un *Traité de contrepoint et de fugue.*

2o Un *Traité théorique et pratique* de l'harmonie.

3o *La Biographie des musiciens.*

4o Un *Traité de plain-chant.*

Georges *Kastner :*

1o Un *Traité général d'instrumentation,* comprenant les propriétés et l'usage de chaque instrument, précédé d'un résumé sur les voix.

2o Un *Cours d'instrumentation considérée sous les rapports poétiques et philosophiques de l'art.*

3o Une *Grammaire musicale* comprenant tous les principes élémentaires de la musique, la mélodie, le rhythme, l'harmonie moderne et un aperçu succinct des voix et des instruments.

4o Une *Théorie abrégée du contrepoint et de la fugue.*

5o Une *Méthode élémentaire d'harmonie appliquée au piano*, suivie d'un aperçu de l'accompagnement et de la transposition.

6o Un *Traité de composition vocale et instrumentale,* ou description détaillée des règles, des formes, de la coupe et du caractère de toute espèce de compositions musicales, accompagnée de notes historiques et critiques.

7o *Manuel du professeur d'harmonie,* ouvrage indispensable pour les professeurs et les élèves.

8o Une *Histoire de la musique militaire.*

Zimmerman :

Une *Encyclopédie du pianiste compositeur,* qui consiste en trois parties, savoir :

1o *Une Méthode de piano.*

2e *Des Exercices propres à faire aborder toutes les difficultés de l'école moderne.*

3° Un *Traité d'harmonie, de basse chiffrée, de contrepoint et de fugue.*

Barbereau :

Un *Traité théorique et pratique de composition musicale.*

Elwart :

1° *Etudes élémentaires de la musique*, depuis ses premières notions jusqu'à celles de la composition.

2° Le *contrepoint et la fugue appliqués à la composition idéale.*

Savard :

Un *Traité d'harmonie.*

Berlioz :

Un *Grand Traité d'instrumentation et d'orchestration*, où l'on trouve des choses excellentes sur la partie philosophique et poétique de cette science.

Sous le rapport purement théorique, l'Allemagne, au dix-neuvième siècle, n'a rien à envier à la France, avec Gottfried Weber, Logier, André, Marx, Fink, Schneider, etc., et elle possède en outre une foule d'écrivains distingués qui ont fort ingénieusement approfondi les mystères de l'esthétique musicale.

Pour ce qui est des méthodes particulières de chant ou d'instruments, le nombre en est si considérable, que nous devons renoncer à toute citation de cette nature. Nous nous bornerons à observer que des hommes spéciaux et tout à fait compétents n'ayant pas dédaigné d'y appliquer les ressources de leur talent et de leur expérience, tous les enseignements les plus infimes comme les plus importants et les plus élevés y tiennent leur place, et offrent à l'élève des sujets d'étude aussi variés que complets.

Tel est le résumé succinct des matières qui composent la *théorie musicale*. Nous n'en avons indiqué que les principales divisions et subdivisions pour éviter des développements que ne comporte point la nature de cet ouvrage.

THÉORBE. Instrument à cordes de la famille des luths, employé autrefois pour l'exécution de la basse continue. Le théorbe est plus grand que le luth et a deux manches, l'un pour les cordes qui se doigtent sur le manche, l'autre pour les grosses cordes qui servent pour les basses et qui se pincent à vide.

Le théorbe, instrument favori des dames de la cour de Louis XIV, est maintenant abandonné.

THÉSIS (en frappant). Un des deux temps de la musique des Grecs. *Per thesin* indique surtout un chant ou contrepoint où les notes montent du grave à l'aigu.

TIBIA. Ancien nom latin des instruments à vent avec des trous, tel que la flûte.

TIBIA MULTISONANS. Flûte d'un ton fort, en usage chez les anciens Égyptiens.

TIBIA SISTICINUM. Flûte employée par les anciens dans les funérailles.

TIBIÆ BIFORES ET TIBIÆ CONJUNCTÆ. Doubles flûtes.

TIBIÆ PARES. Espèce de flûte double des anciens, formée de deux flûtes d'une égale grandeur, jointes ensemble.

TIBILUSTRIUM. C'est le nom de la fête des joueurs de flûte des anciens Romains, qui se célébrait tous les ans, le 15 juin.

TIERCE. C'est une des heures canoniales, ou partie de l'office divin, dont les psaumes se mettent en musique et s'appellent *psaumes de tierce*.

TIERCE. Intervalle de trois degrés. On distingue trois espèces de tierce, savoir, la tierce majeure, la tierce mineure, et la tierce diminuée.

TIERCE DE PICARDIE. On appelle ainsi la tierce majeure frappée au lieu de la mineure, à la finale d'un morceau composé en mode mineur.

Timbales. Deux bassins sphériques en cuivre, sur lesquels on adapte des peaux fortement tendues au moyen d'un cercle de fer et de plusieurs écrous, forment l'instrument que nous nommons timbale. En frappant successivement sur l'une et l'autre de ces peaux avec des baguettes, on obtient deux sons très-distincts. Leur différence provient de l'inégalité des bassins. En serrant plus ou moins les écrous du cercle de fer, on parvient à changer le ton des timbales, et dans certains tons on les accorde de manière à ce que la tonique soit à la quarte au-dessous, ou la dominante à la quinte supérieure, ce qui revient au même.

Le roulement de timbale s'exécute par le mouvement alternatif des deux baguettes, en frappant deux coups avec chacune d'elles. Le roulement de timbale produit un effet surprenant dans le *crescendo* et le *forte* d'un orchestre. Il y a quelque chose de mystérieux et de sinistre, s'il est fait pianissimo, ou si les timbales sont voilées.

Timbales. Jeu d'orgue dont les tuyaux sont en bois. Il sonne l'unisson du bourdon de seize pieds. En accordant le jeu des timbales un peu plus haut que ceux des bourdons, on obtient une espèce de tremblement qui ressemble assez au roulement des timbales.

Timbre. Son d'une cloche, d'une lame métallique ou d'un ressort dont l'intonation peut être appréciée.

Timbre est aussi la qualité sonore d'un instrument ou d'une voix. On dit : *ce violon a du timbre ; cette voix est bien timbrée*. On dit aussi d'une voix pénétrante, *qu'elle a un timbre métallique*.

On donne encore le nom de *timbre* à la double corde à boyau placée contre la peau inférieure du tambour et qui vibre avec elle.

Timbres. Nom que les vaudevillistes donnent aux

airs connus sur lesquels ils composent leurs couplets.

Puisque nous avons parlé du timbre des cloches, les fondeurs devraient bien étudier l'acoustique et harmoniser leurs sonneries, de manière à ce qu'elles produisissent les sons justes de la gamme, au lieu de cette cacophonie qui écorche les oreilles musicales.

TINTINNABULUM. Instrument des anciens, composé d'un certain nombre de cloches.

TIPO, TYPE. Nom de la corde génératrice du système musical.

TIRADE. Nom que l'on donnait autrefois à une suite de plusieurs notes de même valeur, se suivant par degrés conjoints en montant ou en descendant.

TIRANA, TONADILLA. Chansons espagnoles qui se chantent et ne se dansent pas. La mesure de ces airs est à trois temps, d'un mouvement un peu lent et d'un rhythme syncopé.

TIRA TUTTO. Registre qui ouvre tous les jeux de l'orgue à la fois.

TOCCATE. Ancienne pièce de musique écrite pour le clavecin, l'orgue ou le piano. Elle ne diffère de la sonate qu'en ce qu'elle n'est composée le plus souvent que d'un seul morceau.

TOCCATO. Mot italien dont on fait en français *toquet* ou *doquet*, qui est le nom de la quatrième partie de trompette d'une fanfare.

TO HO TO. Espèce d'intonation militaire de la trompette, qui produit un effet semblable au son de ces syllabes.

TON. Ce mot a plusieurs acceptions en musique. Il signifie d'abord un intervalle formé par deux notes diatoniques, comme *do*, *ré*, etc. Dans la seconde acception, il désigne le mode ou la constitution d'une gamme quelconque, avec les signes qui la caractérisent. Enfin, le ton est le degré d'élévation ou d'abaissement d'un instrument, résultant de sa construction et de son accord.

Chaque ton a un caractère particulier. De là naît une source de variétés et de beautés dans la modulation. Faut-il du gai, du brillant, du martial, prenez les tons de *do, ré, mi.* Faut-il du touchant, du tendre, prenez les tons de *la bémol, mi bémol, si bémol.*

TONALITÉ. La tonalité est l'ensemble des rapports mutuels qui existent entre les notes d'une gamme. Cette définition a besoin d'être un peu développée.

La nature produit des sons en nombre immense, par des moyens également nombreux et avec une variété infinie d'acuité et de gravité, d'intensité, de timbre et d'expression.

Les sons produits dans la nature ne peuvent pas tous appartenir à la musique. Les sons *musicaux* doivent être nettement appréciables à l'oreille, conformes au goût, à la raison, à l'organisation intellectuelle et artistique de l'homme.

Les sons *musicaux* peuvent être combinés entre eux de plusieurs manières. Les systèmes de musique qui ont régné et qui règnent encore dans le monde musical, celui des Grecs, celui du plain-chant, le nôtre, sont quelques-unes de ces combinaisons possibles.

Toute manière de combiner les sons musicaux et d'en former un système de musique, se nomme une *tonalité*.

En combinant les sons musicaux d'une manière qui lui est propre, en les groupant les uns à côté des autres d'une certaine façon particulière, la *tonalité moderne* crée naturellement entre eux certaines relations mutuelles qui lui appartiennent en propre, qui la caractérisent, qui la distinguent des autres tonalités et qui forment les éléments constitutifs les plus intimes. Elle est donc l'*ensemble des rapports qui existent entre les notes de la gamme moderne ;* car la gamme est la formule qui représente et résume une tonalité. (Voy. le mot Harmonie.)

Tone. Espèce de composition musicale des anciens Grecs, dans laquelle on exécutait plusieurs syllabes successives sur le même ton.

Tonique. Base ou première note de la gamme du ton. Tous les airs finissent communément par cette note, surtout à la basse.

Toph ou Tof. Ancien instrument des Hébreux, qui, selon quelques auteurs, ressemblait au tambourin.

Torropit. Nom de la guimbarde dans l'Estonie.

Touche. La touche des instruments à archet est la partie supérieure de leur manche, recouverte en ébène, et sur laquelle les doigts appuient les cordes pour varier leurs intonations. Les touches de la guitare sont les petits filets d'ivoire ou de cuivre, incrustés dans le manche, et qui marquent les positions où il faut mettre les doigts pour former les intonations. Les touches du clavier, du piano ou de l'orgue, sont les leviers sur lesquels les doigts agissent pour faire parler les notes.

Tractus. Nom ancien d'un certain air triste qu'on chantait autrefois dans l'Eglise catholique après l'épître, à la place de l'alleluia, en prolongeant la voix en signe de plainte.

Traité. On donne ce nom en musique aux divers ouvrages classiques qui traitent avec méthode de la théorie et de la pratique de la musique en général ou de quelques-unes de ses parties, telles que l'harmonie, le contrepoint ou la fugue.

Transition. Passage d'un ton à un autre. L'art de

faire succéder agréablement une modulation à celle qui la précède est une des parties essentielles de l'étude de la composition.

Transition enharmonique. C'est celle où une ou plusieurs des parties font un intervalle enharmonique, comme *ut* dièse et *re* bémol. Les transitions enharmoniques produisent beaucoup d'effet à la scène, surtout lorsque les personnages éprouvent une grande surprise, ou qu'un événement imprévu change tout à coup leur situation.

Transitus. Sons et accords qui tombent sur le temps faible.

Transitus irregularis. Mauvaise succession de sons ou d'accord.

Transitus regularis. Notes d'agrément.

Transposer. C'est noter ou exécuter un morceau de musique dans un autre ton que celui où il a été écrit par le compositeur.

Transpositeurs (Instruments). On appelle ainsi les instruments de musique dont le son est différent de la note écrite. Les principaux sont : la contrebasse, toutes les flûtes autres que la flûte ordinaire, le cor anglais, toutes les clarinettes autres que la clarinette en *ut*, le basson quinte, le contre-basson, tous les cors autres que le cor en *ut* aigu, certains cornets à piston, toutes les trompettes autres que la trompette en *ut*, en *si*, et en *la*, les cornets simples, tous les ophicléides autres que l'ophicléide en *ut*, le serpent, la guitare, les ténors et les basses quand on les écrit sur la clef de *sol*.

Treizième. Intervalle de treize degrés, ou l'octave de la sixte.

Tremolo. Le tremolo est un effet que l'on produit sur les instruments à archet, en faisant aller et venir sur les cordes l'archet avec tant de rapidité que les sons se succèdent les uns aux autres, sans laisser remarquer aucune solution de continuité.

Les effets du tremolo se rendent parfaitement sur le piano, en frappant au moins deux touches alternativement et avec un mode d'exécution très-rapide.

Triangle. Instrument de percussion qui consiste en une petite tringle de fer pliée en forme de triangle, sur laquelle on frappe avec une baguette du même métal pour en tirer du son ; — pour que les vibrations du triangle ne soient pas interrompues, on a soin de le tenir suspendu à un cordon.

On fait aujourd'hui un grand abus de cet instruments, comme de tout ce qui perce, mugit, éclate, tonne, grince et siffle. Son timbre métallique ne convient qu'aux morceaux très-brillants dans le forte, et d'une bizarrerie sauvage dans le piano. Weber en a fait un usage heureux dans ses chœurs de Bohémiens de *Préciosa*, et Gluck, bien mieux encore, dans le majeur de son effrayant ballet des Scythes.

Cependant, on entend avec plaisir le timbre cristallin et un peu mordant du triangle au milieu des airs de danses. Il s'allie on ne peut mieux, ce me semble, avec les allures piquantes, les poses voluptueuses et les cambrures hardies des prêtresses de Terpsychore.

Tricinium. Nom de petits morceaux de musique pour trois cors ou pour trois trompettes.

Trigonon. Instrument à cordes en forme triangulaire, dont se servaient les Grecs.

Trille. Mouvement alternatif et accéléré sur deux notes voisines, qu'on indique par les deux lettres *tr*. Les plus belles qualités du trille sont la rapidité, la souplesse et la parfaite égalité. Le trille vocal est très-difficile; il demande une étude longue et persévérante; un trille prolongé et bien nuancé manque rarement son effet sur le public. Les instrumentistes aussi cultivent le trille, qui donne beaucoup de brillant à l'exécution. On peut, sur le piano et sur le violon, faire des trilles doubles, en tierces ou en sixtes. Le trille se nomme aussi quelquefois *cadence*, parce que le trille arrive naturellement sur l'accord de dominante qui fait chute, *cadence*, sur le tonique.

Trimèles. Les anciens Grecs entendaient par ce mot un morceau de musique vocale accompagné de la flûte et formé de trois strophes, dont la première était écrite dans le mode dorien, la seconde dans le mode phrygien, et la troisième dans le mode lydien.

Trio. Composition musicale à trois parties, dont chacune revêt le caractère de voix principale, ou composition à deux voix concertantes accompagnées d'une troisième qui leur sert de voix fondamentale. Le trio vocal est presque toujours accompagné par l'orchestre, ou par un instrument, tel que le piano, la guitare, etc. Le trio instrumental n'est composé que de trois parties récitantes.

Le trio est regardé comme la plus parfaite de toutes les compositions, parce que c'est celle qui produit le plus d'effet proportionnellement aux moyens employés. — On cite parmi les *trios* célèbres, le charmant trio du *Matrimonio Segreto*, de Cimarosa, pour trois voix de femmes ; le magnifique trio de *Guillaume Tell*, pour trois voix d'hommes; le trio bouffe de l'*Hôtellerie portugaise*, de Chérubini; le trio des *Papatacci*, de l'*Italiana in Algeri*. Ces exemples suffisent pour montrer quel effet peuvent produire *trois voix* entre les mains d'hommes de génie, à qui toutes les ressources de l'art sont familières, et qui trouvent facilement, ou pour mieux dire sans les chercher, et par une sorte d'intuition, des idées qui se prêtent à toutes les combinaisons vocales ; mais il faut en outre beaucoup d'études et une grande expérience.

On nomme aussi *trio*, une partie du *menuet* symphonique ou instrumental qui occupe le milieu du morceau, et après laquelle on reprend le premier motif.

Triolet. Groupe composé de trois notes pour deux, et sur lequel on place souvent un 3. Ainsi, par exemple, dans la mesure de deux noires, marqué 2/4, une mesure peut être composée de cinq et même de six croches, si l'on y introduit un ou deux triolets. Les trois croches n'ont pas plus de durée que les deux croches qu'elles remplacent, et il faut par conséquent les passer plus vite.

Triphon. Instrument de musique qui a la forme d'un clavecin droit. Le son que cet instrument produit est agréable et ressemble à celui de la flûte.

Trombone. Cet instrument à vent en cuivre, non percé de trous, avec une large embouchure, a aujourd'hui encore presque la même forme qu'il avait il y a trois siècles. Ses tuyaux, introduits dans une pompe à deux branches qui se recouvre sur une longueur de vingt-cinq pouces environ, s'allongent et se raccourcissent à volonté, et donnent le moyen d'attaquer les tons aigus et les tons graves de son diapason. Il y a quatre espèces de trombones, qui portent le nom de quatre voix humaines : le trombone soprano, le trombone alto, le trombone ténor et le trombone basse. Le trombone soprano et le vrai trombone basse sont à peu près inconnus en France, et le trombone alto y est peu employé ; cependant on emploie toujours dans nos orchestres trois trombones, dont deux trombones *ténors* et un trombone dit *basse*. On peut compléter ce qui manque dans le grave du dernier trombone, par l'emploi de l'ophicléide, que dans les partitions modernes on unit souvent aux trombones.

Les trombones sont propres à l'expression la plus solennelle, et produisent un très-bel effet dans les chœurs guerriers et religieux, dans les marches triomphales, etc. On trouve dans les œuvres des maîtres, de magnifiques exemples de l'emploi des trombones. Telle est la foudroyante gamme en *ré* mineur sur laquelle Gluck a dessiné le chœur des furies au second acte d'*Iphigénie en Tauride*. Tel est, plus sublime encore, le cri immense des trois trombones unis, répondant comme la voix courroucée et formidable des dieux infernaux à l'invocation d'Orphée : *Spectres! Larves! Ombres terribles!*

Trompe. Instrument employé dans la musique de chasse. La trompe est aujourd'hui un instrument très-perfectionné. Il n'est pas étonnant que des sons, habilement dirigés, produisent une agréable harmonie. Cependant nos aïeux, qui se servaient du hochet, voire même de la corne de bœuf ou de bélier, avaient tout autant de plaisir que nous. Les anciens livres de chasse sont remplis d'exclamations sur le bonheur d'entendre la musique en pleine forêt.

Sous Louis XIII, on ne savait pas tirer un grand parti de la trompe. Salnove, dans sa *Vénerie royale*, fait un grand éloge de ce roi, parce qu'il inventa une méthode nouvelle de sonner pour le renard. Elle consistait en trois tons grêles terminés par un gros ton.

La trompe, trop petite sous Charles IX, devint trop grande au temps de Louis XIV, on passa d'un excès à un autre. Ces grandes trompes étaient fort incommodes, surtout pour les valets à pied obligés de traverser des fourrés garnis d'épines. Ils les bosselaient, et quelquefois cet instrument monstre les empêchait de suivre en droite ligne les chiens et la bête. L'expérience fit arriver à un juste milieu ; on revint un peu sur ses pas, et l'on trouva la trompe dont nous nous servons aujourd'hui.

La tablature de la trompe se compose des harmoniques du ton dans lequel on joue. Ce ton est celui de *ré* pour la trompe ; il est invariable, puisque l'instrument n'a pas de corps de rechange. On a choisi celui de *ré*, parce qu'il est assez éclatant sans être aigu. Les harmoniques sont *ré*, celui que l'on prend sur le violoncelle, en mettant le premier doigt sur la quatrième corde, *la* qui suit ce *ré* à l'aigu, *ré*, *fa*, *la*, *ré*, *mi*, *fa*, *sol*, *la*, et le *si* par extension. La musique est notée toujours en *ut*, et par conséquent le *fa* que l'œil voit sur le papier, représente le *sol* que l'oreille entend. A cette tablature, il faut ajouter le *si bémol*, qui représente à l'oreille un *ut* naturel.

C'est une fort belle chose à entendre que vingt trompes se répondant au milieu des bois, et signalant toutes les péripéties du drame dont un pauvre cerf est le héros. Sa mort étant nécessaire au dénouement du cinquième acte, tous les chasseurs qui ne veulent pas faire *fiasco* ou revenir bredouille, concourent au succès de la pièce à grand renfort de poumons. Ces trompes, disséminées tant que le drame se joue, font connaître chaque circonstance aux chasseurs et aux chiens éloignés. On sonne la *vue*, le *retour*, le *volcelet*, le *débuché*, etc. Tout le monde comprend ce que chacun veut dire, et les chasseurs, galopant à travers les bois, manœuvrent, quoique séparés, aussi bien qu'un régiment sous les yeux de son colonel.

Ces trompes, dont les sons vous charment en détail, produiront un plus bel effet encore, lorsque réunies pour le hallali, pour la curée, elles feront entendre leur chant de victoire.

Trompette. Instrument à vent sans trous, composé d'un tube en cuivre d'une égale grosseur à partir de l'embouchure jusqu'au pavillon, et deux fois replié, afin de pouvoir, en jouant, le tenir plus commodément. La trompette a les mêmes sons harmoniques que le cor, mais une octave plus haut dans la plupart des trous.

La trompette a un son héroïque, guerrier et joyeux.

Elle donne plus d'éclat aux magnificences d'une fête. Elle ajoute à la vivacité de la musique et se joint assez bien au jeu solennel des timbales. La trompette est employée dans l'opéra, surtout dans les passages brillants, dans les morceaux à fortes passions, dans les chœurs, dans les finales, etc. — On emploie aujourd'hui aussi la trompette à pistons ou à cylindres, qui fait toutes les notes de la gamme chromatique, ce qu'on nomme pour cette raison, *trompettes chromatiques*, en Allemagne et en Italie. (Voyez TROMPETTE A PISTON.)

TROMPETTE. Jeu d'orgue de la classe des jeux d'anche, qui sert d'unisson au principal.

TROMPETTE CHINOISE. François Gemelli, dans le troisième volume de ses voyages, dit que les Chinois ont un instrument en bois qu'ils estiment beaucoup, dont la forme est celle d'une cloche de trois pieds de longueur et entourée de cercles en or.

TROMPETTE MARINE. Instrument monté d'une seule corde très-grosse, qu'on joue avec un archet, en appuyant sur cette corde avec le pouce de la main gauche. La forme de cet instrument est fort allongée, et son dos est terminé en poire. La trompette marine est surtout célèbre par la prédilection du *Bourgeois gentilhomme*.

TROMPETTE A PISTONS. Le mécanisme de la trompette à pistons ressemble à celui des instruments à vent qui forment leurs sons par le secours de trous ou de clefs, puisque les pistons sont disposés de manière qu'en les faisant agir on modifie à volonté le degré d'élévation du son. Par ce mécanisme la trompette se trouve enrichie d'une grande quantité de notes qu'il lui était impossible de produire auparavant.

TROMPETTE ROMAINE. Cet ancien instrument des Romains, d'une forme droite, se terminait en une ouverture évasée et un peu recourbée, ainsi qu'on le voit sur la gravure de plusieurs médailles et sur quelques sculptures de marbres anciens.

Trompette paphlagonique. Ancien instrument grec d'un son grave et dont le pavillon ressemblait à une tête de bœuf.

Troubadours. Poëtes provençaux des XIe, XIIe et XIIIe siècles, ainsi appelés du mot *troubar*, trouver, inventer : ils nommaient leur art *la gaie science*. Les plus célèbres d'entre eux furent P. Vidal, Arnaud Daniel, Janfred Rudel, Bertrand de Born, Anselme Fayditt, Raimond Bérenger, comte de Provence, Richard Cœur-de-Lion, Thibaut, comte de Champagne et Guillaume IX, comte de Poitiers. Leurs poésies, qui, pour la plupart, appartiennent au genre lyrique et sont très-courtes, se composaient de *sirventes*, *plaints*, *tensons*, *ballades*, *novas* (ou nouvelles). Ils chantaient surtout la chevalerie et l'amour.

Le troubadour de profession allait de château en château réciter ou chanter ses vers en s'accompagnant d'un instrument, ordinairement d'une espèce de guitare : souvent aussi il se faisait accompagner d'un jongleur (*Comir*), par lequel il faisait chanter ses vers. Les troubadours étaient répandus dans le Midi de la France : Ils florissaient surtout à Toulouse, à Narbonne, à Aix en Provence. Ils parlaient la langue d'Oc, ou le languedocien.

Trouvères. Poëtes du nord de la France, qui du XIe au XVe siècle ont composé en roman-wallon ou langue d'Oïl (le vieux français); ils existaient en même temps que les troubadours, et leur nom a le même sens (*trouver*, *troubar*). Mais, tandis que les troubadours ont surtout brillé dans le genre lyrique, c'est à la poésie épique que les trouvères se sont livrés de préférence. Ils ont admirablement réussi dans la grande épopée, qui a pris par excellence le nom de *roman*, et dans les *fabliaux*, qui sont souvent chez eux des chefs-d'œuvre d'originalité, de naïveté, de gaieté. Les trouvères ont aussi fait quelques poésies lyriques, tels que *lais*, *virelais* et *ballades*; enfin on leur doit les romans de chevalerie en prose. Les plus célèbres trouvères sont Wistace ou Wace, Lambert, Alexandre de Bernay, Renaud, Gauder, Gilbert de Montreuil, Jehan de Flagy, Guillaume de Lorris et Jean de Meung, dit *Clopinel*.

Turquie (De la musique en). Il est certain que les Turcs aiment beaucoup la musique, sans lui donner cependant une valeur d'art comme en France, en Allemagne, en Italie, etc., etc. Aujourd'hui, il est de bon ton à Constantinople de trouver un plaisir à la musique, et de savoir jouer de quelque instrument. Les Turcs bien élevés chantent peu, et les hommes du peuple beaucoup. Mais si aux yeux des premiers c'est chose déshonorante que de chanter en public pour de l'argent, ils aiment néanmoins à se faire entendre dans les cercles intimes et dans leur harem. C'est à tort que quelques écrivains ont prétendu que les Turcs n'ont aucune théorie musicale. Il est vrai que la plupart apprennent à chanter et à jouer par le seul secours de l'oreille. Mais ils n'en ont pas moins des signes réguliers pour noter les sons, un rhythme particulier dans leur mélodie. Leur chant a une juste intonation et leur exécution une mesure convenable. Pour noter leurs sons, ils se servent de nombres, comme les anciens, et leurs chansons populaires les plus répandues sont notées de cette façon.

La musique turque, comme celle de toutes les nations qui ignorent l'art véritable, ne sort pas des deux extrêmes. Elle est très-douce ou bien excessivement heurtée et bruyante. L'amour et la guerre, voilà les éternels textes des chansons turques, et leurs harmonies dépassent rarement l'accord de la dominante, ou celui du mode relatif en mineur, et *vice versâ*. Les chants d'amour et les chants militaires sont toujours dans le mineur, caractère propre des nations qui ne connaissent pas l'art musical.

Typotone. Nouveau diapason inventé par M. Pinsonnat, à Amiens. Ce diapason est formé d'une petite plaque en nacre, percée d'une ouverture en biseau, sur laquelle est appliquée une petite lame métallique. Cette plaque se met entre les dents, en tournant le côté de la lame vers l'intérieur de la bouche; et le moindre souffle suffit pour en tirer un *la* assez semblable à celui que produirait un hautbois.

Tyrolienne. Espèce de valse ou mélodie notée en triolets, en mesure à trois temps et d'un mouvement modéré. Les chansons tyroliennes ont à peu près toutes la même allure et s'exécutent ordinairement avec une voix de tête assez particulière, et que les nationaux appellent *dudeln*. La tyrolienne de *Guillaume Tell* est célèbre.

U

Ugab. C'était, chez les Hébreux, le nom général des instruments à vent.

Ukraine (Chants populaires de l'). Les airs de l'Ukraine respirent la douceur, le calme et la tristesse. Le peuple vaincu et persécuté pleure dans ses chants la perte de sa liberté. Ses *dumki* sont comme les derniers rayons de son bonheur passé que la tyrannie n'a pu briser. On n'y retrouve point, comme dans les chants kosaks ou serbes, cette soif de la vie active et aventureuse qui leur est commune avec les Klephtes et les Monténégrins; chez les paysans d'Ukraine, la passion des armes cède au goût paisible de la vie agricole : le foyer domestique est préféré à tous les prestiges de la gloire ; les femmes et les hommes du peuple sont poëtes et musiciens. Partout le travail du jour finit par une chanson, et souvent les sentiments de la vie simple, sans accidents ni périls, se transforment en affections pures, qui s'exhalent en élégies plaintives, remplies de tendresse et d'amour.

Ce qui ajoute encore à la douce tristesse de ses airs nationaux, c'est que l'Ukraine est couverte de nombreux tertres tumulaires (mogily) sous lesquels reposent les guerriers morts pour la patrie.

La langue du peuple d'Ukraine est favorable à la musique ; elle tient le milieu entre la langue polonaise et la langue russe. Quant aux airs avec lesquels on berce les enfants, ils se sont perpétués de génération en génération, sans avoir été notés.

Les femmes de l'Ukraine ont un goût prononcé pour leurs *dumki*. Elles bercent leurs enfants avec ces mélodies douces et mélancoliques, et c'est ainsi qu'elles restent à jamais gravées dans la mémoire et dans le cœur. *Les Adieux du Kosack*, la dumka si touchante de *Hyrcio, les Plaintes du Voisin*, *les Regrets d'une jeune Mariée*, etc., tous ces chants, souvenirs précieux de l'enfance, ne s'oublient jamais.

Plusieurs autres chants sont cités également comme venant de la patrie des Kosacks : *Le Bal et l'Orage*, *le Kosack et la Dziuba*, que l'on chante en s'accompagnant sur la *bandura*, espèce de théorbe russe. Ces chants sont plus gais et ont, par cela même, moins de caractère que les dumki.

L'instrument favori du peuple d'Ukraine est la *sensla*, qui est d'origine slave. Cet instrument n'avait d'abord que trois cordes métalliques sur lesquelles on jouait avec des bâtons. Le nom de guslarz, qui veut dire devin, ou diseur de bonne aventure, dérive de cet instrument, qui s'appelait, en langue slave, *guzle*, ou *huszle*.

ULTIMA CONJUNCTARUM. Quatrième corde du tétracorde synnemenon.

ULTIMA DIVISARUM. Quatrième corde du tétracorde diézeugmenon.

ULTIMA EXCELLENTIUM. Nom latin de la quatrième corde du tétracorde *hyperboléon* du système des anciens Grecs.

UNCA. Nom ancien de la croche.

UNDA MARIS. C'est le nom d'un jeu d'orgue de tuyaux à anches de huit pieds, accordé un peu plus haut que les autres jeux, et, à cause de cela, formant avec eux une sorte de battement qui a quelque analogie avec le mouvement des flots.

UNICHORDUM. Nom de la tompette marine.

UNION DES REGISTRES. L'union des registres de la voix humaine doit être en général le résultat de l'étude et de l'art. Elle consiste à s'exercer continuellement à retenir la voix de poitrine et à forcer peu à peu la voix de tête, pour établir entre la première et la seconde l'égalité la plus parfaite possible. Cependant, dans le cas où la voix de poitrine serait plus faible que celle de tête, il faut renforcer l'intonation des dernières cordes de poitrine, et dans une juste proportion leur joindre les premières de fausset. Cette réunion des registres est une qualité rare chez les chanteurs, et lorsqu'elle n'est pas un don naturel, il faut beaucoup de temps ou d'études persévérantes pour l'acquérir.

UNISSON. Rapport de deux sons sur le même degré, c'est-à-dire d'égale élévation ou gravité. L'unisson est produit par un égal nombre d'oscillations de deux corps égaux vibrant dans un égal espace de temps. Si donc une corde faisant cent vibrations dans une seconde, rend un *do*, un autre corde de la même longueur et grosseur, ayant la même tension, fera dans le même temps le même nombre d'oscillations et rendra le même *do*. Ainsi, deux ou plusieurs voix ou instruments faisant entendre le même son, font des unissons.

Le mot *unisson*, et son abréviation *unis*, s'écrivent dans la partie d'orgue pour indiquer que les notes doivent être jouées sans accompagnement, et que les octaves seulement doivent être redoublées. Le même mot, écrit dans une partition, indique que l'on doit jouer les mêmes notes qui sont écrites dans la ligne supérieure, ou inférieure, ou dans une partie que l'on indique.

UNITÉ. L'unité est le premier des deux grands principes sur lesquels repose l'harmonie, non-seulement dans la musique, mais encore dans tous les arts. Sans unité, tout est pour ainsi dire décousu ; l'enchaînement heureux des phrases, dont l'une semble découler de l'autre, produit chez l'auditeur le sentiment de l'unité. Avec l'unité et la variété, tout marche dans les arts et dans chacune de leurs parties. Ce sont les deux balances dont l'homme de génie doit faire un continuel usage.

Cette règle, qui prescrit que l'action doit être une, et que l'intérêt se porte toujours sur le même objet, est parfaitement applicable aux compositions musicales. Un thème musical peut servir à produire une symphonie entière, et si les modulations sont préparées avec art, si d'heureux changements dans l'harmonie lui donnent de la variété dans les retours, si la gradation des demi-teintes amène de grands effets, il n'y a point à craindre que les répétitions du thème fatiguent les auditeurs. On les entendra toujours, au contraire, avec un nouveau plaisir. Dans les œuvres des grands maîtres, on trouve une infinité de morceaux composés sur un seul motif. Quelle unité dans la marche de ces compositions! Tout se rattache au sujet; c'est une chaîne dont on ne pourrait enlever un anneau sans la détruire. Il n'y a que l'homme de génie, le grand compositeur, qui puisse accomplir une semblable tâche, aussi admirable que difficile.

UOMO (primo). Nom par lequel on désigne parfois un sopraniste castrat.

URANION. Instrument inventé, en 1810, par M. Buschmann, en Saxe, long de quatre pieds, large de deux, et haut d'un pied et demi. Il a une étendue de cinq octaves et demie, en commençant par le *fa*, clef de basse, au-dessous de la portée. — Il a un cylindre couvert de drap et mis en mouvement par une roue et une pédale. Les sons de l'uranion sont fort doux et s'obtiennent par le frottement du bois.

UT. Première note de la gamme de ce nom. On a adopté aujourd'hui généralement pour solfier, la syllabe *do* plus favorable à l'émission de la voix que la syllabe *ut*.

V

V. Cette lettre est une abréviation des mots *violino, volti*; W indique *violini*; V uni à S (*vs*) indique *volti subito*.

VALEUR DES NOTES. Durée du son déterminée par la figure différente des notes. Les silences ont aussi leurs valeurs, et chaque figure de note a un silence qui lui correspond. La pause a la valeur d'une ronde, la demi-pause a la valeur d'une blanche, le soupir de la noire, etc.

VARIATION. C'est une composition musicale dans laquelle une cantilène appelée thème est successivement ornée de différentes manières.

Rien de plus facile que de composer des variations d'une façon commune et vulgaire. Il suffit de s'emparer d'un thème inventé par un autre, et de lui faire subir toutes les transformations d'usage, tantôt sous la figure de croches, doubles croches, tantôt sous la figure de triolets, de sextolets, tantôt avec quelque basse figurée, des arpéges, des octaves, sans oublier l'adagio dans le mode relatif et le temps à la polonaise. On pourrait dire qu'il n'y a rien de moins varié que de semblables variations. Mais, quelque stérile qu'il soit de sa nature, un thème cesse de l'être entre les mains d'un habile compositeur, d'un savant contrepointiste. Les trente variations de Jean Sébastien Bach seraient des titres suffisants pour faire inscrire son nom au Panthéon musical. C'est ainsi que Haydn, Vogler, Beethoven, Mozart, et après eux, Cramer, H. Herz, Kalkbrenner, Moschelès, S. Thalberg, Doehler, Gottschalk, Paganini, de Bériot, Vieuxtemps, etc., etc., ont donné des variations qui sont autant de chefs-d'œuvre. On voit, d'après cela, et en lisant ces noms, qu'il faut pour composer de bonnes variations, posséder parfaitement l'instrument auquel on les destine, y être de première force et connaître toutes les ressources de l'harmonie, car il faut que des variations soient à la fois brillantes et ingénieuses.

VARIER. Ajouter à un chant simple des ornements, soit en divisant les notes d'une plus grande valeur en notes d'une valeur moindre, soit en changeant quelque chose dans l'accent, dans la force, etc. On emploie particulièrement cette méthode, quand une cantilène revient plus d'une fois, ou qu'on répète un morceau de musique. Ce sont surtout les points d'orgue qu'il faut savoir varier. Il faut pour cela beaucoup de goût et une grande exécution. Les compositeurs aussi doivent savoir varier l'harmonie, les rentrées, le système d'accompagnement, quand le même motif se reproduit plusieurs fois.

Vaudeville. Il existe une foule de dictons populaires, qui en France ont presque force de loi, et dont l'autorité repose sur de lourdes erreurs. Combien de gens ont répété depuis Boileau que le Français né malin avait créé le vaudeville, et ne savent pas que ce vaudeville dont parlait le poëte n'a aucun rapport avec le genre de composition dramatique auquel ce nom a été donné par induction.

La rhétorique définit le mot vaudeville ou *val de vire*: couplet qui court les rues. Le mot lui-même, pour ceux qui connaissent un peu l'ancien langage, indique suffisamment sa signification par ses racines. Il est dérivé du vieux terme vau ou val, dont on a fait le terme nautique aval, courant. Ainsi le vaudeville fut tout simplement un couplet, et non une réunion de couplets reliés par une action scénique. Entre les ponts-neufs dont parle Boileau et les pièces désignées de nos jours sous le nom de vaudeville, il y a tout un abîme.

Le vaudeville donc que les Français croient avoir inventé, le vaudeville tel que nous le comprenons enfin, est d'origine italienne. Il est le frère aîné de l'opéra comique.

Considéré sous le rapport musical, le vaudeville est un petit poëme, le plus souvent d'un caractère plaisant et satirique, auquel on adapte des mélodies connues, soit analogues à la situation, soit en opposition avec elle. Le sujet du vaudeville est la parodie d'une pièce jouée avec succès ou tombée, un événement remarquable du temps, qui donne prise à la satire. Peu de jours après l'exécution de la *Création*, d'Haydn, il parut un vaudeville intitulé la *Récréation*. La première représentation de la *Vestale* de Spontini fut suivie d'une parodie, la *Marchande de modes*. Le nom de l'auteur demeura inconnu quelque temps, et ce ne fut pas sans une grande surprise qu'on apprit que M. de Jouy, l'auteur des paroles de la *Vestale*, était aussi l'auteur de la parodie.

VELCHES (Musique des). Les Velches, ou habitants du pays de Galles, passent pour être les descendants de ces Celtes qui ont tant occupé les savants des dix-septième et dix-huitième siècles, et dont on a cru retrouver les traces chez les Bas-Bretons de France. On ne peut nier un fait fort singulier, c'est que le langage des Bas-Bretons et celui du pays de Galles ont de tels rapports, que les habitants des deux pays s'entendent sans aucune difficulté, tandis qu'il n'y a pas la plus légère analogie entre le langage des habitants du pays de Galles et celui des autres provinces anglaises. Un autre fait non moins digne de remarque, c'est que la langue velche ou galloise s'est conservée jusqu'à ce jour dans sa pureté, et que le pays de Galles possède encore des poëtes qui écrivent avec facilité dans cette langue.

La musique du pays de Galles a la même originalité que la poésie, soit sous le rapport des formes de son chant, soit sous celui du rhythme et du mode d'exécution, soit enfin sous celui de la forme des instruments et des modulations. La plupart des pièces de chant des Gallois sont des stances qu'ils appellent *pennillons*. On ne connaît rien dans la musique d'aucun peuple moderne qui puisse donner l'idée du chant de ces pennillons. Il faut l'avoir entendu pour s'en faire une idée; car il dépend autant de la manière dont il est exécuté que de la composition.

Deux instruments sont particuliers au pays de Galles. L'un est la harpe à triple rang de cordes, l'autre est une espèce de viole d'une forme très-bizarre qu'on appelle *cruth*. Le *cruth* est un instrument à archet, qu'on croit avoir donné naissance aux différentes violes et aux violons. Il a la forme d'un carré long, dont la partie inférieure forme le corps de l'instrument; deux montants placés aux côtés de la partie supérieure se rattachent dans le haut avec un manche isolé dans le milieu. Cet instrument est monté de quatre cordes et se joue comme le violon, mais avec plus de difficulté, parce qu'il n'a point d'échancrure pour laisser passer l'archet.

Ventilabro. Nom italien de soupapes au moyen desquelles s'ouvrent et se ferment les canaux du sommier, dans l'orgue, pour donner passage à l'air.

Vêpres. Une des sept heures canoniales. Ce nom vient de l'étoile *vesper*, parce que c'est vers le coucher du soleil qu'on est dans l'usage de chanter ces prières.

Vermillon. Ancien instrument composé de huit à dix verres choisis d'après l'échelle diatonique, ou bien accordés d'après cette même échelle, en les remplissant d'eau. On pose cet instrument sur une planche recouverte de drap, et on en joue avec un petit bâton également enveloppé de drap. C'est ce qu'on nomme aussi *harmonica*. On a fait plusieurs combinaisons d'instruments dans lesquels le son est produit par le verre mis en vibration. Le son ainsi produit, ne manque pas de charme, et on pourrait employer plus fréquemment, quoique avec modération, ces sortes d'instruments, qui donnent quelquefois un cachet particulier à la mélodie.

Vérité d'art. Ce n'est pas la vérité absolue, mais une ressemblance embellie que nous demandons aux arts. C'est à nous donner mieux que la nature que l'art s'engage en l'imitant. La poésie affectionne le langage des vers, elle répand les images et se soutient à un ton plus élevé que la nature. La peinture élève également le ton de la couleur et corrige ses modèles. La musique, elle aussi, se permet de pareilles licences. Elle soutient la voix par des accompagnements, fait des cadences, toutes choses qui ne sont pas dans la nature. Assurément la vérité de l'imitation en est altérée, mais sa beauté y gagne, et de là résulte dans la copie un charme que la nature refuse à l'original. Au reste, le but que se propose la musique, n'est pas l'imitation de la nature, mais l'expression vraie des sentiments.

VERSET. Ordinairement on divise le *Gloria*, les psaumes, etc., en divers morceaux d'ensemble, et en solos, duos, etc. Ce sont ces derniers que l'on appelle *versets*.

A la messe, aux vêpres et dans les autres cérémonies. on morcelle le *Kyrie*, le *Dixit*, etc., de manière qu'alternativement une partie est chantée par le chœur, et que pour l'autre c'est l'orgue qui répond. Ces réponses se nomment versets; et ce ne sont que de petites cadences, de petites périodes musicales, de petites fugues improvisées ou composées et imprimées sous ce nom.

VIBRATION. (Voyez *Son*.)

VIDE, CORDE A VIDE. C'est, sur les instruments à manche, tels que le violon, la viole, la guitare, le son qu'on tire de la corde dans toute sa longueur, depuis le sillet jusqu'au chevalet sans y placer aucun doigt.

VIELLE (La) est un instrument fort ancien ; cependant nous ne croyons pas que ce fut aux sons de la vielle que tombèrent les murs de Jéricho ; nous doutons également que la vielle fut l'instrument dont se servait Amphion; nous nous permettons de chicaner

Jean de Meung, quand il dit dans son *Roman de la Rose*, en parlant d'Orphée, qu'*il faisait après soi aller les bois par son beau* VIELLER. Nous suspectons même *Alexandre de Bernai*, dit *de Paris*, qui vivait sous Philippe-Auguste, et qui, dans son roman d'*Alexandre le Grand*, faisant la description d'un palais occupé par son héros, parle de deux statues, dont une représentait un joueur de vielle :

« L'un tient une *vielle*, l'arcon fu de saphir ;
» Li autre une harpe ; moult fut bonne à oir. »

Pour constater l'antiquité d'un instrument, il faut le débarrasser de tous les accessoires qui ont pu servir à le perfectionner, lui rendre sa simplicité primitive, et chercher alors si sa forme ne rappelle pas un instrument connu anciennement. Ainsi, si vous dépouillez le piano de ses marteaux en peau, vous arrivez au clavecin et aux sautereaux armés de plume et de drap. Enlevez ces sautereaux et les touches, que reste-t-il ? le tympanon, que l'on frappait avec des bâtons comme ceux employés par les cymbaliers ; privez encore cet instrument et des bâtons et de la caisse, que trouvez-vous ? la harpe, connue de toute antiquité. La vielle est un instrument trop compliqué pour qu'il n'ait pas subi bien des perfectionnements; enlevons-lui ses différentes parties, et nous la réduisons à un corps concave armé d'un manche, sur lequel des cordes sont tendues. Retrouvons-nous dans l'antiquité quelque chose de semblable ? Oui, le *canon* ou le *chelys*, monocorde que l'on voit figurer sur une foule de monuments de la plus haute antiquité ; le chelys antique est donc la souche de la cythare ou la guitare, de la rubeblée, de la vielle, et l'on voit que le *chelys* est le père de tous les instruments de musique à corps concave et à manche, soit qu'on mette leurs cordes en vibration en les frappant, en les pinçant ou en les frottant.

Les monuments anciens, surtout ceux de l'ordre gothique, présentent dans les sculptures dont ils sont ornés une foule de faits intéressants pour l'histoire de la vielle. Mais ce qui donne à ces faits un caractère de véracité de plus, c'est qu'ils se trouvent confirmés par les récits des historiens, par les poésies, par les fabliaux, par les chansons des troubadours, des trouvères, des ménestrels, des jongleurs, etc. Tous ces monuments de l'art musical et littéraire, conservés dans les principales bibliothèques, font connaître et expliquent toutes les phases de la vielle.

De quelque manière que la vielle se soit formée par degrés, il paraîtrait, selon M. Burette, membre de l'Académie des belles-lettres, dans le tome 8 du recueil des Mémoires, que les anciens ont connu la vielle; car il dit que « les anciens avoient sur quelques instruments une espèce de bourdon qui soutenoit le chant en faisant sonner l'*octave quinte*, bourdon, où se trouvoit aussi la *quarte*, par la situation de la corde du milieu. » Puis il ajoute : « Les anciens, à la vérité, ne nous ont rien laissé par écrit, touchant ces sortes de bourdons; mais nos vielles et nos musettes, qui vraisemblablement nous viennent d'eux, suffisent pour appuyer une telle conjecture. » Si nous consultons le Dictionnaire de Furetière, à l'article *Vielle*, il est dit que les anciens la nommaient par excellence *symphonie*. La vielle était encore nommée, au treizième siècle, *syphonie*, *cifonie* et *cyfoine*, par corruption du nom primitif. Cet instrument s'appelait aussi *sambuque*. On croyait qu'elle venait de la Grèce, comme l'indique son nom, *sarbuckè*, dont les Latins ont fait *sambuca* ; et le père Joubert, dans son Dictionnaire, définit la vielle par le nom de *sambuca rotata*, ce qui nous prouve qu'il y avait des vielles avec et sans roues. En voilà assez, ce nous semble, pour établir l'existence de la vielle dans le moyen-âge.

Nous allons chercher maintenant vers quel temps les Français ont commencé à faire revivre cet instrument, que les guerres qui agitèrent le monde après la destruction des anciens empires, avaient fait sans doute tomber dans l'oubli, ainsi qu'une foule d'autres instruments qui ne sont pas parvenus jusqu'à nous. Nous ne dépasserons pas la révolution musicale opérée par Gui d'Arezzo, car, avant cette époque, la musique était trop hérissée de difficultés pour avoir pu être cultivée par un grand nombre d'individus. Mais grâce à la méthode nouvelle du savant bénédictin, l'étude de cet art devint plus facile et prit un peu de faveur dans l'esprit des Français. La France alors (1028) avait changé de forme politique; la plupart des seigneurs tenaient chacun une petite cour particulière dans leurs duchés, comtés ou baronies; c'est à cette époque que l'on vit paraître en France plusieurs troupes de chanteurs qui allèrent mettre à profit leurs talents dans ces diverses cours princières. Fauchet, dans son livre *sur la langue et la poésie française*, explique ainsi l'entrée de ces musiciens: « Or, est-il certain, dit-il, que bientôt après » la division de ce grand empire français en tant de » petits royaumes, duchez et contez, au lieu de » poëtes commencèrent à se faire connaître les trou- » verres et chanterres, conteours et jugleours qui » trouveurs, chantres, conteurs, jongleurs, c'est-à- » dire ménestriers, chantans avec la *viele;* les uns » desquels composoient, comme les trouvers ou con- » teurs, les autres chantoient les Inventions d'autrui » comme les chanterres et les jugleours... Les trou- » veurs donc et chantres ayant affaire l'un de l'autre, » s'accompagnoient volontiers, et afin de rendre

» leurs Inventions et Mélodies plus plaisantes et » agréables, venoient aux grandes assemblées et fes» tins donner plaisir aux princes... rapportants de » grandes récompenses des seigneurs, qui bien sou» vent leur donnoient jusqu'aux robes qu'ils avoient » vètues, et lesquelles ces jougleurs ne failloient de » porter aux autres cours, afin d'inviter les seigneurs » à pareille libéralité. » (*Recueil sur l'origine de la Poésie française, chap.* 8.) Le goût de la vielle nous fut sans doute importé d'Italie, car un auteur qui brillait dans le royaume de Naples, en 1806, parle de cet instrument en des termes très-favorables; c'est *Constantinus Africanus*, moine du mont Cassin; dans un traité de médecine, il conseille de faire entendre aux malades le son de divers instruments parmi lesquels il cite la vielle. *Ante infirmum dulcis sonitus fiat de musicorum generibus, sicut campanula, vidula rota et similibus.* (De Morbor. curat. chap. 16.) La vielle se nommait alors *vitula* ou *vidula,* comme l'atteste Ducange dans son Glossaire. Joannes de Janua, religieux dominicain, lui donne le nom de Vitula, et Galfridus de Vino Salvo, poëte normand qui brillait sous Richard, en 1190, parle de la vielle comme d'un instrument qui excite la joie : *Vitulæ jocosæ.*

La vielle n'eut pas toujours la forme que nous lui voyons aujourd'hui; elle ne fut d'abord qu'une sorte de guitare, assez semblable à la mandoline, et ses cordes étaient mises en vibration au moyen d'un morceau de plume, espèce de plectrum; plus tard on lui substitua une sorte d'archet, composé d'un morceau de bois denté, dont les dentelures étaient recouvertes en peau. Mais. jusqu'à ce moment, les doigts seuls appuyaient sur les cordes, le long du manche, pour marquer les différentes notes; le clavier ne fut adapté que postérieurement; car, dans les temps primitifs, la vielle avait la forme d'un violon, et c'est ainsi qu'elle est représentée sur les manuscrits anciens. Comme l'archet employé alors ne permettait pas de filer des sons, de leur donner plus ou moins d'ampleur, on lui substitua une roue, sur laquelle les cordes viennent s'appuyer plus ou moins fortement; et une petite manivelle servit à faire mouvoir cette roue. Cet instrument était fort en faveur en France, vers l'an 1085. Dans ce siècle, elle animait les meilleurs concerts. Nicolas de Bray, dans sa Vie de Louis VIII, en parlant d'une fête qui se donna sous le règne de ce roi, dit que les comédiens firent leur entrée sur le théâtre au doux son de la vielle et de plusieurs autres instruments.

Occurrunt mimi, dulci resonante viella
Instrumenta sonant, non sistrum defuit illic.

Sous saint Louis, la vielle faisait le charme de toutes les réunions; la reine Blanche s'en servait pour amuser le monarque, et dans *les Tournoyements de l'Ante-Christ*, roman composé au commencement du règne de saint Louis, l'auteur place la vielle dans un concert, comme l'instrument dont se servaient les jongleurs pour accompagner leurs chansons et animer la danse.

Quand les tables ôtées furent
Cil Jugleurs in Pies esturent :
Sont vielles et harpes prises
Chansons, sons lais, vers et reprises
Et de geste chante nos ont.

La vielle était l'instrument dont se servait Thibaut, comte de Champagne, pour accompagner les vers qu'il adressait à la reine Blanche. Ce prince ne fut point heureux dans son amour, nous dit l'histoire; et tout le fruit qu'il retira de sa passion pour sa *blonde couronnée* fut une mélancolie qu'il ne pouvait

calmer qu'en jouant de la vielle, et en mêlant au son de cet instrument les chansons plaintives que son constant amour lui inspirait. La *Chronique de Saint-Denis* dit : « Et pour ce que profondes pensees engen-
» drent melancolie, li (Thibaut) fù il loé d'aucuns
» sages homes, qu'il s'estudiast *en biaux sons de vielle*
» et en *doux chants de vielle délitable :* si fist entre li
» et Gaces Brules, les plus belles chansons et les
» plus delitables et melodieuses qui fussent oncques
» oyes. » La vielle continua d'être très-cultivée sous les règnes suivants ; car, sous Philippe le Hardi, nous voyons apparaître le poëte Adenez, ménestrel de Henri, duc de Brabant, père de la reine Marie, seconde femme du roi de France. Ce ménestrel employait la vielle pour accompagner ses chants, et dans le *Roman d'Ogier*, dont il est l'auteur, il cite cet instrument comme celui dont on se servait alors pour soutenir la voix. En parlant de Guillaume le Bert d'Orange et d'Ogier :

Ils viélèrent tout doi d'une chanson
Dont les vieles ĉrent Targe ou Blazon
Et brant d'acier estaient li arçon.

Ce qui prouve qu'alors la vielle était un instrument tant à la mode, qu'on l'embellissait par des armoiries que l'on faisait peindre ou incruster dessus. Dans le même temps vivait également Jonglet, poëte, *ménétrier fort renommé, et principal en ce métier*, dit Fauchet : il était fort bien vu à la cour de l'empereur Conrad IV. Ce prince sut le distinguer dans la foule des musiciens célèbres qui s'étaient, pour ainsi dire, donné rendez-vous à Mayence, autour de sa personne. Il paraît que Jonglet ne chantait pas seulement les chansons courantes, mais encore des espèces d'histoires mises en vers et qu'il accompagnait des sons de sa vielle. Nous lisons dans un ancien roman, connu sous le nom de *Guillaume de Dole*, où il est parlé du prince :

> Un sien Vielor qu'il a
> Qu'on appelle accort Jonglet
> Fit appeller par un Varlet :
> Il est sage est graut apris
> Mainte chanson et maint biau conte.

Colin Muset vivait également dans ce siècle ; il était poëte et ménestrel ; il composa diverses chansons dont il nous reste quelques fragments. Par les uns, il nous apprend lui-même qu'il fréquentait les cours des princes ; par les autres, on voit que la vielle était son instrument.

> Ja'ay ali (dit-il) el Praelet
> O tot la vielle et l'archet
> Si li ai chante le Muset.

Ce poëte musicien était aveugle ; les badinages auxquels cette cécité donnait lieu, et les tours qu'on lui faisait, ont sans doute donné naissance au jeu de clémusette, abréviation de *Colin-Muset*. C'est l'opinion de Dreux de Radier. Nous terminerons ce préambule en faisant observer qu'il est prouvé par un compte de l'hôtel de Jean, duc de Normandie, depuis roi, de l'année 1349, que l'on désignait sous le titre de *menestreux* tous ceux qui jouaient de la vielle, sans indiquer leur genre d'instrument ; mais quand c'étaient d'autres instruments dont ils faisaient usage, on ajoutait à la suite l'instrument : ainsi menestreux tout seul indique un joueur de vielle ; les autres sont dits *menestrel du cor sarrasinois*, *menestrel de naquaires*, *menestrel de trompette*. (Ducange, Mémoire de Joinville.) On trouve dans les *rôles de la taille de*

Paris pour 1292, 1296, 1297 et 1298, dans la *rue aux Jugleeurs,* un fabricant de vielles, c'est *Henri aux vieles* ou Henri qui fait des vielles; il impose au chiffre de 6 à 12 sous de cette époque. Nous allons voir maintenant ce qu'on fit de la vielle sous les règnes qui suivirent celui de Philippe le Hardi.

Nous voici arrivés au quatorzième siècle, qui s'il n'offre pas de nombreux faits concernant la vielle, est du moins une époque remarquable pour les progrès de la musique. Il manquait encore beaucoup de choses pour que le système de Gui d'Arrezo fût parfait. On ne reconnaissait, par exemple, ni noires, ni blanches, ni croches; toutes les notes avaient une même valeur, de même qu'une figure uniforme; ce fut vers le milieu du quatorzième siècle, environ l'an 1350, sous le règne du roi Jean, qu'un nommé *Jean de Meurs* imagina le moyen de distinguer les valeurs inégales des notes. Cette invention rendit plus populaire l'usage de la musique que Gui d'Arrezo avait déjà rendu plus facile.

Nous ne nous apercevons pas encore que les progrès de la musique aient beaucoup influé pendant tout ce siècle sur l'usage de la vielle. Nous découvrons seulement que dès cette époque on l'appelait parfois *chifonie*. En effet, on lit dans la *Chronique manuscrite de Bertrand du Guesclin :* Que deux ménétriers d'un roi de Portugal jouaient d'un instrument nommé *chi fonie,* instrument qui était pendu au col avec une sangle; instrument dont, suivant ce manuscrit, on jouait alors en France et en Normandie; le poëte en parlant des deux ménétriers, dit :

Et savait chacun d'eux après luy un sergent
Qui une chifonie va à son col portant,
Et li deux Menestrers se vont appareillant,
Tous deux devant le roi se vont chiffonniant...

Ensuite le poëte nous apprend que Mathieu de Gournay, qui était alors avec le roi et qui l'entretenait sans doute de quelque affaire importante, écoutait cette musique avec impatience :

Et Mathieu de Gournay les va aperchevant.
Et les chiffonnieux à loy priser tant,
Et en son cœur alloit moult durement grabant.

Cependant le roi, plus occupé de ses musiciens que des affaires de Mathieu de Gournay, lui demanda, quand ils eurent fini de jouer, son avis sur ses deux ménétriers.

Et le Roy lui a dit, après le jeu laissant :
Et que vous semble, dit-il, sont-ils bien suffisant?

Mathieu de Gournay, impatienté et maudissant les symphonistes qui détournent le roi du sujet de la conversation, fait une déclamation contre la vielle :

Dist Mathieu de Gournay, ne vous irai celant,
Ens ou pays de France et ou pays normant,
Ne vont tels instrumens, fors aveugles portant,
Ainsi vont li aveugles et li Poores truant,
De si fais instrumens li bourgeois esbattant,
Et l'appella depuis un instrumeut truant :
Car ils vont d'huis en huis leur instrument portant
Et demandent leur pain.....

C'est donc vers le quatorzième siècle que les aveugles et les pauvres s'emparèrent de cet instrument pour gagner leur vie. Les aveugles se sont appropriés la vielle en France, comme en Espagne ils ont adopté la guitare ; et chose assez remarquable, c'est que dans ce dernier pays ils ont donné leur nom d'aveugle (*ciegos*) à tous les musiciens ambulants, qu'ils y voient ou qu'ils n'y voient pas, ainsi qu'à leurs romances ; et à la fin du dix-huitième siècle, on envoyait les *ciegos* (ménétriers très-voyants) pour jouer dans tous les bals de société.

Etant devenu l'instrument de l'indigence, il arriva à la vielle ce qui arrive à la plupart des choses dont l'usage est arbitraire et qui dépend du goût. Il y a cent ans, une personne d'un certain rang n'aurait pas osé jouer du violon; depuis, cet instrument a reconquis ses parchemins, et l'espèce de mépris où il était tombé n'a jamais pu porter la moindre atteinte à son mérite. Il eût dû en être de même de la vielle. Elle fut négligée par la cour, et on ne trouve plus mention de cet instrument avec éloge par les écrivains du quinzième siècle. Mais il paraît que l'on en jouait beaucoup, car Philippe de Commine dit proverbialement qu'il faut avant toute chose *accorder toutes ses vielles*, comme on a dit plus tard *accorder ses flûtes*. L'usage de la vielle, quoique relégué, en France, dans la classe infime de la société, s'étendit en pays étranger; nous voyons la vielle s'introduire, à cette époque, en Espagne : dans le roman de *Tirant le blanc*, écrit en langue catalane et imprimé vers la fin du quinzième siècle, l'auteur emploie ces termes *mija vivela* pour signifier ma vielle.

Mais, au seizième siècle, nous retrouvons la vielle ayant repris ses anciens droits et occupant place à la cour. En 1515, les vielleux font partie du corps de musique qui assiste au cortége de François Ier à son entrée dans Paris ; ils étaient vêtus de damas blanc et marchaient après le chancelier. Durant ce siècle, les ménétriers chantaient les chansons de geste en s'accompagnant de la vielle que l'on nommait alors *symphonie*, ainsi que nous l'apprend le *Propriétaire en françoys*, cité par Francisque Michel dans la préface de la chanson de Roland ou de Roncevaux.

Le commencement du dix-septième siècle ne fut pas favorable au progrès de l'instrument dont nous parlons. La musique ne fleurit pas beaucoup en France sous le règne de Louis XIII. Les premières années du règne de Louis XIV ne fournissent rien de remarquable sur la vielle, et cet instrument demeura pendant plusieurs années dans le même état où il avait été sous le règne précédent. Cependant la musique avait fait de grands progrès depuis que *Jean-de-Meurs* avait inventé les *rondes*, les *blanches*, les *noires*, etc., vers l'année 1350, pour distinguer la valeur des notes. Il n'était resté, depuis cette époque, que deux corrections à faire au système de Gui d'Arezzo, pour rendre l'usage de la musique plus sûr et plus facile : la première consistait dans la distinction des mesures par de petites barres, la seconde était de lever la difficulté des nuances que l'on était obligé d'employer, faute d'avoir un septième ton au-dessus du *la*, pour atteindre l'octave. La division des mesures arriva presque en même temps que l'invention des notes en rondes, blanches, noires, etc., etc., par Jean-de-Meurs, mais lui fut postérieure, quoi qu'en dise Sébastien Brossard, dans son Dictionnaire de musique; car il est absurde de vouloir faire inventer les séparations des mesures avant la distinction de la valeur des notes qui doivent la composer. Quant à l'addition de la note *la*, faite au système d'Arezzo, elle date, selon ce même Brossard, de l'année 1650, sous Louis XIV. Voici comment s'explique cet auteur : « Comme les » sons se trouvent naturellement de sept en sept de- » grés, précisément dans les mêmes intervalles, et » peuvent se répéter d'octave en octave, pour ainsi » dire à l'infini, on a ajouté vers le milieu du siècle » passé, une septième syllabe, savoir *si*, aux six sylla- » bes de *Gui Aretin*, qui donne la facilité d'exprimer » tous les degrés de l'octave, d'en remplir tous les in- » tervalles, et par conséquent de faire cette répétition » indéfinie, sans changer, que fort rarement, le nom

» à pas une des notes. » Brossard ne nous indique pas le nom de l'inventeur du *si ;* mais Furetière, qui paraît aussi regarder cette intercalation comme très-moderne, en attribue l'invention à un nommé *Lemaire :* « Le *si*, dit-il, est une septième note de musi-» que, ajoutée depuis peu par un nommé *Lemaire* aux » six anciennes inventées par Gui Aretin, par le » moyen de laquelle on évite l'embarras de l'ancienne » gamme qui se faisait de B mol en nature, et de B » quarre. » Furetière ajoute encore : « La jalousie des » hommes est si grande, que trente ans durant, *Le-» maire* a prêché vainement la méthode aux musiciens, » et pas un ne l'a voulu adopter, mais que sitôt qu'il » a été mort, ils l'ont tous suivie. » Dès l'année 1671, on rencontre le *si* dans les partitions des différents opéras représentés sous le règne de Louis XIV. La musique devenant, par suite de ces améliorations dans la notation, plus facile pour la lecture, nous voyons la vielle reprendre sa première popularité. La voici qui figure dans les chansons de Gautier Garguille, en 1640.

Une jeune demoiselle
Demandait à un *vielleux* :
« As-tu perdu les deux yeux
» En jouant de ta vielle?
» — Non, mais ce fut l'autre jour,
» Payant les dettes d'amour. »

Cette même année, on voit paraître une satire, intitulée : le *Paranymphe de la vielle.* Elle nous apprend que dans ce siècle comme dans ceux qui ont précédé, les mendiants et les aveugles se servaient de cet instrument pour exciter la commisération publique.

Les aveugles, dessus leur vielle,
Ne chanteront autre nouvelle
En mendiant dans nos maisons.

Dans la *Rome ridicule* de Saint-Amand, on lit :

Ici, pour instrument de danse,
L'on vit la cimbale tinter,
Les ossets, drus à cliqueter,
En accompaguant la cadence;
Un *aveugle*, expert *vielleur*,
Joint sa symphonie à la leur,
Sous l'orme droit comme une gaule,
Il grimace en mille façons;
Il tort son minois sur l'espaule
Et fait peur aux petits garçons.

Le même poëte avait dit dans le *Poëte sacré* :

Remembre-toy des sérénades.
Qu'en mes nocturnes promenades,
Accompagné d'un *vielleur*
Aveugle, afin que déceleur
De nos amours il ne pust être...
..... Je t'ai si souvent
Donnez à la pluye et au vent.

Dans la *Vraye Histoire comique de Francion*, qui date du commencement du dix-huitième siècle, Ch. Sorel introduit au quatrième livre un joueur de vielle, qui fait danser le pédant Hortensius et ses convives; surpris par le principal du collége où se passait la soirée : « Hélas! monsieur..., pardonnez-moi, dit le vielleux, je ne vais que là où l'on me mène; mon pauvre luminaire est éteint. Un homme que je ne connais point, m'a fait venir ici, et a renvoyé mes yeux à la maison..., j'appelle ainsi un petit garçon qui me conduit. » Il paraît que ces pauvres aveugles ne se contentaient pas de jouer de leur instrument; ils y ajoutaient leurs chants. Le poëte Léonard écrit, en parlant de ceux qui ne pouvaient rien obtenir, pas même un liard que l'on nommait alors *pistole de vielleur* :

Ils avaient beau supplier,
Entonner des Noëls antiques

Et faire gémir le clavier
De leurs *vielles* mélancoliques.

L'exécution de la vielle était lente, d'où est venu le proverbe, *long comme une vielle*, long dans tout ce que l'on fait. On disait également pour désigner un homme dont l'humeur est aisée, accommodante, faisant tout ce que l'on désire : *Il est du bois dont on fait des vielles*, comme aujourd'hui, on dit : *Il est du bois dont on fait des flûtes*.

Si la vielle était l'instrument des pauvres, nous allons la voir devenir bientôt aussi celui de la cour. Car voici venir successivement deux personnages qui vont réveiller le goût du public pour la vielle. L'un se nomme *La Roze*. Il n'était pas grand musicien, et son talent consistait toujours à jouer les menuets, les entrées, contredanses et vaudevilles de ce temps-là; mais il les exécutait délicieusement; c'était à qui pourrait le posséder. Il joignait à son talent d'exécution une jolie voix qu'il conduisait avec goût. Toute la cour voulut entendre La Roze, et la manière délicieuse dont il jouait de la vielle ne contribuait pas peu à faire revivre cet instrument dans la haute classe de la société. Peu de temps après, on vit paraître un autre joueur de vielle, qui acquit encore plus de réputation. Son nom était *Janot*. Il jouait avec perfection les contredanses et autres airs de l'époque où il vivait; il chantait aussi fort bien les vaudevilles, en s'accompagnant avec sa vielle. Il exécutait également les principaux morceaux des opéras de Lully, tels que la *Descente de Mars*. On doit à La Roze et à Janot deux chansons qui nous sont parvenues; l'une commence par ces mots : *Je vis content avec ma vielle ;* et l'autre, *Dieu qui fait tout pour le mieux*. La Roze et Janot rétablirent donc la vielle dans son ancien honneur par les applaudissements qu'ils reçurent à la cour de Louis XIV, et formèrent de nombreux élèves.

Vielleur, vielleuse. Celui ou celle qui joue de la vielle.

Vilanelle. Ancienne danse champêtre accompagnée de chant.

Villancico. Espèce d'ode sacrée que les Espagnols chantent dans les églises pour les fêtes de Noël.

Viola di spalla. On faisait usage de cet instrument dans les premières années du siècle dernier avec les instruments à vent les plus grands. Il servait dans la musique instrumentale à l'exécution de la partie principale. Il tient le milieu entre la viole et le violoncelle. Ceux qui en jouaient se l'attachaient avec une lanière passant sur la poitrine, et la rejetaient sur l'épaule.

Viola pomposa. Instrument à archet en usage vers le milieu du siècle dernier, inventé par Jean-Sébastien Bach. Elle était plus grande que la viole ordinaire, et avait des cordes plus élevées, et cinq cordes accordées en *do*, clef de basse au-dessous des lignes, et *sol ré, la, mi*.

Viola tenore. Anciennement on employait dans la musique vocale deux espèces de violes, celle en clef d'alto qui marchait à l'unisson avec la voix d'alto et celle écrite en clef de ténor à l'unisson avec la voix de ténor.

Viole. Cet instrument, dont l'usage est si étendu, et qui dans la musique à grand orchestre forme une des quatre parties principales, ne diffère pas du violon quant à son doigté. Il en diffère cependant par sa dimension, qui est plus grande, et par l'accord de ses quatre cordes, dont les deux dernières sont recouvertes de fil de métal. Ces cordes sont accordées en *do*, clef de basse second espace, puis par quinte *sol ré la*. Mais c'est surtout la qualité du son qui est différente, précisément à cause de sa grandeur et de ses cordes moins tendues. Cette manière d'accorder fait que l'on écrit la partie de la viole en clef d'alto, et de là lui vient encore le nom d'*alto*, d'*alto viola*.

La viole fut longtemps négligée par les compositeurs de l'ancienne école. Haydn et Mozart lui donnèrent enfin le rang qui lui appartenait et qu'elle occupe aujourd'hui dans les ouvrages des compositeurs distingués. Ses sons tendres et mélancoliques produisent un excellent effet dans la marche des parties intermédiaires, et s'accordent bien avec la clarinette, le cor, le basson.

VIOLE. Jeu d'orgue de tuyau à bouche, ouvert de quatre pieds, qui sert d'unisson à l'octave.

VIOLE (Basse de). Cet instrument extrêmement rare diffère du violoncelle par son accord de six et quelquefois sept cordes en *ré* clef de basse au-dessous des lignes *sol mi la ré*, et par ses sons criards et nasillards.

VIOLE BATARDE. Très-ancienne espèce de viole. Elle avait six cordes accordées en *do*, clef de basse au-dessous des lignes *fa do mi la ré*. Elle avait le corps plus long et plus étroit que la viole.

VIOLE D'AMOUR. Cet instrument est plus grand que la viole ordinaire, et a un manche plus long. Il en diffère encore dans l'accord de ses sept cordes en *sol*, clef de basse première ligne; *do sol do mi sol do*, ou *sol do mi la ré sol do*.

VIOLICEMBALO. Instrument inventé en 1609 par Jean Haydn, à Nuremberg. Il voulut faire participer le piano à l'avantage qu'ont les instruments à archet ou à vent de soutenir plus longtemps le son et de le modifier dans sa faiblesse ou dans sa force. Il inventa donc le violicémbalo, qui a la forme du piano. L'abbé Trentin, à Venise, attira de nouveau l'attention sur cet instrument par les réformes qu'il y fit il y a quelques années.

VIOLON. De tous les instruments, le plus beau, le plus harmonieux, le plus flexible, le plus riche en modulations tour à tour énergiques, tendres et passionnées, c'est sans contredit la voix humaine. Parmi les organes de la mélodie, même les plus perfectionnés, en est-il un seul qui, pour la puissance, la vigueur, l'éclat, le charme, la grâce, la variété, le prestige des ornements, puisse rivaliser avec la voix d'un chanteur éminent, quand cette voix a été exercée, assouplie, fortifiée par un travail persévérant, quand ce chanteur s'appelle Rubini ou Lablache, Damoreau ou Persiani? Toutefois, si parmi nos instruments il en est un qui, pour l'abondance et la variété des richesses mélodiques, puisse être jusqu'à un certain point comparé à la voix humaine, c'est assurément le violon. Le violon est de tous les instruments le plus harmonieux, le plus richement doté, et telles sont la supériorité de son organisation et la fécondité de ses ressources, qu'il peut remplir d'une manière brillante le rôle assigné à chacun des autres organes de la mélodie. Passant par une série d'étonnantes métamorphoses, il peut, comme la trompette, éclater en accents belliqueux, jeter comme la harpe des myriades de notes tendres et passionnées, ou soupirer comme la flûte les naïves amours des villageois. Et non-seulement le violon est le plus varié de tous les instruments, sous le rapport de l'expression, il est encore le plus répandu, le plus populaire. Il brille dans les concerts, fait le charme de toutes les réunions particulières; mais c'est surtout dans les grandes solennités musicales, c'est sur nos scènes lyriques que sa puissance se déploie, au milieu de l'orchestration la plus riche et la plus colossale.

Le violon est monté sur quatre cordes de boyau, dont la plus grave sonne le *sol*. Les trois autres portent *ré*, *la*, *mi*, par quinte du grave à l'aigu. La corde *sol* est filée en laiton. Le diapason du violon est de trois octaves et une sixte. Il commence au troisième *sol* du piano. Ses quatre cordes suffisent pour donner plus de quatre octaves, plus de trente-deux notes du grave à l'aigu. Elles se prêtent à toutes les exigences du chant, à toutes les variétés de la modulation. Au moyen de l'archet qui met les cordes en vibration, et peut en faire parler plusieurs à la fois, il unit aux séductions de la mélodie le charme des accords, et l'avantage si grand de prolonger le son, d'en doubler la puissance et l'énergie, la grâce et la suavité.

Quelques artistes célèbres n'ont pas accordé le violon *par quinte*, ainsi qu'on le fait ordinairement. Pour en obtenir une sonorité plus éclatante, Paganini haussait toutes les cordes d'un demi-ton et jouait en *ré naturel*, par exemple, quand l'orchestre était en *mi bémol*, en *la naturel* quand l'orchestre était en *si bémol*. Par ce facile artifice, il conservait la plupart de ses cordes *à vide* ; et l'on sait que la sonorité de ces cordes est bien plus éclatante que celle des cordes où les doigts sont appuyés. De Beriot hausse souvent le *sol* d'un ton, dans ses concertos. Baillot, au contraire, baissait quelquefois le *sol* d'un demi-ton, quand il voulait obtenir des effets doux et graves. Winter à même employé, dans le même but, le *fa* naturel au lieu du *sol*.

Les trilles sont praticables sur tous les degrés de la vaste échelle du violon. Mais ils deviennent très-difficiles sur les notes les plus aiguës : on les redoute, et il est prudent de ne jamais les employer à l'orchestre.

Les accords de deux, trois ou plusieurs notes qu'on peut *frapper* ou *arpéger* sur le violon sont très-nombreux et produisent des effets très-différents. Les accords de deux notes, qui résultent de ce qu'on appelle *la double-corde*, conviennent aux dessins mélodiques, aux phrases soutenues, aux accompagnements et au trémolo. Les accords de trois ou plusieurs notes produisent un assez mauvais effet dans le *piano*, mais ils ont de la richesse dans le *forte*: l'archet peut les faire vibrer alors d'une manière simultanée. Les accords que l'on désirerait obtenir entre le *sol* et le *ré* graves, sont impossibles à chaque instrument isolé, puisqu'il n'y a qu'une corde: en ce cas, on divise les violons. A partir du *ré* grave, tous les intervalles de seconde, de tierce, de quarte, de quinte, de sixte, de septième et d'octave sont praticables: ils deviennent seulement plus difficiles à mesure qu'on s'élève dans l'échelle des sons.

L'unisson n'est vraiment facile et vraiment très-sonore que sur les trois notes *ré*, *la*, *mi*, parce qu'alors une des deux cordes au moins est *à vide*. Les autres unissons n'ayant pas de cordes *à vide*, sont difficiles et rarement très-justes.

Le *trémolo* des violons produit plusieurs excellents effets, dans l'orchestre surtout. Il exprime le trouble, l'agitation, l'épouvante, quand on l'écrit sur une ou deux des trois cordes *sol*, *ré*, *la*, qu'on ne s'élève pas au-dessus du *si bémol* du médium, et qu'on l'exécute *piano*, *mezo-forte* ou *fortissimo*. Il a quelque chose de violent, d'orageux, dans le *fortissimo*, sur le médium de la chanterelle et de la 2e corde. Il devient aérien, au contraire, si on l'emploie à plusieurs parties et *pianissimo* sur les notes aiguës de la chanterelle.

Le trémolo du bas et du médium de la troisième et la quatrième cordes, dit un critique célèbre, est bien plus caractérisé dans le *fortissimo*, si l'archet attaque les cordes près du chevalet. Dans les grands orchestres et lorsque les exécutants veulent se donner la peine de le bien rendre, il produit un bruit assez semblable à celui d'une rapide et puissante cascade. Il faut indiquer le mode d'exécution par ces mots : *près du chevalet*.

Une magnifique application de cette espèce de trémolo a été faite dans la scène de l'oracle, au premier acte de l'*Alceste* de *Gluck*. L'effet du tremblement des seconds violons et des altos est encore redoublé, dans ce passage, par la progression grandiose et menaçante des basses, le coup frappé de temps en temps par les premiers violons, les entrées successives des instruments à vent, et enfin par le sublime récitatif que ce bouillonnement d'orchestre accompagne. Nous ne connaissons rien en ce genre de plus dramatique ni de plus terrible. Seulement l'idée du trémolo *près du chevalet* n'ayant pas été exprimée par Gluck dans sa partition, l'honneur en revient à M. Habeneck, qui, en dirigeant au Conservatoire l'étude de cette scène magnifique, exigea des violons ce mode énergique d'exécution.

On fait quelquefois usage du *trémolo brisé*, sur une ou sur deux cordes, dans certains accompagnements dramatiques d'un caractère très-agité.

Enfin il existe une dernière espèce de *trémolo* dont Gluck a tiré un parti admirable dans ses récitatifs et qui est aujourd'hui tombée en désuétude. Elle consiste dans l'émission peu rapide de notes liées entre elles sur le même son et sans que l'archet abandonne la corde. Les exécutants ne peuvent pas se rencontrer dans le nombre des notes qu'ils font entendre à chaque mesure, puisque l'accompagnement est un vrai trémolo non-mesuré, et il résulte de ces différences une espèce de fluctuation et d'indécision, parfaitement propres à peindre l'inquiétude et l'anxiété.

Les coups d'archet sont d'une grande importance dans la musique de violon. Ils influent énormément sur la sonorité et l'expression des traits et des mélodies: il faut donc les indiquer avec le plus grand soin. Les principaux sont : le *détaché*, le *lié* de deux en deux notes, le *grand lié* qui réunit un certain nombre de notes; le *staccato* ou *détaché léger* qui s'exécute pendant la durée d'une seule longueur d'archet, au moyen de petits coups successifs; le *grand détaché porté* qui donne à la corde la plus grande sonorité possible, en lui permettant de vibrer après que l'archet l'a fortement attaqué; les mêmes *notes répercutées* deux, trois ou plusieurs fois, et quelques autres moyens d'exécution qu'il serait trop long d'expliquer, tels que *à la pointe de l'archet, avec le talon de l'archet, avec toute la longueur de l'archet, sur la touche, etc.*

On a quelquefois employé le bois des archets pour frapper les cordes et en obtenir une sonorité moitié horrible et moitié grotesque. Ce moyen bizarre est employé très-rarement.

On appelle *sons harmoniques* ceux que l'on fait naître en effleurant les cordes avec les doigts de la main gauche, sans les mettre en contact avec la touche.

Les sons harmoniques ont presque tous un caractère singulier de sonorité aérienne et de mystérieuse douceur. Nous renvoyons leur étude, qui est intéressante mais assez longue, aux traités spéciaux sur le violon.

Les *sourdines* sont de petites machines en bois que l'on place sur le chevalet des instruments à corde pour affaiblir leur sonorité. Elle leur donne un accent triste et doux qui est d'une application fréquente et souvent heureuse dans tous les genres de musique.

Le *pizzicato*, dont le nom indique la nature, est également d'un usage fréquent. Les chanteurs aiment beaucoup cette espèce d'accompagnement: elle ne couvre point leur voix et l'environne d'une sonorité agaçante, cristalline et presque toujours gracieuse. Il faut cependant éviter le pizzicato à l'extrême aigu et à l'extrême grave: ici, l'effet en est sourd; là, grêle, sec et cassant.

Les violonistes célèbres, qui ont fait école, sont assez nombreux. Avant de les faire connaître, citons pour mémoire les noms plus anciens de Giovan-Baptista, surnommé *del violino* ; de Constantin, le roi des violonistes français ; du P. Castrovillari, religieux de Padoue ; de Walther, que ses ouvrages font mettre au rang des artistes les plus habiles du XVIIe siècle ; et enfin de Jean-Baptiste Bassani, qui se distingua par le beau style de sa musique instrumentale et qui eut la gloire d'initier Corelli aux secrets de son art.

« Archangelo Corelli, dit M. Fétis, grand artiste, qui, par l'élévation de ses idées et la perfection de son jeu, s'est placé à la tête de l'école du violon, et a marqué le temps de ses plus rapides progrès. Arcangelo Corelli ! nom justement célèbre dans les fastes de la musique, et qui traversera les siècles sans rien perdre de son illustration, quelles que soient les révolutions auxquelles cet art sera soumis ! le grand artiste qui le porta, non moins admirable compositeur que violoniste prodigieux pour son temps, naquit au mois de février 1653, à Fusignano, petite ville des États de l'Eglise, et mourut à Rome le 18 janvier 1713. Ses contemporains ne furent pas ingrats pour sa gloire, car l'Europe entière salua son talent par d'unanimes acclamations, et ses compatriotes placèrent ses restes au Panthéon, et lui élevèrent un tombeau près de celui de Raphaël. Après un siècle et demi, Corelli est encore considéré comme le type primitif des bonnes écoles de violon ; aujourd'hui même, bien que l'art se soit enrichi de beaucoup d'effets inconnus de son temps et que le mécanisme se soit perfectionné, l'étude de ses ouvrages est encore une des meilleures qu'on puisse faire pour acquérir un style large et majestueux. Son œuvre cinquième, composé de douze sonates pour violon seul, avec accompagnement de basse continue pour le clavecin, qui parut à Rome en 1700, est un chef-d'œuvre en son genre.

« L'art de jouer du violon, et la composition de la musique pour cet instrument, continuèrent, pendant toute la durée du XVIIIe siècle, d'être dans une progression ascendante. Au commencement de ce siècle, il y avait en Italie peu de villes où l'on ne trouvât quelque violoniste distingué. Le génie de Corelli avait animé celui de tous ces artistes : à Pise, c'était Constantin Clari, non moins remarquable comme compositeur que comme exécutant; à Florence, François Veracini; à Bologne, Jérôme Laurenti; à Modène, Antoine Vitali; à Massa di Carrara, Cosme Perelli et François Ciampi; à Lucques, Lombardi; à Crémone, Visconti, dont les conseils furent, dit-on, fort utiles au célèbre luthier Stradivari pour la fabrication de ses instruments; à Pistoie, Giacopino; à Naples, Michel Mascitti. D'autres, tels que Mathieu Alberti, Thomas Albinoni, Charles Tessarini et Antoine Vivaldi, tous élèves de Corelli, furent à la fois des virtuoses de premier ordre pour leur temps et de grands compositeurs de musique instrumentale. Vivaldi, dont on vient de lire le nom, fut un de ces artistes prédestinés qui impriment à l'art de leur époque une direction nouvelle. Le concerto lui dut ses premiers perfectionnements; car le *concerto grosso* de Corelli est une œuvre où toutes les parties concertent entre elles et s'emparent tour à tour de l'intérêt. L'*Estro armonico* de Vivaldi, composé de douze concertos pour quatre violons, deux violes, violoncelle et basse continue pour l'orgue, et dans les mêmes conditions; mais dans ses œuvres 6e, 7e, 8e, 9e, 10e, 11e et 12e, le génie de l'auteur prend un autre essor et trouve des formes nouvelles. La partie principale attire à elle l'intérêt du morceau, et bien qu'il n'y ait point encore de division en *solos* et *tutti*, le rôle de cette partie principale domine tous les autres. Les mélodies de Vivaldi ont aussi un caractère modernisé que Somis et Geminiani imitèrent.

« Au milieu de tous les artistes distingués qui viennent d'être nommés, le violoniste modèle de la première moitié du XVIIIe siècle fut Joseph Tartini. Né à Pirano en Istrie, le 12 avril 1692, il eut une jeunesse agitée ; mais ayant eu l'occasion d'entendre le célèbre violoniste Varacini, qui se trouvait à Venise en même temps que lui, sa vocation se révéla ; il se retira à Ancône pour y travailler en liberté, et dans sa solitude il fit de constantes observations qui le conduisirent aux principes fondamentaux du maniement de l'archet ; principes qui, depuis lors, ont servi de base à toutes les écoles de violonistes d'Italie et de France. Fixé à Padoue, en 1721, comme violon solo et chef d'orchestre de la chapelle de la célèbre église du *Saint*, il y passa paisiblement quarante-neuf années, uniquement occupé des travaux de son art, et y mourut le 16 février 1770. En 1728 il avait établi dans cette ville une école de violon qui devint célèbre dans toute l'Europe, et d'où sortirent une multitude de violonistes distingués, parmi lesquels on cite Nardini, Pasqualino Bini, Alberghi, Dominique Ferrari, qui passe pour avoir été l'inventeur des *sons harmoniques*, Carminati, Capuzzi, Mme de Sirmen, et les violonistes français Pagin et La Houssaye. Tartini n'a pas moins contribué au perfectionnement de l'art de jouer du violon par ses compositions pour cet instrument, que par les élèves qu'il a formés. Son style est en général élevé, ses idées ont de la variété, et son harmonie a de la pureté sans sécheresse. Le nombre de ses concertos publiés ou manuscrits s'élève à près de cent cinquante. Il y a aussi de lui environ cinquante sonates au nombre desquelles est la fameuse *Sonate du Diable*, dont l'anecdote n'est peut-être pas étrangère à certains bruits ridicules qui ont couru sur Paganini; il la racontait lui-même en ces termes : « Une nuit, » en 1713, je rêvais que j'avais fait un pacte, et que » le diable était à mon service. Tout me réussissait à » souhait; mes volontés étaient toujours prévenues, » et mes désirs étaient surpassés par les services de » mon nouveau domestique. J'imaginai de lui don- » ner mon violon pour voir s'il parviendrait à me » jouer de belles choses; mais quel fut mon étonne- » ment lorsque j'entendis une sonate si singulière et » si belle, exécutée avec tant de supériorité et d'in- » telligence, que je n'avais même rien conçu qui pût » entrer en parallèle ! J'éprouvais tant de surprise, de » ravissement, de plaisir, que j'en perdais la respira- » tion : je fus réveillé par cette violente sensation ; je » pris à l'instant mon violon, espérant de retrouver » une partie de ce que je venais d'entendre ; mais ce » fut en vain. La pièce que je composai alors est, à » à la vérité, la meilleure que j'aie jamais faite, et je » l'appelle encore la *Sonate du Diable ;* mais elle est » si fort au-dessous de ce qui m'avait frappé, que » j'eusse brisé mon violon et abandonné la musique, » si j'eusse été en état de m'en passer. »

« Parmi les élèves de Corelli, un des plus habiles fut Geminiani, né à Lucques, vers 1680. Après avoir terminé ses études de violon, sous le célèbre maître, il passa en Angleterre en 1714, y forma quelques bons élèves, et mourut à Dublin, le 17 septembre 1762, à l'âge de quatre-vingt-trois ans. Son talent d'exécution était à la fois brillant et solide; mais il manquait d'imagination dans ses ouvrages, qui ne sont qu'une imitation assez faible du style de Vivaldi. Somis, autre élève de Corelli, était né dans le Piémont vers la fin du XVIIe siècle, et avait visité dans sa jeunesse Rome et Venise, pour entendre les virtuoses de cette époque. Corelli lui fit étudier ses sonates, et d'abord Somis s'attacha à son style; mais lorsqu'il entendit Vivaldi, il se modifia d'après sa manière et l'imita dans ses compositions. Somis fut le fondateur de l'école piémontaise du violon qui, après la mort de Tartini, exerça une très-grande influence sur l'art de jouer de cet instrument. Baptiste Anet, plus connu simplement sous le nom de *Baptiste,* qui avait aussi reçu des leçons de Corelli, arriva à Paris vers 1700, et y passa pour un prodige, ce qui n'était pas étonnant à une époque où, suivant l'opinion de Lully, *les meilleurs violons de l'Opéra et de la musique du roi n'étaient pas capables de jouer leur partie sans l'avoir étudiée.* Assez médiocre musicien, Baptiste ne forma pas d'autre élève que Senaillé, en sorte qu'il ne fit que peu de chose pour la formation d'une école française de violonistes. D'ailleurs, il ne vécut pas à Paris plus de cinq ans. Une position qui lui fut offerte en Pologne, le décida à se fixer dans ce pays.

« La gloire de poser les bases d'une école de violon en France était réservée à Jean-Marie Lecler, élève de Somis, et violoniste de grand talent, qui naquit à Lyon, en 1697. Le violon ne lui avait servi d'abord que pour la danse; car dans sa jeunesse il avait débuté comme danseur au théâtre de Rouen; mais ayant été appelé à Turin, en qualité de maître de ballets, Somis le prit en affection après avoir entendu quelques airs de danse de sa facon, et lui donna des leçons de violon qui lui firent faire de rapides progrès. Après deux années d'études, le maître déclara à l'élève qu'il n'avait plus rien à lui apprendre; mais Lecler continua son travail de mécanisme avec persévérance, et parvint à la possession d'un beau talent. Arrivé à Paris en 1729, Lecler fut attaché à l'orchestre de l'Opéra, puis à la musique du roi. Les élèves qu'il forma, et la publication de ses sonates, de ses duos et de ses trios, sont le point de départ de l'école des violonistes français. Jean-Baptiste Senaillé eut aussi de l'influence sur les premiers développements de cette école. Né à Paris, le 23 novembre 1687, il eut d'abord des leçons de Queversin, un des vingt-quatre violons de la grande bande du roi, puis devint élève de Baptiste Anet. Le grand renom des violonistes italiens de cette époque le décida ensuite à se rendre à Modène pour y prendre des leçons d'Antoine Vitali. Son talent fit une vive sensation dans cette ville, et la grande-duchesse l'attacha au service de la cour. De retour à Paris en 1719, il y fit quelques bons élèves au nombre desquels fut Guignon, et peut-être Guillemain, qui eut de la célébrité par d'excellentes sonates pour son instrument.

« De tous les élèves de Corelli, celui qui s'éloigna le plus de sa manière, et qui, par son audace, arriva aux résultats les plus extraordinaires, fut Pierre Locatelli, violoniste justement célèbre, né à Bergame, en 1693. Au surplus, il n'a pu recevoir qu'un petit nombre de leçons de son illustre maître, car il n'était âgé que de seize ans lorsque Corelli descendit au tombeau. Plein de hardiesse et d'originalité, il inventa de nouvelles combinaisons pour l'accord du violon, la double corde, les arpéges et les sons harmoniques. L'ouvrage le plus important où il déposa le résultat de ses découvertes dans ces choses diverses a pour titre : *Arte di nuova modulazione*. Les éditions françaises qu'on a faites de cet ouvrage ont pour titre : *Caprices énigmatiques*. Si Locatelli, mort en Hollande en 1764, ne forma pas beaucoup d'élèves, à cause des grandes difficultés de sa musique, il eut pour imitateurs, en quelques parties, Lolli, Fiorillo, et surtout Paganini, dont le talent a été le développement le plus complet des tendances du modèle,

« L'école piémontaise, fondée par Somis, était destinée à devenir la plus productive en talents de premier ordre. Outre Lecler, ce professeur avait formé son neveu Schabran, ou Chabran, qui brilla à Paris en 1751, Giardini, modèle de grâce, et surtout Pugnani, doué d'une organisation grande et forte qui n'eut pas moins d'influence dans l'art, par la grandeur de son style d'exécution et par la variété de son archet, que par les perfectionnements qu'il introduisit dans la forme du concerto sous le rapport de l'effet des solos. Devenu chef de cette école du Piémont, Pugnani porta sa gloire à son apogée en formant le talent si beau, si pur, si tendre et si brillant à la fois de ce Viotti qui devint ensuite le modèle et le désespoir des violonistes de tous les pays.

« Contemporain de Pugnani, Gaviniès faisait pour l'école française à Paris ce que le violoniste piémontais faisait à Turin pour l'école italienne. Mécanisme d'archet qui lui permettait de se jouer des plus grandes difficultés; justesse parfaite, style imposant, enfin expression pleine de charme et de sensibilité, telles furent les qualités qui frappèrent Viotti lorsqu'il eut entendu Gaviniès, et qui le lui firent appeler *le Tartini français*. Le talent de cet artiste se fit particulièrement apprécier à sa juste valeur dans diverses occasions où il se fit entendre au concert spirituel, après d'autres violonistes d'un mérite incontestable. C'est ainsi que la palme lui fut donnée après ses luttes avec Pugnani, Dominique Ferrari et Jean Stamitz.

« L'arrivée de Viotti à Paris y produisit une impression difficile à décrire. Jamais on n'avait entendu de talent qui approchât de cette perfection; jamais artiste n'avait possédé un son plus beau, une élégance aussi soutenue, une verve, une variété semblable. L'imagination qui brillait dans ses concertos ajoutait encore au plaisir qu'il procurait à son auditoire; car ses compositions pour son instrument étaient aussi supérieures à ce qu'on connaissait auparavant, que son exécution était au-dessus de celle de ses rivaux. Dès qu'on connut cette belle musique, la vogue des concertos de Jarnowick disparut, et l'école française de violon s'engagea dans une voie plus large. Les élèves de cet artiste illustre sont en petit nombre; mais il en est un qui seul valut toute une école : je veux parler de Rode, talent fin, délicat, brillant, qui rappelait souvent celui du maître sous lequel il s'était formé. Il existe aujourd'hui bien peu de personnes qui aient entendu cet admirable talent dans toute sa beauté, lorsqu'il se produisit dans les concerts de la rue Feydeau et de l'Opéra; mais les artistes qui ont joui de ce plaisir n'oublieront jamais le modèle de perfection dont ils furent alors émerveillés. Il y a une remarque intéressante qui me paraît devoir être faite, c'est que depuis Corelli jusqu'à Rode il n'y a pas de lacune dans l'école; car Corelli fut le maître de Somis, Somis de Pugnani, Pugnani de Viotti, et Viotti de Rode.

«A l'époque où brillait Rode, deux autres violonistes de la plus haute valeur illustraient l'école française. Le premier en date était Rodolphe Kreutzer, fils d'un musicien de la chapelle du roi, et qui était né à Versailles en 1766. Élève d'Antoine Stamitz, violoniste allemand qui a fondé une école, Kreutzer prit d'abord le style un peu étroit de son maître; mais lorsqu'il eut reçu des conseils de Gaviniès et entendu Viotti, il élargit sa manière, devint brillant, hardi et presque chevaleresque. Sa qualité de son était nourrie plutôt que moelleuse, et sa manière de chanter était moins remarquable que sa hardiesse dans les difficultés. Ses grandes qualités étaient d'être original, de n'avoir suivi aucune école et de n'obéir qu'à l'impulsion de son sentiment énergique. Kreutzer a fait école et a produit beaucoup de bons élèves qui se sont assimilé ses qualités, et qui, en général, ont du brillant dans l'exécution.

« Baillot, dont il me reste à parler, ne fut pas seulement un grand violoniste par le mécanisme le plus riche et le plus varié qu'on puisse imaginer, mais en même temps il fut poëte par le sentiment le plus exquis des beautés de la musique, et par la conception prompte du style d'exécution le mieux en rapport avec le caractère de chaque composition. Pollani, élève de Nardini, fut un de ses maîtres de violon; mais il est vrai de dire que les grandes qualités du talent de Baillot furent celles qu'il puisa en lui-même. Grand violoniste solo, il ne put jamais s'élever à toute sa hauteur lorsque la valeur de l'œuvre qu'il exécutait ne l'émouvait pas. A l'Opéra, par exemple, où il devait jouer des solos pour la danse, il perdait une grande partie de son talent et n'était que l'ombre de lui-même; mais dans ses séances annuelles de quatuors et de quintetti, lorsque le génie de Boccherini, de Haydn, de Mozart et de Beethoven faisait battre son cœur, il devenait sublime et sans égal par la variété d'accents, les nuances de sentiment et la poésie des idées. Son archet était magique, et les sons devenaient sous ses doigts d'éloquentes inspirations. Baillot ne fut pas seulement un grand artiste : ce fut un grand professeur. Le nombre d'excellents violonistes qu'il a formés est très-considérable. De sa première école sortirent Habeneck et Mazas, qui furent aussi de grands artistes. Devenu lui-même professeur au Conservatoire de Paris, et successeur de son maître, Habeneck a formé de bons élèves, à la tête desquels se place M. Alard, aujourd'hui chef de l'école française.

« Et vous aussi, Lafont, vous fûtes une des plus belles gloires de l'école des violonistes français ! D'abord élève de Kreutzer, Lafont ne trouva pas dans le sentiment de ce maître les qualités qui pouvaient sympathiser avec le sien; il ne tarda pas à passer de cette école dans celle de Rode, qui semblait faite pour développer ses qualités naturelles de grâce, de pureté, d'élégance et de charme; qualités qui parvinrent, par la suite de ses études, au développement le plus complet, et conduisirent l'artiste à un rare ensemble de perfections. La justesse de ses intonations était si sûre; la douceur de son archet avait tant de séduction; il y avait tant de goût dans les ornements de son jeu, que si le sentiment de la grandeur laissait quelque chose à désirer, on s'en apercevait à peine, ravi qu'on était par la grâce et par la délicatesse.

« Une école nouvelle s'est formée : nous voulons parler de l'école belge du violon, qui compte un peuple de héros à la tête duquel se placent De Beriot et Vieuxtemps, l'honneur de leur patrie.

« L'Allemagne a produit plusieurs écoles de violonistes, dont les qualités principales ont été la justesse et la netteté du jeu, mais qui, dans le XVIIIe siècle surtout, ont laissé à désirer un son plus puissant, et plus d'ampleur dans le style d'exécution. Les prodiges inventés par Wagner au XVIIe siècle ne paraissent pas avoir laissé de traces chez ses successeurs. L'Italie et la Bohême furent les berceaux des deux écoles de violonistes allemands d'où sont sortis les autres.

« Corelli, qui a laissé partout des preuves de sa grande influence, était premier violon de la chapelle du margrave d'Anspach en 1699, lorsque Pisendel, qui y était enfant de cœur, devint son élève, et fit de si rapides progrès sous sa direction, qu'il put être engagé en 1702 comme premier violon de la chapelle. Ce même Pisendel, devenu très-habile violoniste, fut attaché au service de la cour de Saxe en qualité de maître de concerts, et ouvrit à Dresde une école de violon. Il y transmit la tradition de son maître, mais en la modifiant par le style un peu maniéré qui avait alors beaucoup de vogue à la cour de Dresde. C'est dans cette école que se forma le talent de Jean-Théophile Graun, frère du célèbre compositeur de ce nom, et maître de concerts de Frédéric-le-Grand, roi de Prusse. Graun avait un talent solide, dont il a donné des preuves, et par les élèves qu'il a formés, et par vingt-neuf concertos de violon restés en manuscrit, mais dont j'ai vu quelques-uns qui donnent une haute opinion de son habileté. Dans sa jeunesse, au sortir de l'école de Pisendel, il était allé en Italie, et y avait reçu des leçons de Tartini, dont il avait adopté la manière.

« L'école de violon sortie de la Bohême commence par Konieseck, de Prague, qui n'est connu que parce qu'il a été le maître de François Benda, grand artiste, né à Althenatka, dans la Bohême, le 23 novembre 1709. Son premier maître fut un juif aveugle nommé *Lœbel*, violoniste fort habile. Plus tard il devint élève de Konieseck, et prit de lui le style brillant, mais un peu petit sous le rapport du son, qu'il a transmis à tous ses élèves. L'école de Benda, d'où sont sortis ses deux fils, Ramnitz, Rust, Matthes, et beaucoup d'autres, a été longtemps célèbre en Allemagne. C'est de cette école que sont sortis la plupart des violonistes de la Prusse et de la Saxe. Benda, après la mort de Graun, lui succéda comme maître des concerts de la cour de Prusse, en 1772, et mourut à Potsdam, en 1786.

« De la Bohême sortit aussi Jean-Charles Stamitz, violoniste remarquable et compositeur distingué, né en 1719, qui avait eu pour maître de son instrument un moine de l'abbaye de Reichnau, nommé le P. Czernohorsky. Entré au service de l'électeur palatin, en 1745, Stamitz y devint le fondateur de la célèbre école de Manheim, qui a produit la plupart des viololonistes allemands des derniers temps. Les concertos de Stamitz et un duo pour un seul violon, plusieurs fois publié, prouveraient seuls la grande habileté de cet artiste, lors même que ses élèves n'en rendraient pas témoignage. Au nombre de ces élèves sont ses deux fils Charles et Antoine, Cannabeih, Foester et plusieurs autres. Chrétien Cannabeih continua l'enseignement de son maître, et de son école sortirent Guillaume Cramer, Danner, Ignace Fraenzel, qui tous furent des artistes distingués, mais dans des genres différents. Ainsi Cramer et Danner eurent de la largeur dans le maniement de l'archet; mais Fraenzel eut le jeu élégant, gracieux, et le son un peu mince. Elève de Danner, Jean-Frédéric Eck, né à Manheim en 1766, devint aussi un brillant violoniste de cette école. Ce même artiste, directeur des concerts de la cour de Munich, a été le maître sous qui le talent de M. Spohr s'est formé, autant toutefois que se forme le talent d'un artiste sous un maître jusqu'à ce que son organisation individuelle et ses méditations y aient mis le cachet de sa personnalité. M. Spohr a fondé en Allemagne une école de violon plus large, plus vigoureuse que celle de ses prédécesseurs. Lorsque Paganini l'entendit à Venise, il en parla avec la plus grande estime. Ce digne artiste a formé beaucoup de bons élèves qui occupent aujourd'hui des positions honorables dans la plupart des grandes villes, et a exposé les principes de son école dans sa grande méthode publiée à Vienne chez Haslinger, et plus tard traduite en français (1). »

Après les noms admirés de ces grands artistes, il est d'autres noms encore qui, dans une sphère plus modeste, ont mérité de parvenir à la gloire : je veux parler des facteurs de violons.

(1) F. J. Fétis.

On a émis, au sujet de l'origine et de l'invention de cet instrument, une foule d'assertions dont il est inutile de discuter ici la valeur. Une opinion qui nous paraît désormais peu contestable, c'est que l'invention du violon, tel qu'il est actuellement constitué, ne remonte pas au-delà du quinzième siècle.

C'est au talent du plus habile facteur de la renaissance, Stradivarius, et aux efforts réunis des Amati, des Guarneri, des Bergunzi, des Steiner, des Cappa, de Saluces, que cet instrument doit sa constitution définitive. Sous les mains intelligentes de ces artistes fameux, le violon s'anima d'un souffle puissant, et son invention, son mécanisme ingénieux ne sont pas une des conquêtes les moins précieuses du seizième siècle, cette époque brillante de mouvement intellectuel et de rénovation artistique.

De nos jours en France, M. Vuillaume ajoutant la science de l'acoustique aux grandes traditions des facteurs célèbres qui l'ont précédé, a fait entrer la facture du violon dans une voie nouvelle où il s'est signalé par des résultats dont l'avenir, nous n'en doutons pas, consacrera le véritable mérite !

VIOLON. Jeu d'orgue de tuyaux à bouche, ouvert de deux pieds, qui sert d'unisson au principal.

VIOLON PICCOLO. Accordé en *do*, au-dessous des lignes *sol*, *ré*, *la*. Il n'est plus en usage.

VIOLONCELLE. Cet instrument doit son origine à quelques changements faits à la basse de viole. Il fut inventé par le P. Tardieu, de Tarascon, au commencement du dernier siècle. Il avait alors cinq cordes *do*, *sol*, *ré*, *la*, *ré*. Aujourd'hui, il n'en a plus que quatre, dont les deux dernières sont revêtues de fil de métal. Elles sont accordées en *do*, clef de basse au-dessous de la portée : *sol*, *ré*, *la*.

Le violoncelle a un caractère grave et sensible. Son chant, touchant et majestueux, charme et élève l'âme.

Il se prête à tous les jeux de l'harmonie, de la double corde et de l'arpége. Dans les accompagnements, il sert de base pour déterminer l'effet de l'harmonie où il occupe une place particulière. Le violoncelle figure encore tour à tour dans le solo, la sonate, le concerto, l'air varié, le quatuor et le quintette.

VIOLONE. Instrument de grande dimension, qui servait autrefois de contre-basse aux différentes espèces de violes.

VIRTUOSE. Ce nom s'applique en musique à ceux qui possèdent un talent remarquable d'exécution dans le chant comme dans le jeu des instruments.

VIRTUOSE DE CHAMBRE. C'est ainsi qu'on désigne ordinairement, dans les cours ultramontaines, les chanteurs et les exécutants de concerts attachés à leur service.

VITALIENS. Nom du chœur de musiciens romains, institué par Vitalien pour l'usage de la musique sacrée.

VIVACE, VIVEMENT. Épithète souvent jointe au mot allegro, et qui indique une exécution pleine d'entraînement, analogue au sentiment dominant du morceau de musique.

VOCALISATION. Espèce de solfége qui ne se chante que sur la voyelle *a*.

VOCALISER. Chanter sur une voyelle en ne se servant que de l'*a*. Cet exercice est nécessaire au perfectionnement du chant après l'étude du solfége. Pour cela, il faut, 1° savoir bien attaquer le son; 2° passer d'un registre à l'autre d'une manière insensible; 3° porter la voix; 4° exécuter tous les agréments avec grâce, légèreté et précision; 5° phraser le chant musical.

VOIX. La voix humaine prend naissance dans la glotte moyennant une expiration un peu forcée. L'air, chassé des poumons, s'achemine d'abord par un canal assez large, mais qui bientôt se resserre et doit enfin traverser une étroite fente. Les bords de cette ouverture sont deux lames vibrantes qui, semblables à celles des anches, permettent ou interceptent de temps en temps le passage de l'air; et ainsi, par ces alternatives, elles doivent déterminer des ondulations sonores dans le courant d'air qui les frappe. Outre le palais, la langue, les dents, les lèvres, tous organes utiles au mécanisme de la voix, la trachée-artère, les poumons, le larynx, les sinus frontaux et maxillaires, les fosses nasales, concourent aussi à sa formation.

L'acuité, la force, l'agrément et le caractère individuel de la voix dépendent de l'organisation et de l'altération de l'organe principal de la voix, qui est le larynx.

Le voix se divise, 1° relativement aux quatre principales voix de l'homme, en voix de *soprano*, d'*alto*, de *ténor* et de *basse*; 2° relativement au registre, en voix de poitrine, de tète, et même de *medium* ; 3° relativement à sa qualité, en voix bonne, c'est-à-dire, claire, sonore ou argentine, pleine, juste, agile, flexible, vigoureuse, forte, agréable, douce, riche, étendue, etc. ; et en voix mauvaise, c'est-à-dire, faible, mince, criarde, trop forte, nasillarde, gutturale, lourde, voilée, etc.; 4° relativement à son acuité et à sa gravité, en voix grave, moyenne, aiguë.

La voix humaine est le plus beau moyen d'exécution que possède la musique. Les instruments ne servent qu'à l'imiter ou à l'accompagner. Semblables, pour ainsi dire, aux esclaves qui précèdent ou suivent leurs maitres, les instruments ne font entendre leurs accents sur le théâtre que pour annoncer le chanteur et lui servir de cortége.

Chaque espèce de voix ayant une qualité propre, elles fournissent au compositeur les moyens de varier les effets. La chose essentielle est de ne pas les forcer en les jetant hors de leur étendue naturelle. A la richesse des moyens, aux ressources de la science et du travail se joint encore, chez certains individus, la magie d'une remarquable sonorité dans la voix. Ceux qui ont entendu les grands chanteurs italiens ne perdront jamais le souvenir des vives jouissances que leur ont fait éprouver leurs suaves accents.

On a beaucoup disserté sur les moyens les plus propres à assurer la conservation de la voix.

C'est là une question d'hygiène trop importante pour que nous ne la traitions pas au moins sommairement dans ce livre à la fois historique, théorique et didactique.

Le docteur Second, qui a fait des études spéciales sur la constitution de la voix humaine, nous fournit des renseignements dont nous profitons d'autant plus volontiers, qu'ils ont été élaborés sous les yeux d'un maître justement estimé, M. Manuel Garcia ; les chanteurs y puiseront d'utiles préceptes.

La vie de l'homme se maintient par deux fonctions principales qui mettent incessamment son organisme en rapport avec le monde extérieur. Le poumon, d'une part, donne accès à une matière gazeuse, l'oxigène de l'air qui passe, par endosmose, des vésicules pulmonaires dans le torrent de la circulation ; l'estomac, d'autre part, reçoit les matières solides et liquides qui doivent servir à la nutrition.

Puisque, chez le chanteur, l'une de ces deux fonctions s'exécute avec exagération, il est très-important d'examiner quelles seront les modifications que cette suraction fera subir à l'organisme.

Pendant bien des siècles, une grande incertitude a régné dans l'explication physiologique de ces phénomènes ; aujourd'hui, plus de vague, plus de vains raisonnements ; la lumière nous est venue, et c'est aux chimistes modernes que nous la devons en grande partie.

Il résulte des expériences de Lavoisier et de Séguin, qu'un homme adulte absorbe neuf cent quatre-vingt-quatorze grammes d'oxygène par jour. Malgré l'absorption de cette énorme quantité de gaz, on peut s'assurer qu'au bout de vingt-quatre heures, le même homme n'a pas sensiblement augmenté de poids, et cependant il a, en outre, introduit dans son estomac une certaine quantité d'aliments.

— Qu'est devenu l'oxygène?

— Que sont devenues les matières nutritives introduites dans l'estomac?

L'oxygène, transporté dans tous les organes, se fixe sur le carbone et l'hydrogène, et le poumon le restitue à l'air sous forme d'une combinaison carbonée ou hydrogénée, acide carbonique et eau.

Comment l'homme pourvoit-il à la consommation continuelle de ces deux éléments constitutifs? Par l'alimentation. Manger, c'est faire provision de carbone et d'hydrogène; respirer, c'est consommer ce même carbone et ce même hydrogène.

Si vous respirez beaucoup, il faudra que vous mangiez en proportion; car, si vous ne restituez pas à l'organisme tout le carbone et l'hydrogène que l'oxygène aura dévoré, celui-ci, ne devant sortir du corps que combiné avec ces deux éléments, attaquera votre propre substance.

Ces principes une fois établis, nous avons l'explication d'un grand nombre de faits que tout le monde a bien souvent constatés, mais que personne n'avait convenablement étudiés avant les savantes recherches des chimistes de notre siècle et du siècle dernier.

L'enfant, dont les organes respiratoires sont si actifs, mange proportionnellement beaucoup plus qu'un adulte. L'oiseau, dont le poumon fonctionne si bien, ne peut souffrir longtemps la faim; privé de nourriture, il meurt le troisième jour. Le reptile, au contraire, avec sa respiration lente et paresseuse, supporte impunément la faim pendant un temps très-long.

L'on peut concevoir, dès à présent, l'importance de ces faits dans l'hygiène du chanteur; car il nous sera facile de prouver qu'il respire, au point de vue de l'absorption de l'oxygène, d'une manière vraiment exceptionnelle.

L'étude des phénomènes chimiques de la respiration amène invinciblement à reconnaître une relation parfaite entre cette fonction et l'alimentation; et, d'après ce que nous avons exposé, l'on comprend que tout désaccord entre ces deux fonctions doit invariablement produire une perturbation de la santé. Un homme, par exemple, qui respirerait de manière à consommer quatre cent cinquante grammes de carbone par jour, et qui n'en remplacerait que quatre cent quarante par l'alimentation, mourrait lentement de faim.

La quantité d'oxygène absorbée dépend surtout du nombre et de l'amplitude des inspirations. Celui dont le poumon fonctionnera de manière à introduire dans la circulation deux kilogrammes d'oxygène, devra restituer au corps deux fois plus de carbone que celui qui n'en aura absorbé qu'un kilogramme.

Si nous étudions la respiration du chanteur, nous voyons que son poumon, pendant qu'il exerce méthodiquement sa voix, est traversé par des masses d'air considérables.

La quantité du mouvement respiratoire ne peut être évaluée qu'approximativement, attendu qu'elle varie pour chaque individu, suivant les particularités de son organisation. Aussi, les physiologistes qui ont étudié cette question ne sont-ils pas arrivés à des résultats semblables. Séguin évalue le nombre des inspirations de quinze à vingt par minute, Laënnec de onze à quinze, Menziers à quatorze, Magendie à quinze; Allen et Papys à dix-neuf, Dalton à vingt, Davy à vingt-six. En nous arrêtant à dix-huit, nous avons le terme moyen du nombre des inspirations.

Si nous examinons la question au point de vue de la quantité d'air qui pénètre le poumon, nous voyons, d'après les expériences d'Abilgaard, de Wurzer, de Herbst, de Bostock, etc., qu'elle s'élève, terme moyen, à 18 pouces cubes par respiration.

Le poumon, dans les conditions les plus générales, est donc traversé en une minute par plus de 300 pouces cubes d'air, c'est-à-dire plus de 466,000 pouces cubes en vingt-quatre heures. Ces chiffres, déjà énormes, sont bien inférieurs à ceux que fournit la respiration du chanteur. Celui-ci, ne pouvant bien dire de longues phrases de chant qu'à la condition d'avoir une grande étendue de respiration, habitue ses poumons à contenir la plus grande quantité d'air possible. Cet exercice, augmentant l'activité des organes de la respiration, détermine bientôt leur accroissement, et la plupart des chanteurs présentent un grand développement de la cavité thoracique. Mais, sans même tenir compte de cette différence de capacité, si nous recherchons quelle est la quantité d'air que le poumon peut contenir, nous apprenons qu'elle dépasse de beaucoup la moyenne que nous avons posée plus haut en étudiant la respiration normale. Ainsi, nous savons que Herbst, ayant fait expirer six jeunes gens avec toute la force possible, après une inspiration des plus profondes, trouva que le minimum de l'air expiré était de 120 pouces cubes, et le maximum de 244, ce qui donne 167 pour terme moyen.

Un bon chanteur, qui fait des exercices ou qui phrase une cavatine, ne respire pas autrement. Il introduit à chaque respiration, dans son poumon, 167 pouces cubes d'air; mais admettons qu'il n'en prend que 100, et qu'il ne fait que dix inspirations de ce genre par minute; malgré cette déduction, on trouve qu'il a respiré plus d'air en vingt minutes, qu'une personne qui ne chante pas et qui respire normalement n'en peut respirer en une heure.

Qui pourra nier, devant ces chiffres, les conditions spéciales dans lesquelles se trouve placé le chanteur? Evidemment, il n'est peut-être pas d'état physiologique dans lequel la respiration soit aussi exagérée; dès-lors, on comprend tout le soin que le chanteur devra apporter à son alimentation; car, que résulte-t-il de l'ignorance de ces principes? c'est que beaucoup de jeunes artistes et de dilettantes, se livrant avec ardeur à l'étude du chant, pensent ménager leur larynx en ménageant leur estomac. Au bout de quelque temps l'épuisement arrive, la voix s'éteint; ils s'imaginent que le travail ou une méthode vicieuse la leur a brisée, tandis que la véritable cause de cet affaiblissement est une alimentation insuffisante.

Il n'y aurait que demi-mal s'ils en étaient quittes pour une extinction de voix; mais ne sait-on pas que les maladies les plus graves peuvent résulter de ce défaut d'harmonie entre les fonctions les plus essentielles au maintien de la vie? Nous ne voulons pas effrayer le chanteur par la triste énumération des affections qui se développent, avec une déplorable promptitude, au milieu de l'épuisement général de l'organisme; mais nous devons le prémunir contre elles et lui donner les moyens de conserver l'intégrité à son corps, et, par suite, la vigueur aux organes de la voix.

Si l'on a bien saisi la liaison intime que nous avons essayé d'établir entre la respiration et la nutrition, on sera naturellement conduit à penser que le chanteur doit consommer une quantité d'aliments considérable, et nous entendons beaucoup de personnes se récrier et nous accuser de vouloir faire des Apicius ou des Héliogabales de tous nos poétiques chanteurs. Loin de nous la pensée de transformer ainsi ces belles organisations, qui semblent n'exister que pour ressentir les plus douces sensations et pour les exprimer de la manière la plus suave ! Ils voudraient ne manger que pour vivre, mais ils doivent aussi manger pour chanter.

Voici quelles sont les substances dans lesquelles le chanteur trouvera les éléments d'une complète réparation. Les chimistes les ont divisées en deux classes : les aliments azotés et les aliments non azotés. Les premiers, appelés aussi *plastiques*, constituent l'aliment proprement dit ; introduits dans l'organisme, ils ont seuls la propriété de se convertir en sang et de donner naissance aux principes des organes. Les aliments de la seconde classe ont été appelés *respiratoires*, à cause de la grande proportion de carbone qu'ils contiennent.

Les aliments proprement dits sont :

La fibrine (chair et sang des animaux),

L'albumine (blanc d'œuf),

Le gluten (céréales),

La matière caséeuse (lait).

Les substances alimentaires de second ordre sont :

La graisse,

La gomme,

Les sucres,

La bière,

Le vin, etc.

Avec cette seconde classe d'aliments, le chanteur fera facilement provision de carbone et d'hydrogène.

Beaucoup de personnes racontent avec étonnement que tel chanteur ou telle cantatrice prend du vin de Bordeaux et du vin de Madère en grande proportion ;

qu'on fasse chanter ces mêmes personnes pendant trois heures, et nous verrons si elles ne trouvent pas que le bon vin est un excellent réparateur des forces dépensées pendant la suraction de l'appareil respiratoire. Hippocrate, ce grand médecin de toutes les époques, écrivait, il y a plus de vingt siècles, que le vin apaise la faim. *Famem thorexis solvit.* (Secte II, aph. 21.)

Les vins, en effet, ceux du Midi surtout, offrent à l'organisme, sous une forme extrêmement favorable, une quantité notable de carbone.

Est-il besoin d'observer que les liqueurs qui contiennent une trop grande proportion d'alcool, agissent d'une manière funeste sur les cordes vocales? Chacun connaît l'expression triviale par laquelle on désigne une voix cassée par les spiritueux.

La gomme et les sucres seront également très-propres à la réparation. Mais, c'est dans la chair des animaux que le chanteur trouvera son véritable aliment. Il la préférera toujours aux substances végétales, et il choisira surtout les viandes noires, parce qu'elles portent avec elles un principe d'excitation très-favorable au développement des forces. Celles-ci, comme l'a parfaitement démontré M. Edwards, sont en rapport avec la quantité des aliments. Ce savant a constaté avec le dynamomètre, qu'après une forte nourriture, un bon consommé, par exemple, la force est plus considérable, les mouvements plus sûrs, plus faciles, plus énergiques qu'après l'ingestion d'aliments légers.

Ce que nous venons d'exposer pour le chanteur, s'adresse, jusqu'à un certain point, à l'artiste dramatique qui, cherchant à exprimer un passage de Racine, par exemple, fouille dans les trésors de son cœur pour en tirer l'expression la plus vraie, l'accent le plus sympathique, et répète ce passage de mille manières. Il respire alors beaucoup plus que dans les conditions ordinaires. Les avocats, les orateurs de tribune, les professeurs, les prédicateurs pourront également profiter de ces considérations.

Nous pourrions donner un grand développement à toutes ces questions; mais ce que nous en avons dit suffira pour persuader le chanteur que c'est par une nourriture suffisante qu'il conservera sa santé et sa voix. L'alimentation imparfaite a pour premier effet d'amoindrir les muscles, de les priver de leur contractilité et de les rendre rigides et impropres à tout acte de vigueur et de souplesse. Quand le corps est affaibli, la voix devient pauvre et languissante, l'expression dramatique pâle et uniforme; l'âme de l'artiste, secouant vainement les organes, ne peut se traduire que par des vibrations flasques et chancelantes, et l'auditeur, impassible, frappé seulement par l'impuissance, ne subit aucun charme, aucun entraînement.

Ces réflexions, bien graves pour un chanteur, sont moins sérieuses que celles qu'on peut faire sur l'épuisement général. Il s'agit surtout ici de la santé du chanteur. Veiller à l'équilibre de ses fonctions, c'est aussi veiller à la conservation et au développement de sa voix.

Voix angélique. Jeu d'orgue qui sonne l'octave du jeu de *voix humaine*.

Voix blanche. Expression métaphorique qui indique l'intensité et le caractère de certaines voix et de certains instruments. Les voix de soprano et d'alto sont des voix blanches. L'octavin, la flûte, le hautbois, la clarinette, la trompette, le violon, sont des instruments à voix blanches.

Voix de poitrine. C'est dans la voix humaine l'étendue des sons produits par la situation naturelle des organes de la voix, avec la poitrine pleine et la bouche ouverte, à la différence de ces sons plus aigus formés par un effort de ces mêmes organes, et que l'on appelle voix de tête ou fausset.

Voix extérieures. C'est le nom des voix principales les plus aiguës ou les plus graves d'une composition musicale, comme dans les chœurs, le soprano et la basse.

Voix humaine. Jeu d'orgue, ainsi nommé parce qu'il imite assez bien la voix de l'homme. Dans les siècles passés, on donnait également ce nom, en Italie, au *violon de concerto*, pour le distinguer du violon d'orchestre, qu'on appelait *voix argentine*. En Italie, on donne aussi le nom de *voce umana* au cor anglais.

Voix intermédiaires. Ce sont celles qui se trouvent entre la voix la plus aiguë et la plus grave, comme dans les chœurs, la voix d'alto et de ténor.

Voix principale. Ce mot indique 1° la partie d'une composition musicale qui exprime plus particulièrement son caractère propre; toutes les autres lui servent d'appui, d'expression et d'accompagnement harmonique; 2° toute voix qui, dans un morceau de musique, se distingue des autres par une mélodie qui lui est propre.

Voix solo. Voix principale d'un morceau de musique, exécuté par une seule personne.

Volate, Volatine. Exécution rapide de plusieurs sons successifs sur une même syllabe, au moyen de la simple vocalisation.

Volte. Ancienne danse hors d'usage, du genre de la gaillarde, et dont l'air était écrit en mesure à trois quatre.

Voltipresto. Le volti presto est un pupitre propre à soutenir le cahier de musique auquel le mécanisme moteur est attaché dans la partie inférieure. Ce pupitre porte un nombre quelconque de tringles mobiles. Chaque tringle, portée à droite, se recouvre d'un feuillet jusqu'au commencement du morceau

Lorsque cette disposition première est faite, il ne s'agit plus que de presser le levier avec le pied, le genou ou la main à volonté pendant l'exécution, et le mouvement des feuillets de droite à gauche s'opère à l'instant. Lorsqu'il s'agit de recommencer le morceau, un autre levier produit l'effet contraire.

VOLUME. C'est la masse de son que donne une voix ou un instrument sur chacun des degrés de son diapason.

VOYELLES PROHIBÉES. Dans le solfége italien les voyelles défendues sont *i, u.*

W

W. Double majuscule, qui sert quelquefois à indiquer les parties des violons dans une partition.

WALNICA. Chalumeau en usage parmi les paysans de la Russie, qui consiste en une vessie de bœuf, où l'on place deux ou trois roseaux.

WEBEB. C'est un violon monté de deux cordes, dont on joue sur les côtes de Barbarie, comme de notre violoncelle.

WALZER VALSE. Air de danse à trois temps, d'un caractère gai, avec deux reprises de huit mesures chacune, et d'un mouvement modéré. La valse est originaire d'Allemagne. Il paraît qu'elle n'a été introduite en France que vers 1790. — Parmi les valses qui ont été inventées, celles de Strauss sont sans contredit les plus populaires. Il y a aussi la valse à deux temps, c'est la moins gracieuse, et dans le sens de la mesure c'est une monstruosité, par la raison fort simple qu'elle est un défi jeté à la musique. — La *coda* d'une valse est le rappel de ses diverses fractions mélodiques. — La valse est à deux. La polka doit être rangée parmi les valses. (Voyez Polka).

X

Xacara. C'est le nom d'un air espagnol qu'on chante et danse en même temps.

Xenorphica. Nom d'un clavecin à archet, inventé par M. Rœllig, à Vienne, vers la fin du siècle dernier.

Xylharmonicon. Instrument inventé par M. Uthe, il y a quelques années, et qui ressemble à l'euphone du docteur Chladni.

Xylorganon. Espèce de claquebois avec une touche. Il est aussi appelé *xitarganon*.

Z

Za. Syllabe dont on se servait autrefois pour désigner le *si bémol*.

Zurna. Instrument turc, qui par sa forme, et la qualité de ses sons, ressemble à notre hautbois.

FIN.

PARIS, — IMPRIMERIE J. NOIL GARON, PLACE DE LA BOURSE, 1.

ERRATUM.

Au premier volume, page 52, ligne 30, au lieu de : Férabosca, *lisez* : Férabosco.